LANGAGE ET DÉVELOPPEMENT MENTAL

PSYCHOLOGIE ET SCIENCES HUMAINES

Pierre Oléron

langage
et développement
mental

Deuxième édition

PIERRE MARDAGA, EDITEUR
2, GALERIE DES PRINCES, BRUXELLES

OUVRAGES DU MEME AUTEUR

Les composantes de l'intelligence d'après les recherches factorielles,
   Paris, P.U.F, 1957.
Recherches sur le développement mental des sourds-muets, Paris. CNRS, 1957
Les sourds-muets, (Que sais-je ?), Paris, P.U.F, 2ème édition, 1969.
Les activités intellectuelles, Paris, P.U.F, 2ème édition, 1969.
L'éducation des enfants physiquement handicapés, Paris, P.U.F., 1961

AVANT-PROPOS

Cet ouvrage est consacré à l'étude du rôle que le langage joue dans le développement psychologique.

Il traite le sujet en évitant les discussions générales qu'a abondamment suscitées, surtout auprès des philosophes, un peu moins chez les psychologues, le thème « langage et pensée ». Il s'attache aux faits qui permettent de donner à cette étude une certaine précision et ne développe une réflexion théorique que lorsqu'elle est nécessaire pour éclairer ceux-ci et leur donner une certaine cohérence.

La thèse que les faits paraissent permettre de défendre est que le langage joue bien en effet un rôle dans le développement et que ce rôle est à chercher non seulement du côté « instrumental » qu'ont surtout considéré les psychologues à orientation positiviste et behavioriste, mais davantage encore du côté d'effets indirects qui ont été mentionnés beaucoup plus épisodiquement. Le chapitre 3 expose l'essentiel des arguments sur ce point.

Cette étude ne pouvait se faire sans référence aux travaux qui ont apporté une contribution au problème. Le chapitre 2 *expose et discute l'essentiel des apports dus aux psychologues soviétiques et américains d'inspiration behavioriste. La conception de PIAGET se situe dans une autre perspective. Elle fait, avec certains travaux qu'elle inspire, l'objet du chapitre 5.*

La diversité que recouvre le mot « langage » devait être considérée, non seulement la diversité des langues à propos de laquelle des thèses devenues classiques comme celles de WHORF sont à mentionner, mais aussi celle qui distingue les langues articulées du langage gestuel. Le chapitre 4 y est consacré.

Des questions de méthodes et l'analyse et la critique des sources d'information ne pouvant être négligées, on les trouvera traitées dans le chapitre 1.

Une part large, mais bien entendu non exclusive, a été faite aux données recueillies grâce à la comparaison des enfants sourds et entendants. Une thèse de cet ouvrage est que ce genre de comparaison offre à l'égard du problème abordé une source d'information des plus importantes. On trouvera ici en une certaine mesure une synthèse, tout au moins un regroupement de tavaux effectués sur ce sujet.

On s'est attaché au développement cognitif, intellectuel. C'est un point de vue partiel. Il laisse de côté tout ce qui concerne l'affectivité, la personnalité, l'accès à la vie sociale. Il n'est pas question de nier que le langage ne joue ici un rôle important par les informations, la communication verbale, l'enseignement, d'autre part par les stimulations, les inhibitions, les orientations, les transferts... Mais on a renoncé à les traiter dans la présente édition de cet ouvrage pour ne pas l'allonger et pour ne pas y inclure des éléments qui appellent des compléments d'élaboration.

Les questions ont été exposées et discutées d'une manière qui a cherché à être simple, écartant des détails trop techniques, des arguments sophistiqués qui ne paraissent pas nécessaires et ont l'inconvénient de rebuter des lecteurs moyennement spécialisés, mais dont le droit à l'information paraît respectable. De même on n'a pas prétendu mentionner tous les travaux qui ont quelque rapport avec les sujets traités. On a seulement donné, assez largement d'ailleurs et autant que possible avec précision, les références qui ont paru utiles pour compléter et appuyer citations et arguments.

CHAPITRE I

LES SOURCES D'INFORMATION

Pour réunir des informations sur le rôle que joue le langage dans le développement, diverses méthodes peuvent être employées et ont été effectivement employées. Les discussions méthodologiques ne méritent qu'une place limitée et ne doivent pas faire reporter l'examen des problèmes de fond. Néanmoins elles ne peuvent être négligées. Les méthodes sont des instruments de raisonnement et des raisonnements incertains ne peuvent conduire à des affirmations valables. Lorsqu'un thème de discussion se situe à un certain niveau de généralité — c'est bien le cas des rapports langage et développement — le souci de rigueur abandonne parfois les meilleurs esprits, comme s'ils se trouvaient déconcertés dès qu'ils s'écartent de l'analyse d'une expérimentation bien circonscrite. Un minimum d'attention est donc nécessaire.

1. L'étude du développement de l'enfant

La source d'information qui paraît a priori privilégiée est celle qui consiste à suivre le développement de l'enfant de la naissance à son achèvement dans l'état adulte. La méthode consisterait à suivre la genèse ou le progrès des diverses capacités et à chercher à les rattacher au progrès que l'enfant manifeste par ailleurs dans la conquête du langage.

Naturellement il s'agit là d'une source importante et commode. Mais c'est une source limitée quand on s'en tient aux seuls cas normaux et plus encore si l'on se fie à la seule observation. Il est difficile en effet de dépasser des concomitances pour atteindre une relation causale ou explicative. Et si l'on infère des concomitances observées une connexion causale — c'est-à-dire, ici, une influence du langage sur le développement — on risque de s'exposer à des conclusions erronées ou, au moins, mal fondées.

On constatera par exemple que l'enfant qui n'a pas encore acquis le langage, ou qui n'en possède qu'un usage restreint à certaines formes rudimentaires, n'est pas capable de réussir certaines tâches, de résoudre certains problèmes. On constatera d'autre part que l'enfant plus âgé qui a acquis le langage ou en a maîtrisé les formes plus élaborées est capable de réussir ces tâches et de résoudre ces problèmes. On dira alors : c'est l'acquisition du langage ou le progrès dans son usage qui a permis de franchir le pas; c'est au langage qu'il faut attribuer cette supériorité, ce gain dans le développement.

Ce raisonnement peut être un paralogisme, le fameux *post hoc ergo propter hoc*. On a interprété comme relation causale ce qui est simplement une relation de succession temporelle, attribué une efficacité à un élément — le langage — qui peut se trouver seulement en progression concomitante avec le développement des autres capacités.

Cette erreur — il faut le déplorer — est fréquemment commise. Elle l'est le plus souvent par des non-spécialistes qui veulent dire leur mot sur un problème important sans l'avoir étudié d'assez près. Elle l'est aussi, malheureusement par des auteurs dont on peut attendre que leur formation et leur habitude de l'expérimentation les conduisent à plus de prudence.

On trouve une interprétation de ce genre à propos de rapports qui ont été faits d'études comparatives sur le premier développement de jeunes enfants et de jeunes singes. Une des plus célèbres et des plus souvent citées est celle des KELLOGG (1933). On sait que ce genre de comparaison n'est, en ce qui concerne les premiers mois, nullement défavorable à l'animal, mais que, ensuite, l'enfant dépasse très nettement celui-ci, qui n'améliore plus guère ses performances. Comme le progrès soudain chez l'enfant coïncide plus ou moins avec l'acquisition du langage, il est tentant d'attribuer à celle-ci l'origine de la supériorité observée et c'est ce que n'ont pas manqué de faire certains. Il est pourtant clair que l'acquisition du langage peut être elle-même considérée comme l'effet d'une évolution plus générale qui concerne l'ensemble des possibilités et inclut comme cas particulier celles qui sont requises pour que le langage puisse être appris.

Déjà, dans un travail publié en 1914 le naturaliste français BOUTAN, un précurseur dans ce type de comparaison, avait commis cette erreur de raisonnement. Il opposait les capacités de l'enfant qui parle à celles de l'enfant qui ne parle pas encore — capacités mesurées à l'aide de tâches pratiques (en l'occurrence ouverture de boîtes — problèmes) également soumises à un gibbon. Il affirmait : « L'enfant qui commence à parler travaille comme un tout petit homme [c'est-à-dire raisonne et réfléchit]. L'enfant qui ne parle pas encore travaille comme un anthropoïde [c'est-à-dire par tâtonnement] ». Et il attribuait ce progrès à l'acquisition du langage, ce qui peut être contesté sur le plan de l'argumentation comme sur celui d'une analyse expérimentale plus poussée (OLÉRON, 1957).

On peut trouver chez des auteurs contemporains la même faiblesse de raisonnement, même si la thèse défendue s'assortit d'arguments plus subtils et d'analyses expérimentales plus raffinées.

Il en est ainsi pour BRUNER, en particulier dans un article de 1964. (L'ouvrage de 1966 dont celui-ci est en quelque sorte le résumé, apporte il est vrai quelques nuances et restrictions.)

BRUNER fait jouer un rôle important au langage dans le développement. Il ne s'agit pas de contester cette thèse (et nous le ferons d'autant moins qu'il donne une interprétation très proche de celle à laquelle nous nous sommes nous-mêmes arrêtés!) mais il faut souligner que, bien qu'il cite à l'appui de multiples expériences, aucune ne fournit d'arguments irréfutables.

Il mentionne par exemple une expérience de reproduction de matrices, soit directe (la matrice, une simple disposition de récipients arrangés selon la taille et la largeur, doit être reproduite telle qu'elle était), soit transposée (l'ordre des objets est inversé pour les deux dimensions). Il constate que la seconde, réussie plus tardivement que la première (7 ans au lieu de 5) l'est surtout mieux par les sujets qui sont capables d'une description verbale précise, mentionnant les dimensions (taille et largeur) sans les confondre ou les mêler. On ne saurait inférer, comme il le fait, que la capacité de dénomination correcte est davantage la cause du comportement, qu'elle n'est plutôt comme celui-ci, l'effet d'un meilleur maniement des représentations sur un plan perceptif ou perceptivo-moteur. Ne peut-on dire tout aussi vraisemblablement que pour distinguer verbalement des dimensions il faut déjà être capable de les appréhender et de les articuler distinctement ?

Interprétant des expériences de conservation de type PIAGET, BRUNER (1964), de même, s'appuie sur ses justifications verbales pour affirmer que l'enfant, pour réussir, « doit avoir quelque formule verbale intériorisée qui l'empêche de donner un poids excessif à l'apparence des données perçues » (p. 7). Cette interprétation qui, en ce qui concerne le poids des données perçues, est analogue à celle que PIAGET avait lui-même mentionnée, n'est pas, en ce qui concerne la « formule verbale intériorisée », davantage fondée. Le rôle effectif du langage n'est pas établi, ici plus qu'ailleurs, par la capacité de l'enfant à donner des justifications verbales a posteriori et la thèse inverse attribuant un rôle subordonné au langage présente un même degré de vraisemblance.

Ailleurs BRUNER invoque un argument encore plus indirect. Analysant les réussites d'enfants dans des épreuves de classement, il constate un progrès avec l'âge de ce qu'il interprète comme un développement des structures hiérarchiques et des règles permettant l'inclusion des objets dans des hiérarchies. Or, dit-il, les classifications hiérarchiques sont une des propriétés les plus évidentes du langage... Il est clair qu'une homologie est, du point de vue, explicatif parfaitement ambiguë quant à la place de l'élément efficace.

Il a été souvent observé qu'un enfant à un certain âge échoue dans une tâche que l'expérimentateur lui propose et en même temps n'est pas capable d'énoncer la règle qu'elle met en jeu, et qu'un enfant plus âgé à la fois réussit et énonce la règle. L'inférence de divers auteurs qui ont pratiqué de telles expériences est que l'intervention du langage doit être considérée comme responsable de la réussite. Ceci implique que, du fait que l'enfant sait dire la règle, il a effectivement énoncé celle-ci pendant l'exécution de la tâche et que cet énoncé l'a guidé dans la réussite. Plus subtilement — mais ceci a moins souvent été explicité — on peut admettre aussi que le langage l'a rendu capable de manier par exemple des relations qu'il peut exprimer et que la tâche fait justement intervenir.

Or l'argumentation n'est pas valable. L'énoncé d'une règle après l'action ne signifie pas qu'elle a été mobilisée pendant l'action. L'énoncé est une réaction à une situation de questionnement par l'expérimentateur. Celle-ci peut provoquer une prise de conscience qui ne s'était pas produite antérieurement. A nouveau il faut dire que la capacité d'énoncer peut être seulement parallèle à la capacité de réussir, l'une et l'autre étant déterminées par des facteurs d'évolution communs.

Le contrôle de la réussite par le langage ne peut être inféré que d'analyses plus fines qui impliquent par exemple la comparaison des situations à âge égal et la confrontation des liens temporels entre énoncé et réussite. C'est dire qu'elles se situent au-delà d'une observation sur le seul plan du développement.

On notera, et la remarque a une valeur générale, que même lorsqu'on considère des enfants de même niveau d'âge, on n'écarte pas les facteurs de développement. Il peut paraître que si, parmi des sujets du même âge, certains qui réussissent mieux une épreuve donnent également de meilleurs énoncés verbaux, l'élément verbal doit être invoqué. En fait, il suffit de rappeler que l'égalité d'âge chronologique laisse subsister des inégalités de développement psycho-logique, les enfants pouvant être plus ou moins en avance (ce qui se traduit par des inégalités de Q.I. quand on utilise des tests aboutissant à cet indice). Le cas est donc le même que celui d'enfants d'âges différents.

2. Les corrélations

Beaucoup d'études ont montré l'existence de liaisons entre niveau de développement et niveau de langage. L'acquisition du langage est plus rapide chez les enfants dont le Q.I. est élevé (ceci vaut aussi pour l'apprentissage de l'écriture; cf. LEROY-BOUSSION, 1971). Elle est retardée chez les enfants dont le Q.I. est bas et elle devient de plus en plus difficile à mesure qu'on descend vers les niveaux pathologiques (déficience mentale).

Sur le plan des différences individuelles, lorsqu'on fait passer des tests de développement et des tests de langage à des échantillons de population, des corrélations notables sont généralement observées.

Ces données sont intéressantes mais elles n'apportent rien lorsqu'il s'agit de déterminer le rôle du langage, soit dans le développement, soit dans l'exercice des activités non verbales. La relation causale susceptible d'être invoquée est ambiguë et elle peut jouer aussi bien dans un sens que dans l'autre : le développement du langage peut être considéré comme la conséquence des capacités qu'atteignent les épreuves de développement.

Il faut ajouter que l'isolement de deux variables pour les mettre en corrélation est toujours arbitraire. De multiples

variables interviennent généralement et le système des corrélations qui les unissent est complexe. Dans le cas considéré
interviennent par exemple les variables socio-économiques :
de nombreux travaux ont montré des corrélations entre le
niveau socio-économique et le développement intellectuel et
le développement du langage. Dans une telle triade les relations entre les variables peuvent être considérées de plusieurs manières.

Le niveau socio-économique peut se voir attribuer une
valeur déterminante. Le milieu qu'offrent des parents peu
favorisés est peu stimulant, peu enrichissant, peu formateur,
peu exigeant tant en ce qui concerne le langage qu'en ce
qui concerne les activités intellectuelles. Au contraire pour
les familles aisées. On peut prétendre que c'est par l'intermédiaire du langage que cet effet s'exerce. On dira que le
langage étant peu développé quant au vocabulaire, en particulier pour les termes abstraits, ou quant aux exigences de
différenciation et d'application précise, etc., ceci gêne l'acquisition et l'usage des concepts. Inversement on peut prétendre
que l'intermédiaire est le niveau intellectuel et que c'est
celui-ci, dépendant du niveau socio-économique, qui détermine les réussites dans le développement et l'exercice des
capacités verbales. Les analyses se compliquent encore si,
considérant le niveau socio-économique, on s'interroge sur
les facteurs qui contribuent à le déterminer. Les capacités
atteintes par les indicateurs de développement, sur le plan
intellectuel ou le plan verbal peuvent se voir attribuer un
rôle de base...

Les discussions que peuvent soulever ces questions sont
passionnantes, mais leur complexité interdit de les traiter
en détail ici. Sans sortir du cadre du sujet on peut cependant
s'interroger sur les informations qui peuvent être obtenues
soit par le raffinement de l'analyse des corrélations, soit par

les interventions pédagogiques qui peuvent être faites sur le développement des capacités verbales.

L'ANALYSE DES CORRÉLATIONS

On a évoqué ci-dessus les liaisons qui apparaissent entre épreuves verbales et épreuves de développement intellectuel. Celles-ci ne représentent qu'un aspect des relations qui peuvent être mises en évidence. Le développement ne se fait pas d'une manière simple, contrairement à ce que suggèrent les évaluations en termes de Q.I., ni de la même manière pour tous. L'observation, l'expérience de l'école et de la vie, l'orientation ont conduit à relever que certaines habiletés prédominent chez certains sujets, d'autres chez d'autres. Les unes par exemple concernent le maniement des objets, des relations qu'ils impliquent, spatiales ou mécaniques, ou qu'explicitent certaines épreuves papier-crayon spécialisées qui utilisent des représentations schématisées. D'autres portent sur les mots, dont il s'agit en particulier de distinguer les significations, les nuances, les relations de similitude ou d'opposition, de comprendre les combinaisons qui se présentent dans un exposé ou un raisonnement. Sur le seul plan pratique ces observations ont conduit à créer et utiliser des épreuves qui portent sur les unes ou les autres de ces habiletés et aident à mieux évaluer le profil mental d'un individu. Sur le plan de l'investigation scientifique, il faut se référer à l'analyse factorielle. Cette méthode qui consiste en une analyse systématique, par des méthodes mathématiques bien définies, de tables de corrélation s'est proposé d'isoler les diverses aptitudes et d'en donner un tableau organisé.

L'analyse factorielle a conduit précocement à isoler un

facteur verbal. Dans la conception développée par SPEARMAN le noyau des aptitudes intellectuelles est constitué par un facteur général ou g. Le facteur verbal se distingue de celui-ci, si bien que la manifestation de g se trouve d'une façon privilégiée dans des épreuves où interviennent des relations non verbales. Ce qui par ailleurs est important, puisque ces épreuves traitent en apparence équitablement ceux qui n'ont pas eu les mêmes facilités dans l'acquisition et l'usage du langage. Elles fournissent la matière à des tests qualifiés de *culture free*, qui retrouvent ainsi une justification sur le plan théorique et plus seulement sur le plan pratique.

De telles analyses paraissent conduire à la conclusion qu'intelligence et langage sont de nature indépendante et que les liaisons qu'on peut trouver entre eux tiennent à des conditions externes. Par ex. celles qui concernent le développement et agissent parallèlement dans l'un et l'autre ou quelque pression sociale qui oblige l'individu à user de ses capacités pour acquérir le langage : il y réussit mieux quand ces capacités sont plus développées. Mais il s'agit d'interprétations tout à fait incorrectes de ce qu'apporte l'analyse factorielle. Celle-ci permet seulement de *classer* les diverses habiletés que des sujets manifestent en face d'une variété de tâches et à dresser sur le plan général un tableau de l'ensemble de celles qu'on peut distinguer chez ces sujets (chez l'homme adulte en général quand les sujets examinés appartiennent à cette catégorie). Il est impossible de déduire des conséquences sur la manière dont les choses se passent sur le plan fonctionnel, c'est-à-dire sur la manière dont sont interrelatées dans leur fonctionnement même les activités verbales ou intellectuelles.

On a une preuve concrète de ceci qui vaut toutes les argumentations théoriques. Plusieurs auteurs ont appliqué à des enfants sourds un test non verbal, fort valable sur le plan

pratique d'ailleurs, issu de la conception du facteur g de
SPEARMAN, c'est-à-dire évidemment constitué de figures sans
qu'aucun mot y intervienne matériellement, les *Progressive
Matrice* de J. C. RAVEN. Les sujets sourds ainsi examinés
se sont, pour l'ensemble des investigateurs, révélés nettement
inférieurs aux enfants entendants de même âge. Ces résultats
indiquent que le fait de ne pas disposer de capacités verbales
précocement exercées a son retentissement sur les modalités
selon lesquelles le sujet aborde et traite les problèmes matériellement non verbaux. La différence est claire entre ce que
donne l'analyse des corrélations, même poussée aussi loin
que le permettent les raffinements des techniques mathématiques, et ce que révèle une analyse qui vise à atteindre
des interrelations fonctionnelles.

LES INTERVENTIONS PÉDAGOGIQUES

On a indiqué sommairement ci-dessus la complexité des
interrelations qui apparaît lorsqu'on met en rapport développement intellectuel, développement verbal, niveau socio-
économique. Cette complexité n'interdit pas toute analyse,
en particulier lorsqu'on s'intéresse aux rapports et influences
réciproques entre le milieu et l'hérédité. Mais en ce qui
concerne le rôle du langage, la situation est quasi inextricable
et ne permet pas de dépasser les hypothèses.
Un moyen cependant est en principe à la disposition de la
recherche : c'est l'action sur la ou les variables auxquelles on
s'intéresse. L'action ici n'a pas la forme d'une expérience
de laboratoire, elle implique des interventions sur le terrain.
C'est ce genre d'intervention qu'on trouve lorsqu'il s'agit de
mesures sociales, d'aide économique et, ce qui est fondamental pour le psychologue, d'éducation.

Les pays avancés au point de vue évolution technique, niveau économique et culturel sont préoccupés par l'existence de zones de sous-développement. Dans celles-ci des groupes d'individus restent dans un état de stagnation que rendent plus choquantes les conditions de vie et de culture réalisées autour d'eux. D'où des interventions, dont celles qui sont de type éducatif ont un intérêt particulier. Les États-Unis par exemple ont entrepris de grands efforts en faveur des groupes sous-développés, en particulier de noirs, dans le domaine des interventions scolaires et pré-scolaires. Le programme *Head Start* mis en route en 1965 est sans doute le plus important par son ampleur. De telles interventions offrent théoriquement l'occasion d'expérimentations naturelles. De nombreux auteurs admettent que les difficultés scolaires ainsi que celles que manifestent les tests de développement proviennent d'un retard dans l'acquisition du langage ou plus exactement d'une maîtrise insuffisante de celui-ci dans ses formes les plus favorables au développement intellectuel. La conséquence de cette hypothèse sera, sur le plan pédagogique, de renforcer l'apprentissage et l'exercice des activités verbales. Après quelques années, si l'amélioration se produit, non seulement dans les capacités verbales mais aussi dans les autres domaines déficitaires, on aura là un argument sérieux en faveur de l'hypothèse.

Malheureusement une telle expérimentation reste largement théorique. En face de la misère, le souci naturel est d'agir le plus vite et le plus complètement possible, compte tenu de ce qu'on croit vraisemblable. Si l'on ne néglige pas d'agir sur le langage (l'évidence des déficits des enfants défavorisés y invite, comme l'importance de la lecture) on aura des scrupules à n'agir que sur lui, en négligeant les activités sensori-motrices, perceptives, pratiques, les relations avec les personnes, l'appréciation des valeurs.

Une tendance répandue est de considérer que les retards de développement et les difficultés scolaires résultent des perturbations affectives. Dans le cas des enfants défavorisés, la dépréciation de soi devant les échecs et les réactions compensatrices négatives à l'égard de l'école qui en résultent, le refus des valeurs qui ne sont pas incorporées au groupe auquel on appartient, mais caractérisent au contraire ceux dont on se sent rejeté ont été, par exemple, assez souvent invoqués. Du côté des activités cognitives des méthodes pédagogiques inspirées d'une façon plus ou moins consciente par des présupposés empiristes mettent l'accent sur le développement sensori-moteur au détriment du langage. Les théories de PIAGET comprises d'une manière étroite aboutissent à des conclusions pratiques comparables.

Parmi les auteurs qui s'intéressent au langage, certains ont pris des positions radicales qui refusent tout effet déterminant à un déficit verbal. C'est le point de vue des linguistes qui se sont intéressés aux dialectes parlés par les enfants noirs des États-Unis. Adoptant à l'égard de ces dialectes un point de vue apparemment objectif et non normatif, ils veulent lui reconnaître les caractéristiques d'une langue aussi bien formée que l'anglais standard, ainsi que chez ceux qui l'utilisent la capacité d'exprimer une pensée argumentée (par ex. LABOV in WILLIAMS, 1970). Ce point de vue implique des mesures pédagogiques qui ne sont pas de l'ordre de l'enrichissement verbal mais comportent la reconnaissance (et la connaissance) par les maitres de ce moyen de communication, son usage pour développer les contacts et passer à l'apprentissage de l'anglais standard.

Les auteurs qui s'en tiennent au point de vue classique du déficit verbal ont proposé des programmes correctifs qui impliquent des exercices systématiques. Des résultats positifs, parfois extrêmement nets ont été rapportés (cf. BEREITER

in DEUTSCH et al. ed., 1968 ou BLANK et SALOMON, 1969).
Leur intérêt est évidemment très grand en fonction de l'analyse exposée ci-dessus. Mais leur signification reste pourtant ambiguë comme celle de toute intervention concrète qui ne peut dissocier les facteurs.

Ainsi, il est difficile d'admettre que l'entraînement verbal, surtout ayant des implications pour le développement intellectuel ne porte que sur le langage. Les mots ont des significations et les combinaisons auxquelles ils donnent lieu ont un contenu intellectuel (opposition, similitude, sur-et-subordination, conséquence, causalité). Pour tout apprentissage ou tout exercice verbal, l'éducateur fournit des objets, un matériel qui se prêtent à la mise en évidence de ces relations. L'usage de ce matériel peut avoir par lui-même et directement une valeur formatrice du point de vue intellectuel (on ne peut démontrer qu'il n'en a pas).

Par ailleurs toute situation pédagogique est complexe. Elle fait intervenir des relations entre personnes. On sait que la simple mise en rapport d'un maître qui s'intéresse plus ou moins individuellement à un élève peut changer les attitudes de celui-ci, permettre certains déblocages, la mobilisation de certaines motivations. Les gains observés ne peuvent être attribués à l'exercice des activités que le maître met en œuvre, qu'elles soient verbales ou autres, que si un contrôle des variables affectives est assuré.

3. Activité mentale et parole : de l'introspection à l'électromyographie

Lorsque nous nous livrons à une activité, comme travailler à résoudre un problème, nous pouvons observer qu'il nous arrive d'énoncer des mots ou des propos plus ou moins fragmentaires. Dans les cas de tension particulièrement vive ils peuvent être émis à haute voix. Dans d'autres cas ils sont seulement murmurés. Le plus souvent, pour la plupart, ils restent au niveau de la parole intérieure dont le sujet seul a connaissance.

De telles observations ont pu être faites par tout homme qui se trouve dans une situation de ce genre. On peut considérer qu'elles ont constitué un argument plus ou moins explicite en faveur de l'existence d'une étroite liaison, et éventuellement d'une assimilation entre langage et pensée, existence fréquemment affirmée ou discutée.

Cependant une observation impartiale révèle que certains moments ou certaines modalités d'une activité intellectuelle peuvent se développer sans que des mots soient exprimés. En face des mots eux-mêmes, un fait aussi banal et fondamental à la fois que l'appréhension de leur signification n'est pas de nature verbale, sauf quand, ce qui est assez rare, il est possible d'en donner une définition. Même dans ce cas, il est raisonnable d'admettre que la définition est guidée et déterminée sur des bases non verbales.

Les recherches introspectives de l'École de Würzburg comme de BINET ont concerné essentiellement les images. Elles étaient orientées en fonction de la thèse empiriste dominante au 19e siècle tendant à réduire toute la vie mentale à des images et à leur association. Elles ont fourni de nombreux faits qui indiquent que cette réduction ne paraît pas acceptable. On peut considérer que l'argumentation englobe aussi les formes verbales et que la pensée apparaît ainsi indépendante de celles-ci ; c'est ce qu'estime par exemple HUMPHREY (1951). Cette assimilation peut être contestée, en particulier sur la base de ce que le langage fait intervenir autre chose que des images, ne serait-ce que des mouvements (d'articulation, éventuellement graphiques...).

Pour dépasser les incertitudes de l'introspection les chercheurs ont développé des méthodes objectives. Celles-ci peuvent porter d'une manière privilégiée sur ces aspects moteurs, qui interviennent dans la parole, alors que l'objectivité des images mentales, sans un biais de ce genre, apparaît impensable. On est ainsi passé de la contemplation de l'image à la production de la parole et un certain nombre de travaux et de résultats doivent être évoqués.

Les méthodes employées sont plus ou moins sophistiquées. Les plus simples comportent le relevé d'éventuelles émissions verbales par un observateur qui se trouve à proximité du sujet. A la limite ces émissions peuvent être réduites à des mouvements des lèvres qui sont observables et seraient même, s'ils étaient assez articulés, déchiffrables par des experts en lecture sur les lèvres. Les plus raffinées recourent à l'enregistrement effectué grâce à divers types d'appareils. Ces enregistrements, visent essentiellement à détecter les mouvements de l'appareil phonateur, qui peuvent prendre une forme très réduite. Ce sont ces esquisses de mouvements que les enregistrements ont cherché à atteindre. Les premiers travaux ont utilisé des enregistrements mécaniques ou pneumatiques plutôt malcommodes et manquant de finesse. La découverte de l'électromyographie que JAKOBSON a été le premier à utiliser a constitué un progrès important. Elle permet en effet d'atteindre des esquisses encore plus fugitives et en introduisant, en général, moins de gêne pour le sujet.

Une méthode plus simple a consisté à tenter de neutraliser l'activité de l'appareil phonateur. Ceci a été cherché, assez grossièrement, en demandant aux sujets de pincer leur langue entre les lèvres ou les dents (méthode employée par ex. par NOVIKOVA et par SOKOLOV). Plus généralement c'est une méthode d'interférence qui est utilisée (elle a été inaugurée par BINET, 1903). On impose au sujet pendant qu'il effectue la tâche qui lui est demandée de produire à haute voix sans interruption des énoncés verbaux stéréotypés (répétition de syllabes, suite des premiers nombres, textes appris par cœur...). Le raisonnement qui conduit à cette procédure est simple : si la parole est une condition du déroulement de la pensée, l'immobilisation des organes phonateurs ou leur investissement par une production étrangère à l'activité demandée doit empêcher celle-ci.

Il n'est pas question d'exposer ici les travaux qui ont été poursuivis sur ce sujet. Des informations les concernant peuvent être trouvées chez les auteurs suivants : HUMPHREY (1951) pour les premiers travaux surtout, McGUIGAN (1966), SOKOLOV (1969, 1971).

Ces recherches ont fourni des apports positifs du point de vue de la parole. Elles ont montré que grâce aux enregistrements il était possible d'objectiver des manifestations qui n'étaient pas perceptibles de l'extérieur et de révéler une activité latente qui correspond au moins en partie à la parole intérieure. Celle-ci paraît ainsi liée, au moins pour certains sujets à des esquisses de productions vocales. Par ailleurs elles ont rendu plus précise et plus complète la connaissance des relations observées par l'introspection entre activité mentale et activité verbale.

Mais, il faut l'admettre, les rapports entre langage et pensée ne s'en trouvent pas pour autant sensiblement éclaircis.

Deux points principaux sont à discuter.

1. La majorité des expériences, quelles que soient les méthodes employées, sont ambiguës. Presque toutes en effet proposent au sujet des tâches verbales (lire ou écouter un texte qu'il s'agit de comprendre, c'est-à-dire de pouvoir ensuite reproduire, résoudre des problèmes d'arithmétique qui impliquent que, par ex. dans une addition on énonce des chiffres, mémoriser des nombres, etc.). Il n'est pas surprenant que des productions verbales interviennent dans des situations de ce genre. Il peut être moins attendu que des activités subvocales se manifestent lorsque le sujet écoute des propos qui lui sont tenus. Mais de toute façon il s'agit toujours de langage et la production du sujet peut tenir soit à une sorte de résonance, peut-être due à des connexions audition - phonation privilégiées, que divers auteurs ont invoquées, soit à une répétition (éventuellement partielle) volontaire.

Les tâches intéressantes et vraiment susceptibles d'apporter de la lumière sont de nature non verbale. L'observation, remarquons-le, a une valeur générale. Il est assez dépourvu de sens d'étudier le langage et les activités mentales si ces activités font, par leur matière même, intervenir le langage. SOKOLOV (1966) est un des rares auteurs qui ait eu le mérite de proposer à ses sujets une tâche non verbale à la fois assez longue et assez complexe (les *Progressive Matrices* de RAVEN). Ses résultats méritent donc une particulière attention.

Dans l'ensemble SOKOLOV a relevé (durant l'administration de l'épreuve) une augmentation substantielle de l'intensité moyenne des potentiels électriques (prélevés sur la lèvre inférieure). Ceci plaide en faveur de la participation de l'activité subvocale à la résolution des problèmes non verbaux.

Mais un fait notable est que l'activité enregistrée n'est pas constante et non plus générale. SOKOLOV a relevé des alternances entre des moments où le niveau d'activité est supérieur au niveau de base et de moments où elle est inférieure, période en quelque sorte de silence ou d'inactivité (SOKOLOV parle, selon la terminologie pavlovienne, d'inhibition). D'autre part il a relevé que certains items de tests peuvent être résolus sans manifestation d'activité électrique. Enfin certains sujets manifestent fort peu d'activité électrique et SOKOLOV a été amené à reprendre les typologies rendues classiques du 19e siècle (type verbo-moteur type visuel, type mixte en l'occurrence). Ce seraient essentiellement les sujets des premiers et derniers types qui produisent des activités subvocales durant l'exécution de la tâche.

Ces faits, conformes à ce qui a été observé par d'autres auteurs dans d'autres situations appellent une discussion plus approfondie.

2. Deux questions se posent d'une manière en quelque sorte symétrique. L'une concerne la signification des périodes de silence observées dans les enregistrements, l'autre celle des périodes d'activité.

Pour les périodes de silence, SOKOLOV interprète leur alternance avec les périodes d'activité comme correspondant à l'alternance d'une analyse verbale et d'une analyse visuelle du matériel. De même les items du test qui ne provoquent pas d'activité électrique sont, pour lui, susceptibles d'être résolus sur les bases du seul examen visuel. Ce sont les items les plus simples. La répartition des sujets en types va dans le même sens. Ceux qui ne recourent pas ou peu à la vocalisation procèdent en exploitant les indices visuels.

On remarquera que cette interprétation, qui paraît d'ailleurs plausible et cohérente, dépasse ce que ce genre d'expérimentation peut livrer. C'est une hypothèse vraisemblable que d'admettre une inspection et une analyse visuelle d'un matériel dont les problèmes sont posés sous forme figurée. Mais pour être assuré que cette inspection intervient effectivement il faudrait pouvoir la montrer, peut-être par un contrôle de l'activité oculaire. A partir des mêmes données rien n'interdit de penser qu'exploration visuelle et analyse soient simultanées. Les périodes de silence électromyographiques correspondraient alors à un arrêt plus général des activités.

De toute façon le caractère partiel de l'activité de l'appareil vocal lors de la résolution des problèmes ne conduit-il pas, surtout dans l'interprétation de SOKOLOV à conclure qu'il est impossible d'établir une assimilation entre parole et pensée et que la parole (ou son esquisse) n'est qu'un moyen, mais non le seul, pour réaliser des tâches cognitives? SOKOLOV affirme pourtant que des activités verbomotrices sont à un certain degré décelables chez tous les sujets et conclut que celles-ci sont une composante indispensable de leur activité mentale. On peut difficilement voir la preuve de cette affirmation, conforme aux positions doctrinales de la psychologie soviétique, dans les faits cités et surtout l'interprétation proposée.

Les choses sont cependant un peu plus compliquées. Au fond devrait être soulevée la question du conflit entre interprétations centraliste et périphérique de la pensée (cf. McGUIGAN, 1966). Disons seulement que les chercheurs qui explorent l'activité électromyographique de l'appareil phonateur sont plus ou moins explicitement inspirés par le point de vue « périphériste » qui était celui de WATSON et qui s'intéresse aux activités musculaires exclusivement (en rejetant ce qui peut se passer dans le système nerveux central). Les méthodes électromyographiques permettent de saisir ce qui échappe à une observation grossière, mais elles visent toujours les muscles. Si rien n'est observé de ce côté, conclure qu'il n'y a effectivement rien d'ordre moteur en jeu, est adopter le point de vue périphériste.

Si l'on écarte celui-ci on peut remonter plus haut. Quand il y a activité motrice manifeste, par ex. des paroles effectivement prononcées, interviennent comme condition des activités dans le système nerveux central. Celles-ci existent également quand la parole est réduite à une forme subvocale, décelable par des moyens fins. Pourquoi ne subsisteraient-elles pas quand ces dernières s'évanouiront elles-mêmes ? Il n'y a pas de preuve permettant de l'affirmer. Celles-ci ne pourraient être fournies que par un enregistrement précis d'activités identifiables du cerveau dont nous ne sommes pas capables actuellement surtout dans le cadre d'expériences psychologiques. Mais il n'y aurait lieu de l'exclure catégoriquement que si le postulat périphériste n'était pas un postulat mais une vérité établie. Comme il n'en est rien...

Considérons maintenant les résultats positifs. Lorsque les auteurs retiennent (comme SOKOLOV) des moyennes d'activité (les courants recueillis par SOKOLOV sont traités par intégration) ils n'obtiennent que des corrélations (entre exécution de la tâche et niveau d'activité électrique). Ces corrélations sont instructives, en particulier quand elles mettent en rapport ce niveau et la nature de la tâche (prédominance d'éléments visuels, degré de difficulté, etc.). Mais elles ne révèlent pas directement des interventions verbales (même subvocales) spécifiques. Elles pourraient même n'avoir aucune signification de ce genre si elles reflétaient seulement un état de tonus lié à la tension qu'entraîne l'exécution des tâches demandées. Des précautions sont prises pour amener les sujets à se relaxer, condition nécessaire pour ne pas rendre tout enregistrement inutilisable, mais on peut se demander si certaines tensions plus spécialement vocales ou concernant même le visage ou le crâne sont, en cas de tâches intellectuelles, vraiment éliminées. Les contrôles sur ce point ne sont en général pas suffisants.

Des auteurs ont cherché à aller plus loin en tentant d'identifier dans les enregistrements certaines manifestations localisées qui pourraient être rapprochées de moments de l'activité mentale. Ainsi MAX (qui avait eu l'idée originale d'effectuer des enregistrements des muscles commandant les doigts chez des sourds-muets habitués à l'emploi du langage gestuel) avait mis en rapport des séquences enregistrées avec la tâche correspondante. Le caractère cyclique de la numération mentale de 1 à 10 répétée plusieurs fois se retrouvait dans les enregistrements.

De même il a mis en rapport les activités apparues chez un sujet endormi avec le rêve que celui-ci était en train de faire (l'expérimentateur l'avait réveillé en observant cette activité).

SOKOLOV a relevé dans ses tracés des bouffées comparables à celles qui se produisent lorsque le sujet prononce des mots à haute voix (1971, 90). Il a estimé qu'il fallait les mettre en rapport avec les observations des sujets qui déclarent avoir émis, au cours du raisonnement, des énoncés silencieux, comme « oui », « non », « j'ai trouvé », « ceci moins cela », « toute la figure »...

Ces rapprochements sont intéressants. Ils permettent de dépasser la confrontation globale de deux groupes de faits et d'entrer dans le détail de leurs relations. Ils permettent d'assurer qu'une activité mentale peut continuer à comporter le même genre d'intervention du langage que celles qui se manifestent quand le sujet parle à haute voix (ou, dans le cas des sourds-muets, produit des gestes). Mais en dernier ressort, paradoxalement, ce qui fournit la lumière est l'introspection. L'enregistrement apporte en quelque sorte la garantie que ce que le sujet déclare correspond à une réalité objectivement décelable. Pour que la garantie soit solide il faudrait cependant que la mise en correspondance soit poursuivie dans le détail, c'est-à-dire qu'il faudrait que les propos que le sujet déclare avoir produits se retrouvent, sous quelque forme, dans les tracés. Ce n'est pas le cas en général et les auteurs peuvent avoir tendance à introduire plus que ce qui est effectivement établi. SOKOLOV par ex. (1966) a relevé d'intéressants protocoles des introspections (ou plutôt des rétrospections) de sujets devant les *Matrices*. Mais la méthode ne permet pas de les mettre en rapport avec ce que l'électromyographie aurait pu révéler. L'analyse cède à nouveau le pas au globalisme. Pourtant, sachant que dans l'exercice effectif d'une activité cognitive la parole se réduit à quelques éléments, il serait important d'atteindre ces éléments exacts plutôt que les reconstructions et les mises en forme rétrospectives. L'observation directe finalement, si elle peut n'atteindre que moins d'éléments (puisque moins de propos « passent le seuil » de la parole audible) permet du moins d'identifier ce qui est dit (ou ce qui est produit par gestes) et offre la même garantie d'objectivité que les méthodes techniquement plus lourdes.

Ces objections sont écartées dans une certaine mesure dans l'expérience relatée par LOCKE et FEHR (1971) qui porte seulement sur les productions verbales pendant l'observation de figures à mémoriser. Un groupe de figures ont des noms qui contiennent un phonème labial et l'autre groupe non. Les auteurs ont pu observer des différences significatives dans l'amplitude des enregistrements selon les groupes de figures, ce qui atteste le recours à une verbalisation subvocale chez les sujets (des enfants de 4;5 à 5;3).

En dehors de cette expérience, on a pu remarquer que le point de vue génétique n'avait pas été abordé malgré son importance. Les quelques recherches effectuées sur les enfants (voir SOKOLOV, 1971, NOVIKOVA, 1961) ont mis en œuvre un matériel verbal. Elles apportent des informations sur l'évolution du décodage de ce matériel, parallèle d'ailleurs à ce que révèle l'observation directe (l'enfant commence par articuler ce qu'il lit avant de passer à un stade où les moments décelables diminuent). De même la constatation par NOVIKOVA que des adultes illuttrés ont plus d'activités verbomotrices que des adultes cultivés. Mais cela n'apporte rien de spécifique pour notre problème.

4. L'étude de cas pathologiques

L'intérêt des cas pathologiques est de se présenter comme les instruments d'analyse permettant d'isoler les activités psychologiques et de dissocier les relations qu'elles entretiennent entre elles.

Les cas pathologiques sont relativement nombreux et divers. Certains concernent le langage, d'autres tel ou tel mode d'adaptation, les capacités intellectuelles en particulier. Tous n'assurent pas le rôle d'analyse et de dissociation qu'on vient d'indiquer et seuls certains peuvent, en conséquence, apporter des informations utilisables pour notre problème.

Sauf pour certaines informations de détail ou pour nuancer des positions trop absolues, les cas importants sont ceux où l'atteinte du langage est primitive et non secondaire ou surajoutée. Ceci exclut que l'on s'attache essentiellement aux déficits intellectuels ou aux distorsions de la conduite (démences, schizophrénies...).

Ces derniers ont pourtant un intérêt dans le cadre d'une discussion placée sur le plan le plus général des rapports entre langage et activités ou capacités psychologiques : rappeler que le premier dépend d'un certain niveau de développement ou de normalité des secondes.

On sait que les formes les plus graves du déficit intellectuel (idiotie) s'accompagnent d'une absence de langage (qui constitue un critère de diagnostic). C'est l'indice que l'acquisition et l'emploi du langage dépendent d'un niveau suffisant de développement qui s'en avère la condition nécessaire. Il est vrai qu'il est difficile de décider si la condition ainsi mentionnée concerne les capacités psychologiques ou une base neurologique.

Les déficits moins extrêmes fournissent cependant une indication orientée dans la direction inverse. Dans ces cas il y a quelques raisons de penser que le langage n'est pas à considérer seulement comme conséquence, mais qu'il contribue à jouer un rôle dans le niveau des performances observées. O'CONNOR et HERMELIN (1963) par exemple ont remarqué que les imbéciles, dans les tâches que leurs expériences leur proposent, sont moins disposés à employer le langage que les sujets normaux. Ceci contribue à diminuer leurs réussites. Entraînés à utiliser un codage verbal ils améliorent leurs performances, ce qui confirme l'observation. Ainsi, leur plus faible niveau de réussite ne résulte pas seulement d'un potentiel intellectuel limité, mais aussi de la difficulté à employer les moyens qui faciliteraient l'exécution des tâches.

Les aphasies sont peu directement utilisables. Ce n'est pas parce qu'elles concernent essentiellement l'adulte et excluent le point de vue du développement; quelle que soit leur source, les informations sur les mécanismes ne sont jamais à rejeter car ils permettent de raisonner par analogie. Mais c'est surtout parce qu'il est aventuré d'attribuer au trouble du langage les anomalies observées, par exemple, dans les conduites cognitives. L'atteinte porte sur les centres cérébraux et ce peut être autant l'effet direct des lésions qui se traduit dans ces anomalies.

La littérature atteste des positions contradictoires. Certains comme OMBREDANE (1951) suivant HEAD admettent que le déficit intellectuel provient essentiellement de l'atteinte de l'instrument verbal ou plus généralement de l'instrument symbolique. D'autres comme GOLDSTEIN (1948) se réfèrent à un trouble plus fondamental résultant directement ou indirectement des lésions, la perte de l'attitude catégorielle dont les perturbations observées sur le plan verbal ne sont qu'un aspect ou une conséquence.

Les mêmes hésitations se retrouvent dans l'interprétation de résultats expérimentaux. ZANGWILL (1964) ayant observé les difficultés de patients atteints d'aphasie motrice dans les *Progressive Matrices* se réfère, pour les interpréter, aux activités verbales implicites utilisées par les sujets normaux pour résoudre certains des items et au handicap qu'entraîne la perte de ces activités (interprétation très semblable à celle que nous avons proposée (OLÉRON 1949) pour interpréter certaines difficultés des sourds-muets dans ce même test). Cependant il conclut que la capacité de réussir le test est peu affectée pour l'ensemble des cas d'aphasie — y compris, à ce qu'il semble, ceux d'aphasie motrice...

Des recherches actuellement menées dans divers pays en collaboration avec les linguistes conduisent à délimiter les formes exactes des perturbations verbales chez les aphasiques. On peut espérer qu'elles permettront d'imaginer les mécanismes linguistiques sous-jacents et par là de mieux saisir leurs relations avec les démarches intellectuelles. Mais même si cet objectif est atteint il ne fournira pas automatiquement une information sur le rôle du langage dans ces dernières.

Ce qui vient d'être dit de l'aphasie peut être transposé à l'audi-mutité ou aphasie congénitale, c'est-à-dire à l'absence d'acquisition de la parole chez l'enfant malgré l'intégrité de l'audition. Citons simplement HÉCAEN et ANGELERGUES (1965, p. 21) : « Tous les auteurs sont d'accord pour reconnaître chez les enfants atteints d'audi-mutité un retard important des processus d'abstraction et la stagnation de leur pensée à un stade prélogique concret et subjectif. FROMENT et Mlle FEYEUX en inféraient l'existence d'un déficit primaire de développement intellectuel qui jouerait un grand rôle dans la genèse de l'audi-mutité »...

Le cas d'enfants qui, sans être aussi gravement atteints, présentent des retards de l'acquisition du langage, ce que peut révéler l'observation et que confirment les tests, n'offre pas davantage de lumière. Beaucoup d'études ont été consacrées à des enfants qui présentent une discordance entre les épreuves de performance normalement réussies et les épreuves verbales où un retard se manifeste. L'existence de difficultés observées, quand l'analyse est poussée quelque peu, dans le domaine de l'organisation perceptive, la perception des relations spatiales ou temporelles, suggère plutôt une atteinte des capacités de base nécessaires à certaines organisations dont dépendrait l'usage du langage qu'une relation inverse. De même pour les travaux consacrés aux enfants dyslexiques.

Les cas de non-acquisition du langage par isolement social sont intéressants en principe. Il s'agit d'enfants qui n'ont pu être élevés dans un milieu normal du point de vue de la communication verbale. Les cas les plus extrêmes sont ceux d'enfants à peu près complètement isolés du milieu humain, pendant une période suffisamment longue. Ceux qui ont été rapportés sont le plus souvent mal contrôlés, comme celui de Gaspard HAUSER ou des « enfants sauvages » ou « enfants-loups » (dont Amala et Kamala ont été les vedettes) et se situent à la limite de la légende ou de l'imposture, malgré l'exploitation qui peut être faite au nom d'un dogme simpliste de la toute-puissance du « milieu ». Les « enfants sauvages » comme Victor de l'AVEYRON minutieusement étudié et éduqué par ITARD étaient selon toute vraisemblance atteints d'un déficit intellectuel antérieur à leur isolement. Leur très faible niveau d'apprentissage verbal n'est qu'un élément d'un tableau complexe; il est impossible de lui attribuer un rôle explicatif précis. Il est douteux d'ailleurs qu'ils aient été vraiment isolés pendant une période de temps appréciable; leur survie eût été impensable (cf. DENNIS, 1941).

Des cas de séquestration observés dans des conditions moins imprécises fournissent des indications ambiguës. Deux ont été souvent cités. L'un rapporté par DAVIS (1940, 1947) est celui d'une fillette, Anna, découverte à l'âge de 6 ans — 6 ans de séquestration sauf pour les six premiers mois. Elle n'avait pas de langage, mais son niveau de développement était également des plus bas et son état physique déplorable. Elle fit quelques progrès sur tous les plans pendant les quatre années d'éducation, auxquelles la mort mit prématurément fin. Ici également le retard verbal apparaît plus comme une conséquence que comme un élément d'interprétation.

L'autre cas, celui d'Isabelle, rapporté par MASON en 1942 est comparable quant à l'âge et à l'état au moment de la découverte de l'enfant. Mais ici les progrès furent extrêmement rapides, et en deux ans la fillette était parvenue à retrouver un niveau normal. DAVIS, commentant ce fait, semble attribuer ce progrès à l'acquisition plus précoce du langage que dans le cas d'Anna. Il est difficile, faute d'une étude analytique qui n'a pu être faite, de voir dans cette affirmation autre chose qu'une hypothèse. Si le développement de l'enfant normal dépend du langage, alors les progrès de l'enfant handicapé par l'isolement social en dépendra également. Mais c'est ce qu'il s'agit de démontrer...

Il est clair que chez les enfants longuement séquestrés, ce n'est pas seulement le langage qui est atteint; les nombreuses sources de stimulations qui s'exercent sur le sujet normal par le contact avec les personnes et les choses manquent et ce peut être leur privation qui entraîne un ralentissement du développement intellectuel, indépendamment des facteurs, aux effets plus difficilement récupérables, de nature organique.

Les sociétés fraternelles et spécialement les sociétés gémellaires tendent plus ou moins à constituer des groupes qui, sans s'isoler complètement, peuvent se révéler plus ou moins imperméables à la communication avec le groupe des adultes. Des retards du langage et des retards du développement ont été régulièrement signalés, au niveau statistique, chez les jumeaux. On ne peut cependant conclure que le retard observé, par exemple dans les tests intellectuels, résulte du retard verbal. Ce dernier peut aussi être l'effet, une partie des causes pouvant se situer dans les conditions moins favorables de la vie utérine et périnatale.

Des « langages secrets » (cryptolangages) ont souvent été observés chez des jumeaux. Le fait de recourir à de tels langages au détriment du langage adulte peut-il contribuer à un retard de développement? Une étude de LURIA et

YUDOVICH (1959) paraît fournir certains éléments de réponse. On la discutera dans le chapitre suivant.

Les enfants sourds constituent des cas particulièrement privilégiés, c'est pourquoi nous les utiliserons très largement dans les chapitres suivants. Il s'agit des enfants qui sont nés sourds ou devenus sourds dans les premiers mois ou les toutes premières années de leur vie (« sourds-muets » dans une terminologie qui tend maintenant à être moins employée). Ils n'ont pas acquis le langage ou ils ont perdu les rudiments qu'ils avaient commencé à acquérir. Laissé à lui seul l'enfant complètement sourd manifeste une absence de parole et une ignorance de la langue qui sont également totales. Éduqué, ces handicaps diminuent mais laissent subsister longtemps un retard notable. (Pour des indications plus détaillées, cf. OLÉRON, 1969 b.)

Le privilège de la surdité tient à ce qu'elle est particulièrement pure et remplit ainsi d'une manière plus satisfaisante la fonction d'analyse qui a été mentionnée ci-dessus. L'enfant sourd n'acquiert pas le langage parce qu'il ne perçoit pas le modèle linguistique que présente l'adulte, faute du moyen, l'audition, qui permet l'appréhension de ce modèle. La lésion qui est en cause est périphérique, intéressant les éléments récepteurs ou transmetteurs de l'ouïe et ne touche pas des centres responsables des activités intellectuelles. Ainsi les anomalies et retards qui peuvent apparaître dans le développement psychologique peuvent être légitimement rapportées au défaut d'acquisition du langage.

De plus il s'agit de lésions relativement homogènes, à la différence de lésions cérébrales dont la localisation varie plus ou moins d'un patient à l'autre et rend chaque cas difficilement comparable, dans le détail, à chaque autre. Des différences existent dans la gravité et la date d'apparition des surdités. Mais celles qui sont considérées ici se situent seulement parmi les plus précoces et les plus graves à l'exclusion des autres qui peuvent fournir cependant des informations d'appoint.

Il faut ajouter que les sourds ne constituent pas une catégorie dont la rareté ou le caractère exceptionnel rendent l'étude aléatoire. Leur nombre non négligeable permet de satisfaire les exigences principales de l'investigation expérimentale au lieu de laisser tout le poids à l'analyse clinique.

Cependant l'étude des sourds se heurte à des objections dont certaines ne sont pas fondées mais dont d'autres doivent être prises en considération.

1) Les sourds ne souffrent-ils pas de lésions organiques concomitantes des atteintes de l'audition et qui, intéressant les centres cérébraux, peuvent être responsables d'anomalies dans le domaine cognitif par ex., ce qui ne permettrait pas d'attribuer valablement celles-ci au déficit verbal ?

Il existe effectivement des sujets qui par le traumatisme ou la maladie, origine de la surdité, sont atteints aussi de retard intellectuel ou peut-être perceptif et éventuellement verbal (atteinte de type aphasique). Certains sourds sont aussi des déficients intellectuels. Certaines étiologies impliquent des malformations qui se répercutent sur la vue, le sens de l'équilibre comme sur l'intelligence. Mais on peut considérer qu'il s'agit d'exceptions. Il est possible d'ailleurs, par les tests de développement, d'écarter des études comparatives les enfants qui manifestement n'ont pas un potentiel intellectuel intact.

2) Les sourds sont-ils vraiment des organismes privés de langage ?

Non, en effet.

D'abord ces enfants sont soumis à une éducation qui les amène à apprendre la langue et à les rapprocher ainsi des enfants normaux. Plus cette éducation est précoce, intensive donc efficace moins l'écart devrait être sensible.

En dehors de cet apprentissage l'enfant sourd est capable de conférer la valeur du signe à des indices provenant des personnes et des objets. Il est capable de communiquer, ne serait-ce que d'une façon rudimentaire, avec son entourage grâce aux gestes. Les gestes dans les communautés scolaires se développent en système, qu'il soit officialisé comme dans certaines écoles américaines ou se développe spontanément comme en France, malgré l'opposition théorique des maîtres. Le recours au langage des gestes conduit à une sorte de bilinguisme dont il faut tenir compte pour interpréter les capacités intellectuelles et verbales du sourd (cf. chap. 4).

Ceci admis, le fait que les sourds ne soient pas des individus absolument sans langage n'invalide pas les inférences qu'on peut tirer de leur comportement. Une différence en matière de science biologique ou sociale n'a jamais besoin d'être absolue (heureusement, car il ne s'en rencontrerait jamais) pour être éclairante.

3) Les sourds n'ont-ils pas avec leur entourage des relations différentes de celles des enfants normaux et qui retentissent sur leur développement?

Effectivement, en dehors des problèmes de communication, les enfants sourds, comme c'est le cas quasi général pour les handicapés, sont tenus dans un état plus grand de dépendance par leurs parents. Les méthodes traditionnelles d'éducation font une part considérable à l'observation et l'imitation et rendent ainsi l'élève dépendant du maître.

Ainsi certaines pertes d'initiative qu'on observe chez les sujets sourds, et qui retentissent sur leurs performances intellectuelles, ne peuvent être comprises sans tenir compte de ces modalités spéciales de relation avec l'entourage. Cela ne signifie pas pour autant qu'elles puissent tout expliquer, même cette dépendance, qui ne se maintient que faute de moyens pour s'assurer l'initiative et la maîtrise personnelle des situations.

4) Les enfants sourds ne souffrent-ils pas d'un manque de stimulations sensorielles et de la pauvreté de leurs expériences?

Les organes sensoriels sont une source de stimulation pour l'organisme, celui-ci est tributaire des faisceaux d'influx qui viennent l'activer. La privation de ces stimulations, les expériences sur l'animal et des volontaires humains l'ont montré, entraîne des perturbations dans la vie psychologique. Mais si l'on peut imaginer qu'une atrophie des centres spécialisés de la sphère auditive puisse se produire chez le sourd complet, peut-on penser qu'un phénomène comparable s'étende à d'autres régions? L'hypothèse n'est pas absurde mais elle n'est évidemment pas démontrée. Elle est rendue peu vraisemblable si l'on tient compte de toutes les stimulations qui peuvent parvenir par les voies intactes : visuelles, tactiles, vibratoires, kinesthésiques...

La pauvreté des expériences a été soulignée par FURTH qui a rapproché les résultats obtenus par des sujets sourds de ceux qui caractérisent les individus vivant dans des milieux sociaux peu stimulants. L'idée est intéressante mais on peut douter qu'il soit légitime de substituer l'action du milieu à l'intervention du langage. Le milieu qui contribue au développement psychologique est essentiellement un milieu *culturel*. Son action s'exerce pour une grande part, sinon la plus grande part, grâce au langage. La pauvreté d'un milieu, son caractère peu stimulant sont largement une pauvreté des stimulations et des activités *verbales*. La culture concerne moins des perceptions ou des manipulations que leur interprétation. Celle-ci est rendue difficile par le handicap verbal et l'ignorance des mots appropriés.

5. L'apport des analyses théoriques

Déterminer le rôle du langage dans le développement nécessite le recours à des observations et des expériences qui soient directement centrées sur cet objectif. Il n'est pas raisonnable d'attendre que l'analyse théorique de la vie mentale, de son développement d'une part, du langage de l'autre, y conduise. Une telle démarche ne pourrait au plus que suggérer des hypothèses. La nature exacte des activités psychologiques et celle du langage ne sont pas assez connues dans leur détail pour aller plus loin. Par contre l'étude attentive de leurs interactions peut conduire à mieux connaître et l'un et l'autre.

Cependant ceci n'entraîne pas qu'il ne faille pas examiner ce que peut apporter l'analyse théorique, ni même qu'il ne faille pas développer les idées sur la nature des processus en cause. Une élaboration théorique, même spéculative, à condition qu'elle ne soit pas purement abstraite et verbale peut éclairer les faits, voire en susciter la découverte.

Ce que l'on dira ici ne peut être que bref et schématique. On examinera d'abord le développement puis le langage.

LE DÉVELOPPEMENT MENTAL

On pourrait penser donner une idée du développement en se référant aux diverses formes de progrès que l'on peut observer chez l'enfant dans des domaines comme la connaissance, l'affectivité, la vie sociale. Mais il s'agirait d'un tableau essentiellement descriptif et multiforme. Il est plus logique, parce que plus économique, de chercher une systématisation qui permette de s'orienter dans cette diversité.

Nous avons proposé ailleurs (OLÉRON, 1961, 1972a) de caractériser les activités intellectuelles par la mise en œuvre de *circuits longs* et la *construction de modèles*. Cette vue peut s'appliquer d'une façon générale au développement de la vie cognitive et même de la vie affective et morale.

L'idée de circuits longs est suggérée par de nombreux auteurs (BERGSON, PIAGET, THURSTONE) qui ont considéré que le développement cognitif ou intellectuel correspondait à l'acquisition de pouvoirs permettant d'agir plus loin, plus tôt, et aussi d'agir en mettant en œuvre des intermédiaires qui s'interposent entre la rencontre avec la situation et la réponse. Sur ce second point la référence à la réaction réflexe est éclairante : ici il n'y a pas d'intermédiaires (autres que physiologiques) entre l'application du stimulus et l'obtention d'une réponse.

On a pu considérer que sur le plan cognitif le développement — et ceci vaut pour une phylogenèse schématique comme pour l'ontogenèse — consiste à doter l'organisme de moyens qui permettent d'anticiper de plus en plus sur la rencontre directe avec un objet qui peut être nocif ou mortel. L'apparition des sens informant à distance, comme la vue ou l'audition introduit un avantage par rapport au seul usage des sens qui réagissent au contact.

D'une manière comparable, mais sur le plan du temps et non de l'espace, la mémoire accroît l'indépendance par rapport à la situation présente et fait intervenir les informations et les possibilités des réponses relatives à un passé plus ou moins lointain. L'anticipation qui apparaît déjà dans le réflexe conditionné est ancrée sur des bases plus étendues par le raisonnement déductif, l'inférence, la construction de plans.

Ceci est transposable à la vie affective, sociale. Là aussi

on peut opposer aux réactions immédiates, directes et automatiques, comme celles qui interviennent dans la peur, provoquant la fuite ou l'agression impulsive, les réactions élaborées, mises en attente, soumises à des contrôles, objets de transfert ou de sublimation, évoluant vers des constructions imaginatives, intégrant aussi stratégies et planifications, comme celles qu'élabore l'ambitieux ou l'amoureux...

La notion de modèle est peut-être moins familière que celle de circuit long. Peut-être prête-t-elle davantage à l'ambiguïté. Pour être clair, disons qu'un modèle est une construction qui tend à obéir à des règles d'organisation interne et qui propose une représentation plus ou moins systématisée de la réalité atteinte par la perception et l'action. Le modèle fait penser aux constructions théoriques élaborées par les mathématiciens ou les physiciens. Il s'agit là des formes les plus abstraites. Mais on peut prétendre que la perception et, plus généralement, toute forme de représentation, confrontée à la réalité sous-jacente, est une reconstruction de celle-ci selon les exigences d'un être doté de vie biologique et psychique. C'est ce qu'ont remarqué bien des philosophes qui ont insisté sur l'inaccessibilité de la « réalité en soi ». Sur le plan figuratif concret les schémas et les plans, ceux d'une ville, d'un pays (cartes géographiques), d'une machine, d'une construction (plans des ingénieurs ou des architectes) sont aussi des modèles.

La construction et l'utilisation de modèles de plus en plus précis et élaborés correspondent à une évolution qu'on peut rapprocher de celle qui concerne les circuits. Les modèles astronomiques et géographiques ont permis la navigation dans l'espace extraterrestre, qu'ont contribué à permettre les constructions des physiciens, des chimistes, des biologistes.

Ici encore, la vie affective et sociale n'est pas étrangère à ce genre d'élaboration. Les réactions sont progressivement déterminées par des règles qui sont imposées avant d'être intériorisées, au moins en partie. Imposées ou acceptées ces règles sont, au sens normatif, mais sans jeu de mots, des modèles pour la conduite. Le sujet contribue à élaborer ces modèles, soit pour lui-même, soit pour ceux sur qui il peut exercer une action soit, quand il agit d'une manière hautement exemplaire, pour une partie de la société et de l'histoire.

LE LANGAGE

Qu'est-ce que le langage? Poser la question est admettre qu'on essaye au départ de dire ce qu'il peut être à partir d'autres réalités que lui-même. N'oublions pas, ce faisant, qu'une tendance développée par certains est au contraire d'en faire un point de référence pour traiter du reste des choses. Ainsi les relations entre les hommes, leurs conduites, leurs constructions imaginatives, leurs rêves, les bizarreries ou anomalies de leurs actions, leur inconscient seraient un langage qu'il appartient au psychologue ou au psychanalyste d'interpréter. Vu ainsi le langage est premier. Il ne se réduit pas à d'autres faits éventuellement plus généraux qui l'engloberaient ou dont il pourrait dépendre. Tout est signification, donc tout est langage et l'on sait au départ ce qu'est le langage : un système de signes, un discours plus ou moins obscur que l'homme de l'art déchiffre en lui substituant un discours, en principe, plus clair et plus cohérent.

On n'adopte pas ce point de vue ici et on ne le discute pas. Il correspond à une tendance profonde de l'homme à chercher des signes, à deviner même ce qui n'est pas devinable. Il a disparu de l'approche scientifique de la nature et s'exclut aussi de l'approche scientifique de l'homme, ce qui ne signifie pas que celle-ci n'ait pas, à un moment, à chercher à le comprendre, ni qu'il ne renvoie pas à des faits importants pour le problème général que nous nous sommes proposé de discuter. Mais ce n'est pas de ce côté qu'on trouve une réponse à la question précise posée dans cet ouvrage.

Le mot « langage » est plein d'ambiguïté. La distinction, devenue classique depuis De Saussure et qu'on voit reprise avec des termes identiques ou différents, entre langage, langue et parole n'est pas entièrement éclairante ni indiscutable, quoique utile. La parole est l'activité du sujet qui agit et produit un discours. La langue est la réalité objective ou objectivable qu'on peut considérer de l'extérieur, par ex. dans des textes ou des enregistrements. Le langage participe du sujet et de l'objet. Il renvoie aux pouvoirs du premier qui peut utiliser, non pas une langue particulière, mais une langue quelconque et non seulement peut produire des énoncés mais aussi les comprendre. Il renvoie d'autre part aux traits généraux que la comparaison des langues peut faire apparaître, ainsi qu'à leurs éventuelles différences.

Certaines expressions où l'on emploie le mot « langage » ne sont pas ambiguës. Ainsi quand par ex. on classe les langages : gestuel ou articulé, oral ou écrit. Mais l'ensemble l'est généralement. Quand on dit « le langage apporte à l'homme »... ce n'est pas seulement l'objet qui est considéré (d'ailleurs abstrait de telle langue particulière) mais le fait de pratiquer, de comprendre et énoncer. Quand on dit d'un malade que son langage est atteint, d'un enfant que son langage se développe, ou qu'il est retardé ou avancé, on renvoie de même à la fois à ce qui peut être relevé et évalué objectivement et aux activités que le sujet met en œuvre. Comme ce que considère le psychologue est à la fois l'un et l'autre, et en une certaine mesure le linguiste, bien que celui-ci soit davantage centré sur la face extérieure, et que les termes vont plus ou moins ensemble, l'ambiguïté, une fois admise et rendue consciente peut être commode parce qu'économique sur le plan de l'exposé.

Sur la nature du langage on peut naturellement interroger les *linguistes*. Ceux-ci apportent des informations très importantes sur les langues, en déterminant pour chacune de celles qu'ils étudient, leur constitution, leur organisation, leur régularité, leur évolution, les effets des contacts avec d'autres, etc. A partir de ces études particulières ils dégagent les traits communs et les variantes qui permettent de retenir les caractéristiques générales du langage (qu'il se décompose par exemple en certaines unités, phonétiques et sémantiques ; que ces unités sont susceptibles d'opposition, de substitution, etc.). L'analyse linguistique permet de distinguer les formes et catégories qui fournissent des cadres pour classer, comparer, mettre en rapport, proposer des schémas qui rendent visible la production d'une phase et ses transformations, etc.

Tout cela est fort important pour la connaissance de l'objet langage. Mais sous-jacent aux langues et au langage se trouve le sujet parlant ou, mieux, le sujet qui connaît la langue et est susceptible de la parler et de la comprendre. De ce sujet, sans lequel il n'y aurait ni langue, ni langage, ni parole, le linguiste ne dit rien. Ou il ne veut rien dire par principe, en vue d'être objectif et de bien séparer sa discipline des interférences avec la psychologie, ou s'il se hasarde à en parler c'est d'une manière relativement formelle ou avec des emprunts à la psychologie naïve, celle du sens commun à peine reconstruite.

CHOMSKY a pourtant exprimé des exigences rigoureuses. Il a tourné en dérision les psychologues qui s'en tiennent à l'observation du comportement et présenté des propositions sur la convergence que linguistique et psychologie devraient réaliser. Une théorie de la grammaire (au sens où il l'entend, c'est-à-dire de la langue tout entière) serait une contribution à la psychologie, parce qu'une saine psychologie devrait atteindre l'organisation sous-jacente au comportement (la compétence) comme doit le faire, selon lui, le linguiste (détermination des « structures profondes » et de la manière dont elles conduiraient aux « structures de surface », observées dans les productions verbales).

CHOMSKY, rétablissant un rapport étroit entre linguistique et psychologie, réhabilite le recours au langage pour atteindre les structures et organisations cognitives. C'est un point de vue raisonnable. Ce que l'enfant, par exemple, dit est un indice de ce qu'il pense et en sert de révélateur. Les propos qu'il tient dans une situation expérimentale fournit certaines informations sur les démarches qu'il suit (il n'est que de consulter les propos cités par PIAGET dans ses ouvrages pour en être convaincu). Mais si l'on veut aller au-delà des contenus vers les organisations sous-jacentes, la tâche est moins aisée et la procédure moins féconde. STERN, il y a fort longtemps, induisait des stades intellectuels à partir des types d'expression utilisés (substance, action, qualités se succéderaient parce que l'enfant emploie, dans l'ordre, des substantifs, puis des verbes, puis des adjectifs...). Plus positivement la manipulation verbale de l'affirmation, de la négation, des références au passé au futur, au conditionnel, à la causalité indiquent quelque chose sur les étapes du développement intellectuel.

Mais il ne s'agit là que de descriptions ou d'inférences relativement triviales et le programme est bien plus ambitieux. Malheureusement ce programme n'a pas subi de début de réalisation et la psychologie à laquelle se réfère CHOMSKY n'est qu'un retour à une théorie de l'esprit du type de celles que les philosophes ont essayé de construire dans des directions divergentes, sans qu'aucune ait pu trouver quelque fondement indiscutable.

Paradoxalement au lieu d'utiliser, dans la direction précitée, le langage pour atteindre les structures cognitives, les auteurs qui s'inspirent de CHOMSKY (ce ne sont pas à vrai dire d'ailleurs le plus souvent des linguistes purs) mettent l'accent sur l'activité cognitive que requiert l'activité verbale et l'érigent en une sorte d'absolu. Ainsi McNEILL (1970) dépeint le jeune enfant comme un génial petit stratège constamment à l'affût pour résoudre intelligemment les problèmes difficiles que lui pose la langue de l'adulte (bel exemple de projection — ici du linguiste théoricien — dans l'enfant!).

De toute façon ces approches ne conduisent en rien à s'interroger sur la possibilité pour le langage d'intervenir dans le développement cognitif, du fait qu'elle considère la relation dans un sens unique et d'une manière essentiellement statique.

C'est que pour le linguiste le langage est étudié essentiellement par rapport à lui-même. La compétence linguistique dont les linguistes chomskiens font le pivot de leurs analyses est limitée à la construction (et la reconnaissance) d'énoncés bien formés (conformes aux règles de la grammaire). Les contextes dans lesquels les énoncés sont produits et compris sont complètement mis entre parenthèses. Ceci tient à l'histoire de la linguistique et à la définition de son objet, la langue et typiquement la langue écrite.

Ce n'est pas sous cet angle seulement que le langage peut être considéré si l'on veut comprendre ses interventions éventuelles dans l'exercice ou le développement des activités. Ses rapports avec les situations et ces activités elles-mêmes ne peuvent évidemment être exclus. D'ailleurs les auteurs qui tiennent compte des aspects sociologiques ou n'oublient

pas l'importance de la communication dans le langage, sou-
lignent l'insuffisance de cette conception et sont amenés à
distinguer plusieurs formes de compétence (cf. HYMES,
1971, CAMPBELL et WALES, 1970).

Le *psychologue* nous apporte davantage. Mais on ne peut
dissimuler qu'il n'est pas très à l'aise avec le langage malgré
toutes les expériences qu'il lui consacre. Plus exactement il
est à l'aise quand il le réduit à ce qu'il connaît bien : des
stimuli et des réponses. Cela lui permet de traiter pertinem-
ment des modalités générales de fonctionnement qui interviennent chez le sujet parlant et au cours de l'apprentissage.
Mais il ne peut ainsi entrer dans le détail de l'exercice et de
l'apprentissage, de ce qui est appris, par ex. lorsqu'il s'agit
de structures complexes que le sujet arrive à maîtriser et
utiliser d'une manière originale (objection justement présentée par CHOMSKY).

Plus gravement la conception stimulus - réponse laisse
échapper ce qui correspond à une caractéristique essentielle
du langage : être représentation et connaissance. La relation
sujet connaissant — objet connu ou représenté est une relation originale que la psychologie behavioriste a mis entre
parenthèses, pour éviter, avec raison, les abus de l'introspection, mais sans laquelle des faits essentiels ne peuvent
être compris ni même simplement décrits.

De ce point de vue nous retrouvons les idées qui ont été
développées ci-dessus. Le recours au langage apparaît
comme l'utilisation typique d'un circuit long. Il étend bien
au-delà de ce que l'individu peut percevoir le champ des
connaissances qui lui sont communicables. Il lui permet de
dépasser son expérience personnelle et de bénéficier de celle
de la société, d'une histoire qui remonte aux limites du
possible, des connaissances capitalisées par les spécialistes.

Il introduit un trajet de description et de préparation entre le stimulus et la réponse.

Le langage se présente comme un de ces modèles que l'homme a fabriqués et utilise. Il est un modèle en effet dans la mesure où il offre une reconstruction de la réalité perçue et agie. Comme tout modèle il obéit à ses propres règles tant dans le choix des éléments que dans leur combinaison (déterminées par les règles concernant la signification et la grammaire, comme aussi bien la phonation et l'écriture). A l'expérience limitée et parfois incohérente dans laquelle le sujet est plongé, il substitue une description dans laquelle intervient une sorte de remise en ordre et où les éléments et les relations sont en quelque mesure analysées et isolées : les choses sont séparées, leurs actions de même, les successions explicitées, ainsi que les relations logiques ou causales, grâce aux termes convenables.

La description que propose l'historien d'une époque, le géographe d'une région, l'explorateur d'une contrée, le sociologue du fonctionnement d'une société, etc. substituent à une somme d'expériences mal coordonnées, partielles, inaccessibles au plus grand nombre, des tableaux organisés. Ceux-ci sont fidèles à la réalité, ou du moins veulent l'être, mais ils sont la construction de personnes qui y introduisent leurs curiosités et leurs préférences. L'avocat qui, dans sa plaidoirie, présente la vie de son client et expose la manière dont les circonstances l'ont conduit au crime, le biographe qui à travers les événements manifestes, fait découvrir le jeu des influences que leur examen direct livre mal, donnent de bons exemples du type de reconstruction que le langage permet.

L'INTÉGRATION DU LANGAGE AU DÉVELOPPEMENT

Dans la mesure où les analyses ci-dessus sont acceptées, elles suggèrent des conséquences assez nettes en ce qui concerne le rapport entre langage et développement cognitif. Ce développement se ferait dans un sens qui, peut-on dire, appelle le langage. Celui-ci n'apparaît pas comme une réalité extérieure adoptée d'une manière contingente par un organisme qui aurait pu poursuivre une évolution indépendante. L'évolution, au contraire, appellerait la création d'un instrument qui répond aux conditions de base de l'activité cognitive et en permet l'épanouissement. Les formes les plus élaborées ne seraient ainsi ce qu'elles sont que parce que le langage s'y est incorporé.

Ceci admis — si l'on veut bien l'admettre — n'implique pas que ce qui est dit ne concerne que les formes qui correspondent aux langues verbales. Pour la pensée scientifique ce sont les mathématiques et autres symbolismes de ce type qui jouent un rôle indispensable. Sans eux le développement des sciences exactes est inconcevable. Si ces sciences représentent l'état le plus élevé de la connaissance, l'argumentation précédente vaut principalement pour ces systèmes de symboles plutôt que pour les langues verbales.

Ces dernières ne représentent pas des modèles relativement purs, à la différence de ceux que permettent de construire les symbolismes mathématiques ou logiques. Elles ne sont pas, comme ceux-ci, une forme détachée des objets et de l'affectivité ou des motivations du sujet. Les relations avec l'objet sont en partie équivoques. Elles ne sont pas aussi directes que celles que manifeste par exemple une figuration concrète comme une carte ou un schéma. La matière phonétique en est sans correspondance, sauf pour quelques ono-

matopées, avec les objets. Les rapports entre les formes grammaticales et les grandes catégories isolées par les philosophes
(nom et substance, verbe et action, adjectif et qualité) ont
été discutés sans qu'une correspondance indiscutable ait pu
être constatée.

Néanmoins les références à l'objet imprègnent les relations
que le langage exprime. Elles contribuent très largement à
déterminer les significations de certains termes (« chien »,
« chat », signifient ces animaux que je vous montre). Toute
description présente un certain parallélisme avec la configuration des objets décrits, puisqu'elle permet de s'y retrouver. De même pour les indications ou les ordres qui déterminent une action efficace.

La caractéristique des langues verbales est d'incorporer
l'affectivité et les sentiments ou les passions du sujet. Des
termes évoquent l'attraction ou la répugnance suscitée par
les objets ou les personnes. Ils en arrivent à évoquer presque
automatiquement nausée, honte ou colère. Leur mobilisation
fait partie des effets classiques que mettent en jeu les auteurs
qui ont besoin de susciter l'émotion ou le déchaînement des
foules. Plus subtilement les jeux sonores de la matière phonétique sont mis en œuvre par la poésie pour des évocations
que dépassent ce que permettent les seules références
objectives.

Tout ceci, qui pourrait être largement développé, ne
retire pas au langage verbal le droit d'être traité comme un
modèle. La perfection ou la pureté parfaite ne sont les caractéristiques d'aucune réalité humaine. A l'intérieur d'une
langue des types de mots et des types de discours ont des
fonctions plus abstraites que d'autres; ils jouent pour le
développement intellectuel un rôle qui, compte tenu des
capacités d'un sujet peuvent être plus efficaces qu'un système
inaccessible pour lui. La dichotomie du concret et de l'abs-

trait est largement spéculative. Dans la réalité de l'enfant qui se développe ou que l'on instruit, ce sont des passages graduels qui interviennent.

On est tenté d'ajouter, quoiqu'il soit aventuré d'argumenter sur un tel point, que la nature de l'homme n'est pas nécessairement déterminée à atteindre sa perfection dans la connaissance élaborée du monde physique et des relations quantitatives. La connaissance de la vie et surtout du psychique et du social laisse place, et implique peut-être, des représentations qui admettent plus de souplesse, donc de liberté, dans la délimitation de leurs éléments. La place donnée dans les sciences exactes à la langue verbale reste considérable. Elle peut être la condition, grâce au flou relatif des définitions, de son progrès qui conduit à dépasser toute expression rigoureuse proposée à un moment donné. Le langage verbal permet l'expression des mythes et des jeux qui ont toujours joué un rôle considérable dans la représentation du monde, d'où n'ont pas à être exclues toute imagination et toute gratuité...

6. La nécessité d'une attitude analytique

Étudier le rôle du langage dans le développement, c'est, comme chaque fois qu'on dépasse le relevé de faits ou le constat de concomitances pour essayer de réunir des éléments d'explication, adopter une attitude *analytique* à l'égard des données complexes qui sont offertes à l'observation. L'explication n'est possible que si elle poursuit dans le sens de l'analyse. Le recours à la pathologie, à l'expérimentation est un appel à des procédures analytiques. On ne peut lui permettre d'obtenir leur pleine efficacité que si les concepts mis en œuvre ne sont pas eux-mêmes de type global.

Sur la position générale du problème il faut d'abord remarquer que la relation langage — développement est bipolaire. Si l'on traite dans cet ouvrage du rôle du langage dans le développement on n'entend pas pour autant nier qu'il dépende lui-même du développement. Cette face de la relation ne sera envisagée qu'épisodiquement et allusivement, non parce qu'elle est négligeable, mais parce qu'elle relève des évidences qui n'ont besoin d'être ni confirmées ni répétées. Les bases biologiques ici sont déterminantes (cf. LENNEBERG 1967) quoique non exclusives. On dira fermement, le contraire serait céder à une attitude globaliste stérilisante, que reconnaître ce déterminisme ne saurait réduire l'importance du rôle du langage dans le développement, comme si la détermination de celui-ci devait résulter d'une sorte de pesée comparative des influences réciproques qui, a là limite, conduirait à nier l'une parce que l'autre est prioritaire. Dans le domaine culturel, l'imprimerie, le film, la télévision sont indiscutablement le fruit de l'intelligence et de la sensibilité humaines. Cette constatation ne conduit pas à réduire les influences qu'ils exercent sur l'une et sur l'autre ni la nécessité d'en développer l'étude.

Certains concepts, constamment utilisés pourtant par les psychologues, sont trop globaux. Il en est ainsi pour ceux de pensée, d'intelligence, de niveau intellectuel et même de perception ou de mémoire et, naturellement, celui du langage. Les mots correspondants sont commodes pour la communication, mais ils sont dangereux lorsqu'on se préoccupe d'une description précise. Chacun dénote une pluralité de phénomènes, de mécanismes qui peuvent être totalement ou au moins partiellement indépendants.

Car ce qui est donné au psychologue, ce sont des activités,

des conduites d'apparence diverse voire hétérogène. Le besoin de simplification, qui est une démarche essentielle pour la connaissance conduit à des regroupements. C'est ainsi que certaines activités sont rangées dans le cadre de l'intelligence, d'autres dans celui de la mémoire, de la perception, ceux-ci dans l'activité et ceux-là dans l'affectivité. Mais de tels regroupements, s'ils ne dépassent le plan d'une expression verbale commode doivent être justifiés. SPEARMAN par exemple s'est donné un mal considérable pour justifier, par l'expérimentation et le raisonnement, l'existence d'un facteur général d'intelligence. Or cette justification n'est pas toujours donnée. On peut même dire que la tendance naturelle est de considérer que, puisqu'il existe un mot unique il doit exister aussi une réalité unique qui lui correspond.

Les discussions où l'on parle *du* langage et de *la* pensée ou de *l'*intelligence et de leurs rapports réciproques peuvent être d'intéressants exercices de circonstance. Mais pour le progrès des connaissances il semble qu'il vaille mieux les éviter.

PIAGET a donné des arguments très intéressants pour justifier la dépendance du langage par rapport à l'intelligence. Mais un de ceux-ci fait appel à la « fonction sémiotique ». PIAGET a tout à fait raison de marquer des rapports entre le langage et d'autres formes de symbolisme, ce qui justifie l'emploi d'un terme général qui les désigne et attire l'attention vers une condition sans laquelle aucun langage n'aurait pu se développer. Ceci dit, est-ce une affirmation indiscutable que de rattacher la « fonction sémiotique » à l'intelligence? Le sens commun n'ira pas contre cette affirmation, car pour lui l'intelligence chez l'homme en tout cas, implique bien l'usage de symboles. Mais au-delà de cet accord, la preuve impliquerait qu'une liaison nécessaire soit établie entre l'adaptation aux objets et le recours au symbole et que soit montré que l'intelligence sensori-motrice se continue sans changer de nature pour devenir représentative.

Mais ceci fût-il éclairci, il resterait toujours à se demander si l'on parle toujours du même objet quand on considère l'intelligence qui précède le langage et celle qui est façonnée et éclairée par lui. S'il faut des bases intellectuelles pour accéder à la parole, il n'est pas établi pour autant que le fait de parler n'ouvre pas des capacités nouvelles.

La notion d'opération, brillamment introduite et utilisée par PIAGET, est indiscutablement un progrès dans le sens de l'analyse et de la compréhension des mécanismes intellectuels. Mais, on le voit dans l'œuvre même de PIAGET, elle ne recouvre pas une catégorie de données homogènes. Lui-même fait place à des « décalages horizontaux » selon les objets ou les situations auxquelles les opérations s'appliquent. Or ce ne sont pas seulement les objets qui peuvent être en cause mais les moyens mis en œuvre pour exécuter les « opérations ». Dans ces moyens peuvent figurer le langage ou les habitudes nées de sa pratique. Il est donc imprudent de conclure, par exemple, de ce que dans une épreuve des sujets handicapés du point de vue verbal réussissent normalement, qu'ils ont le niveau opératoire pour toutes les autres. L'expérimentation avec les enfants sourds montre justement qu'il n'en est rien.

Le langage ne correspond pas non plus à une réalité unique. Le mot recouvre une pluralité de formes, d'activités, de niveaux qu'il convient de distinguer. La possession du langage, n'est pas un tout indécomposable. Le jeune enfant ne dispose que de peu de langage. Il n'en a pas acquis les formes grammaticales élaborées ni toutes les significations abstraites. Ceci ne signifie pas que ce qu'il a acquis ne peut l'aider à exécuter certaines tâches. La grammaire préoccupe beaucoup les linguistes et les psychologues d'aujourd'hui.

Avec raison. Mais on peut parler sans grammaire ou avec
une grammaire très simplifiée et cependant avec efficacité.
On le voit quand, dans un pays étranger, on se débrouille
avec l'émission et la compréhension de mots étiquettes qui
permettent de se faire servir au restaurant, conduire au
musée ou à l'aéroport...

FURTH a raisonné dans plusieurs de ses publications et
encore récemment (YOUNISS, FURTH et ROSS, 1971) de la
façon suivante : les enfants et adolescents sourds souffrent
d'une incompétence linguistique grave, puisqu'ils ne maî-
trisent pas les formes élaborées de la langue. Leur retard
par rapport aux enfants normaux apparaît considérable
comme on le voit dans des tests standardisés de lecture.
Cependant ils réussissent normalement dans certaines tâches
intellectuelles. Ceci lui a paru la preuve que ces réussites
ne dépendaient pas du langage et il y a vu un argument en
faveur de la théorie de PIAGET sur l'indépendance de la
pensée par rapport au langage.

Ce raisonnement implique l'adhésion à un postulat globaliste selon lequel les capacités linguistiques forment un tout
indissociable et le retard dans leurs formes complexes ne
laisse rien subsister du côté d'un usage simplifié mais peut-
être efficace. Il manque clairement de force démonstrative
pour cette raison. On verra, chapitre 3, dans l'exemple de
la découverte de la loi de double alternance que de jeunes
enfants disposent d'un moyen efficace pour venir à bout de
la tâche dès qu'ils sont simplement capables d'utiliser le
dénombrement jusqu'à deux, ce qui est singulièrement
élémentaire et compatible avec un degré considérable d'incompétence linguistique.

CHAPITRE 2

LES CONTRIBUTIONS DES PSYCHOLOGUES SOVIÉTIQUES ET BEHAVIORISTES

Dans ce chapitre on exposera et on discutera les contributions apportées par les psychologues soviétiques et behavioristes (essentiellement américains). L'intention est de faire connaître les grandes lignes de ces contributions, mais aussi d'en évaluer la solidité. Elle est aussi d'apprécier la pertinence et la suffisance des conceptions qui réduisent le rôle du langage à des interventions actuelles — et ponctuelles — dans le déroulement du cycle qui va de la perception de la situation à la réponse. De ce point de vue il prépare les analyses plus approfondies du chapitre suivant.

Ces contributions ont en commun, qu'elles aient été exposées en U.R.S.S. ou aux États-Unis, de mettre l'accent sur les actions exercées sur le sujet par le monde extérieur (signaux, stimuli) et ses propres actions et réactions (réponses, comportements). Leur intérêt est de traiter le langage comme une réalité du même type que celle que le psychologue invoque au niveau des perceptions et des actions relatives au monde physique.

Chez les auteurs soviétiques l'expression « deuxième système de signalisation » indique que le langage est essentiellement à considérer comme un ensemble de signaux dont les propriétés les rendent largement homologues aux signaux reçus des objets physiques. Chez les behavioristes les stimuli verbaux sont des stimuli comme les autres qui entrent dans les systèmes où ils sont en connexion avec les réponses pour provoquer celles-ci en étant aussi provoqués par elles.

Relevons que le nom des auteurs soviétiques qui ont apporté une contribution peut être plus facilement identifié, car il s'agit de porte-parole ou de chef d'équipes relativement peu nombreux. Pour les psychologues américains l'individualisation est moins légitime, car il s'agit de directions élaborées d'une manière beaucoup plus collective, avec la participation de multiples chercheurs, souvent plus attirés par la collecte des faits que par leur rattachement à un système plus ou moins rigide.

1. Les psychologues soviétiques

Les psychologues soviétiques ont eu le mérite d'aborder sur un plan positif l'étude des interventions du langage dans le développement des activités cognitives à un moment où le problème était à peu près complètement négligé.

Sans doute faut-il voir dans leur intérêt pour ce problème un rapport avec le contexte idéologique, où le matérialisme tend à nier l'indépendance de la pensée par rapport au langage et à poser au contraire que c'est dans le second que se trouve la réalité de la première. Une telle attitude ne peut que renforcer l'intérêt pour l'étude du langage. LURIA et YUDOVICH (1959, p. 9 et sq.) ont également fait valoir l'infiuence de la thèse qui met l'accent sur le rôle du milieu dans le développement et spécialement du milieu social dont l'influence s'exerce par la communication entre l'adulte et l'enfant.

Mais on peut voir là des rationalisations a posteriori. VYGOTSKI considéré comme le pionnier dans ces études s'est révélé un esprit indépendant; il ne cite MARX qu'une fois dans son ouvrage (1934) comme PAVLOV, c'est-à-dire pas plus souvent que BERGSON, DESCARTES, St AUGUSTIN (il est vrai que nous n'avons pu nous reporter au texte original, mais seulement à la traduction anglaise de 1962). Son livre a d'ailleurs été condamné en 1934. C'est en discutant les positions de PIAGET sur le langage égocentrique qu'il a été amené à défendre ses idées les plus caractéristiques (cf. ci-dessous) et non pas en analysant les conséquences d'une idéologie...

PAVLOV est cité abondamment par les psychologues russes comme l'auteur chez qui ils ont trouvé le point de départ et la justification de leurs travaux. Il en est ainsi en ce qui concerne l'étude du rôle du langage. Un des textes souvent cités est celui que LE NY (1961, 137) a reproduit : « Si nos sensations et nos représentations se rapportant au monde extérieur sont pour nous les signaux primaires de la réalité, les signaux concrets, le langage et notamment les stimulations kinesthésiques allant des organes de la parole au cortex constituent des signaux seconds, des signaux de signaux. Ils sont une abstraction de la réalité, ils en permettent la généralisation; c'est ce qui constitue notre appoint supplémentaire, spécifiquement humain, la pensée abstraite, qui crée d'abord l'empirisme, acquisition de l'humanité entière, et enfin la science, l'instrument le plus élevé d'orientation de l'homme dans le monde environnant et en lui-même » (extrait d'un rapport au Congrès International de Psychologie de 1932).

Ce texte est caractéristique en ce qu'il affirme, d'une part, que le langage conditionne le développement de la connaissance chez l'homme et que, d'autre part, il est constitué de signaux qui pour être « des signaux seconds, des signaux de signaux » peuvent être considérés comme comparables à ceux qui interviennent au niveau sensoriel et susceptibles, si l'on poussait dans cette direction, d'entrer dans des schèmes d'étude et d'expérimentation valables pour ces derniers. Ce texte (comme les textes analogues de PAVLOV, au reste peu nombreux) est intéressant historiquement par l'appui ou la caution qu'il a fourni à de nombreux psychologues. Mais il comporte un énoncé général sur le rôle du langage dans la connaissance qui est à la fois banal et peu précis. On ne saurait en vouloir sur ce point à PAVLOV, physiologiste et pour qui ce genre de propos est évidemment marginal par rapport à ses contributions et analyses scientifiques.

VYGOTSKI

VYGOTSKI a exposé sa conception en se référant comme point de départ à PIAGET. Dans son ouvrage de 1923 *(Le Langage et la pensée chez l'enfant)* celui-ci avait distingué langage égocentrique et langage socialisé. Comme le rappelle VYGOTSKI, dans le langage égocentrique l'enfant parle pour lui-même, ne prend pas intérêt à l'interlocuteur, n'essaye pas de communiquer, n'attend pas de réponse, et souvent ne se soucie même pas si on l'écoute ou non. Dans le langage socialisé il essaye de pratiquer des échanges avec d'autres : il demande, commande, menace, fournit des informations, pose des questions.

Ainsi pour PIAGET le langage égocentrique ne remplit pas une fonction utile et il s'atrophie quand l'enfant arrive à l'âge scolaire. La conception que défend VYGOTSKI est différente : il estime que le langage égocentrique joue un rôle et un rôle important dans l'activité de l'enfant. Ce n'est pas un simple accompagnement de l'activité. En dehors de son rôle d'expression et de ce qu'il permet le soulagement de la tension, il devient un instrument de pensée, car il permet en face d'un problème de rechercher et de préparer une solution.

VYGOTSKI rattache le langage égocentrique au langage intérieur. Il est, selon lui, un stade de transition dans le passage du langage extériorisé au langage intérieur. La première fonction du langage est, chez l'enfant comme chez l'adulte, la communication, le contact social. Les toutes premières formes du langage sont donc essentiellement sociales. Le langage égocentrique s'introduit dans un stade ultérieur. Sa disparition n'est pas due au fait qu'il laisse la place au seul langage socialisé, ce qu'admet PIAGET, mais au fait qu'il s'intériorise. Quand il cesse de se manifester au dehors il continue, comme langage intérieur, à jouer un rôle pour l'activité psychologique du sujet.

VYGOTSKI argumente pour établir l'identité fonctionnelle entre le langage égocentrique et le langage intérieur. Ainsi, il dit que si l'on interroge un enfant d'âge scolaire, qui, en face d'un problème, n'exprime rien à haute voix, en lui demandant à quoi il a pensé en résolvant le problème, il donne des réponses qui sont très semblables à celles que donne à haute voix un enfant d'âge préscolaire. Ceci indique, selon lui, que les opérations mentales effectuées par l'enfant d'âge préscolaire grâce au langage égocentrique le sont plus tard à l'aide du langage intérieur.

Le rapprochement entre le langage égocentrique et le langage intérieur est, pour VYGOTSKI, important du point de vue méthodologique. Le langage intérieur est en effet difficile à étudier, quasiment inaccessible. Le langage égocentrique est au contraire vocal, audible, extériorisé. Comme il a la même fonction et la même structure que le langage intérieur, il permet d'accéder à celui-ci dont il est en quelque sorte le révélateur.

Les arguments donnés par VYGOTSKI sont pauvres. Essentiellement, il note que lorsque l'enfant se trouve en face d'un problème, le taux des verbalisations augmente. D'autre part il invoque une évolution génétique selon laquelle la place de l'émission verbale par rapport à l'action change avec l'âge. Au début elle marque le résultat ou un point crucial de l'activité puis elle se déplace vers le commencement de l'action et prend une fonction de direction et de prévision, en assurant à l'action le niveau d'un comportement intentionnel.

Ces arguments semblent fondés sur des faits que VYGOTSKI a observés. Il dit que dans une situation-problème le coefficient de langage égocentrique double, ce qui implique que des mesures aient été faites dans des situations définies. Il cite d'ailleurs au moins un exemple : un enfant veut dessiner; il n'a pas de crayon de la couleur requise; il se parle à lui-même : « Où est le crayon ? Il me faut un crayon bleu. Ça ne fait rien, je vais dessiner avec le rouge et je le mouillerai avec de l'eau; il foncera et paraîtra comme bleu ». Mais il faut reconnaître que les données mentionnées sont pauvres et peu éclairantes.

C'est seulement au cours des dernières années que des

vérifications expérimentales précises ont été effectuées. Mme BEAUDICHON a réalisé une série d'expériences sur ce sujet (BEAUDICHON et MELOT, 1970, BEAUDICHON et ROUSSEAU, 1970-1971) avec enregistrement intégral des propos émis par les enfants. Ces expériences confirment que les productions verbales diminuent avec l'âge. Ceci va dans le sens des affirmations de VYGOTSKI. On peut considérer que les enfants plus âgés intériorisent davantage leurs productions que les plus jeunes. Toutefois il ne s'agit que d'une vraisemblance puisque la diminution observée pourrait être interprétée dans le sens d'une moindre intervention du langage dans la tâche.

Une autre donnée va également dans le sens de VYGOTSKI : lorsque plusieurs tâches de difficultés inégales sont proposées aux sujets, les tâches les plus difficiles conduisent à davantage de propos que les tâches faciles (cf. sur ce point KOHLBERG et al. 1968, qui ont observé le même phénomène). La notion de problème est en effet liée à celle de difficulté. Une tâche facilement résolue est à peine un problème ; sa solution peut dépendre de l'examen des données ou de la mise en œuvre de procédures quasi automatiques. La difficulté intervient quand ces procédures sont dépassées, et c'est là qu'effectivement on peut considérer qu'il y a vraiment problème.

Cependant, le point important n'est pas dans la quantité des productions verbales, mais dans leur rapport avec la découverte de la solution, l'aide qu'elles peuvent apporter à celle-ci en provoquant la démarche efficace. VYGOTSKI a reconnu lui-même la présence d'émission de nature expressive, liée à une décharge de tension. Il est normal qu'en face d'une situation frustrante, comme l'est un problème dont on cherche la solution, les productions verbales de nature affective augmentent. Il est normal aussi que dans une phase de mobilisation de l'activité comme l'est la recherche d'une solution, l'activité verbale soit également plus élevée.

Un certain nombre de recherches consacrées à la résolution de problèmes ont fait appel à la « réflexion parlée » qui consiste simplement à faire dire tout haut au sujet ce qu'il peut se dire à lui-même silencieusement. Des extraits de protocoles ont été publiés par divers auteurs comme CLAPA-RÈDE, HEIDBREDER, DURKIN. Ces protocoles, d'ailleurs recueillis par des adultes sont plutôt décevants car on ne voit pas bien que les propos contribuent effectivement à la solution. Il en est de même pour le cas des enfants (cf. REY, 1935).

Une recherche consacrée à un autre sujet (OLÉRON, 1957) nous avait amené à recueillir une partie des productions verbales d'enfants (de 4 à 7 ans) placés devant une suite de boîtes-problèmes dont le dispositif d'ouverture devait être découvert, afin d'obtenir le bonbon servant d'appât et de récompense.

On observe une proportion très notable de propos où la signification instrumentale est manifestement absente :

a) Des questions. « Comment on l'attrape ? » (le bonbon). « Comment on fait pour l'ouvrir ? » (la boîte). « Comment ça marche ? ». « Comment on peut bien faire ? ».

b) Des constats de la difficulté et/ou de l'impuissance du sujet (qui sont aussi, pour une part, des appels à l'aide). « Je ne sais pas ». « Je ne sais pas comment on l'ouvre ». « C'est dur à attraper ». « C'est bien caché ». « Je ne peux le voir (le bonbon) mais je ne peux pas l'attraper ». « C'est dur ».

c) Des constats relatifs à la tâche ou à la consigne. « Il faut l'attraper pourtant ».

d) Des propos de dérivation, pouvant prendre un caractère ludique, voire magique. « Allez viens ! » (au bonbon). « Comment ça marche ? C'est quelque chose, c'est l'électricité », (L'enfant, auteur de ce dernier propos, imagine que le bonbon doit passer dans une boîte, qui a servi à la démonstration et où il a obtenu un bonbon au début de l'expérience) « Après il va être dans ça ». « Il est dans celui-là (la boîte de démonstration) ». « Il vient dans la petite caisse. Il s'en va comme ça » (dessinant un parcours imaginaire).

e) Des descriptions ou des évaluations a posteriori. « J'ai tiré là-dessus. C'est facile maintenant que je sais ». « Je ne savais pas que ça bougeait. Je croyais que c'était calé ».

L'analyse cependant doit être plus systématique et définir le type de propos qui peuvent avoir une valeur instrumentale. VYGOTSKI n'a pas été explicite sur ce point et il préfère s'en tenir à des affirmations générales. Si l'on essaie de tirer le maximum d'information de ses textes, il apparaît que les interventions du langage pourraient jouer sur deux plans :

1) Appel à l'expérience antérieure et mobilisation de souvenirs relatifs à des moyens ayant été efficaces dans des situations analogues.

2) Examen des objets présents et contrôle, sur le plan verbal, de leur utilisation comme moyen de solution.

BEAUDICHON, dans les travaux cités ci-dessus, a poussé l'analyse plus loin et distingué, en dehors des propos à dominante affective et des activités verbales parasites (comme les dérivations), deux catégories, dites de régulation. D'une part il s'agit de régulation à plus ou moins long terme, telle que : appels à l'expérience antérieure, récapitulation des actes précédents, projet de solution, annonce d'actes, analyse de la situation, questions, conclusions partielles... D'autre part, de régulations immédiates qui comprennent essentiellement la description du matériel. Il apparaît que la proportion des propos régulateurs tend à augmenter avec l'âge et cela dans la mesure où les problèmes présentent une difficulté.

Ceci continue à aller dans le sens de la position générale de VYGOTSKI, mais alors que l'indication qu'il donne — très elliptiquement il est vrai — insiste plutôt sur ce qu'on peut considérer comme régulation à long terme dans la terminologie de BEAUDICHON, les résultats de celle-ci montrent l'importance des régulations à court terme dont la signification dans la conduite de l'action est moins évidente.

La thèse fondamentale de VYGOTSKI est que le langage apporte une aide dans la solution du problème. Elle ne peut être contrôlée véritablement que si le degré de réussite est mis en rapport avec les productions verbales. Ici encore on ne trouve rien de positif chez VYGOTSKI. Par contre BEAUDICHON a mis en rapport l'un et l'autre. Elle a constaté des corrélations entre la performance et les productions verbales (BEAUDICHON et MELOT, 1970).

Bien plus importante que le constat de ce genre de corrélations, qui reste ambigu, est l'analyse des effets du contrôle des productions verbales sur la performance. Ce contrôle peut s'exercer dans deux directions : inciter les sujets à s'exprimer, ce qui peut les conduire à émettre davantage de propos; empêcher d'autres de parler. Dans le premier cas, la théorie de VYGOTSKI peut faire prévoir un effet favorable et dans le deuxième un effet défavorable. Pratiquant ce contrôle, BEAUDICHON, dans ses expériences citées, a constaté des résultats qui vont en effet dans le sens attendu, mais avec des variations liées à l'âge des sujets et à la nature et la difficulté de la tâche.

Il apparaît ainsi que la théorie de VYGOTSKI trouve, dans ses grandes lignes, une justification dans les faits. L'interaction de l'âge et de la difficulté de la tâche, qu'il avait considérée, rend le tableau plus complexe qu'une description en termes généraux ne le suggère. Il apparaît que la nature des tâches doit être prise en considération. Ce qui va pour du matériel facilement dénommable et appelant des actions également faciles à décrire verbalement ne vaut pas de la même manière pour un matériel d'un autre type. Et la nature des propos émis et le genre d'aide qu'ils peuvent apporter sont loin d'être encore complètement élucidés.

IVANOV-SMOLENSKI

On ne mentionne ici que brièvement les contributions d'IVANOV-SMOLENSKI et de son école. Son point de vue est en effet étroit, ses interprétations simplifiées et l'apport qu'on peut y trouver quant au rôle du langage sur le développement n'est qu'indirect. Son mérite est cependant d'avoir contribué à situer le langage dans le cadre des études objectives et à expérimenter sur certains aspects de son insertion dans les réactions du sujet. (Nous appuierons notre analyse essentiellement sur les articles de 1949 et de 1953.)

IVANOV-SMOLENSKI a suivi de près PAVLOV dans son vocabulaire et sa méthodologie. Il s'exprime ainsi en termes de conditionnement et de systèmes de signalisation et ses expériences ont la simplicité apparente des épreuves de conditionnement.

Pour les auteurs soviétiques la notion de conditionnement est large — et par là même floue — puisqu'elle inclut, sans vouloir les traiter autrement, ce qu'on distingue ailleurs comme conditionnement classique ou pavlovien et conditionnement instrumental ou opérant. Le premier type concerne les réflexes, le second les réponses qui ne sont pas déclenchées aveuglément, comme les précédentes, par un stimulus approprié, mais sont produits par l'activité spontanée du sujet, éventuellement, quand il s'agit de l'homme par son activité volontaire.

IVANOV-SMOLENSKI et ses élèves — de même que LURIA —
ont essentiellement considéré des réactions « opérantes »
ou « instrumentales » (qui consistent le plus souvent à presser
sur une poire reliée à un enregistreur pneumatique, ce qui
permet d'obtenir des tracés). Bien que IVANOV-SMOLENSKI
et divers auteurs aient étudié les autres, nous ne parlerons
que de celles-ci.

Le thème général des travaux rapportés par IVANOV-
SMOLENSKI et ses élèves (on se référera essentiellement à
IVANOV-SMOLENSKI, 1953) concerne les relations entre les
deux « systèmes de signalisation ».

Une partie de ces travaux porte sur la substitution d'un
signal d'un système à un signal de l'autre. L'expérience
classique est ici celle de KAPUSTNIK (1930). Elle consistait
à établir une réaction conditionnée au son d'une sonnette,
puis à remplacer celui-ci par le mot « sonnette ». On voit que
le mot produit la réaction.

IVANOV-SMOLENSKI a appelé « irradiation élective » ou
« généralisation élective » le passage d'une réaction conditionnée d'un système à un autre.

Les réactions étudiées peuvent être de type plus complexe,
impliquant une discrimination (réaction positive à une
lumière vert foncé, absence de réactions à une lumière vert
clair par exemple, la généralisation se faisant aux mots
correspondants).

IVANOV-SMOLENSKI mentionne les substitutions inverses :
un conditionnement ayant été établi à un mot, la réponse
se maintient quand c'est l'objet (ou une représentation) qui
est présenté comme stimulus. D'autres substitutions s'effec-
tuent à l'intérieur d'un système (le conditionnement réalisé
à l'égard d'un terme générique, par exemple bête sauvage
continue à se manifester quand des termes subordonnés sont
présentés comme stimulus (loup, tigre, ours); de même

quand il y a substitution à un mot d'un autre mot qui lui est habituellement associé (herbe - vert).

L'intérêt de la démarche de IVANOV-SMOLENSKI est réel, mais l'usage des mêmes mots et des mêmes notions à l'égard, d'une part, d'un réflexe authentique, comme le réflexe salivaire et, d'autre part, des réponses données dans une situation plus ou moins complexe par un sujet qui décide son action en fonction d'une évaluation de la situation induit le risque d'avancer les affirmations simplistes voire factices ou erronées.

IVANOV-SMOLENSKI avait traité comme stimulus inconditionné un ordre tel que « appuyez » (sur une poire par ex.); en faisant précéder cet ordre par un stimulus (une lumière par ex.), au bout d'un certain nombre d'associations la seule présentation de la lumière provoquerait la réaction d'appuyer sur la poire. Or la répétition de cette expérience par d'autres auteurs soviétiques a conduit, sur des sujets adultes, à des échecs (cf. LE NY, 1960).

L'incapacité à reproduire d'une manière constante les résultats d'une expérience de ce genre tient à ce qu'elle dépend non pas d'un déterminisme stimulus-réponse parfaitement défini, mais de l'attitude du sujet et de l'interprétation qu'il donne à la situation. Si l'ordre verbal est perçu ou traité comme un signal qui, par ex., déclenche une réponse mécanique que le sujet cherche à donner le plus vite possible, un stimulus antécédent peut être appréhendé lui-même comme signal et le sujet y répondra selon le schéma prévu par IVANOV-SMOLENSKI. Mais si le commandement est donné dans le contexte d'une situation concrète de relation avec un autre homme, il prend pour le sujet une signification qui le rend hétérogène et sans lien avec un stimulus physique.

Dans les expériences de substitution qui ont été mentionnées ci-dessus une ambiguïté comparable apparaît. Il s'en faut en effet que l'« irradiation » du 1er au 2e système de signalisation s'effectue avec un succès constant. KOCHER-GUINA par ex. (1955) a effectué une expérience dont la substance consistait à remplacer, après apprentissage, des stimuli rouge et vert (lumières) par les mots « rouge » et « vert ». Les réussites vont en croissant avec l'âge, mais le nombre de réussites immédiates, c'est-à-dire à la première présentation des mots, reste très faible (1 à 3-4 ans, 5 à 7-8 ans, pour des groupes d'âge de 23 enfants).

En outre IVANOV-SMOLENSKI a noté que plus les sujets sont âgés plus il se rencontre de cas où l'« irradiation » ne se produit pas d'un système à l'autre.Il invoque à ce propos les notions pavloviennes d'inhibition, de spécialisation de la liaison conditionnelle, d'induction négative. Mais on comprend peut-être plus facilement ce qui se passe en fonction de ce que, d'après KOCHERGUINA, ont dit plusieurs de ses sujets : ils n'ont pas appuyé sur la poire parce qu'on ne leur avait pas indiqué ce qu'ils devaient faire lorsqu'on prononçait les mots « lumière rouge ». Ceux qui appuient le font à la suite d'une décision qu'il est difficile d'identifier à un déclenchement automatique, fruit d'un conditionnement strict.

Certains auteurs se sont proposé d'étudier non pas la substitution de signaux appartenant à l'un ou l'autre des systèmes mais leur conflit, c'est-à-dire l'« activité antagoniste » des deux systèmes (par ex. VYKHODOV, 1959). Après établissement d'une réaction motrice à un signal un stimulus verbal est présenté en même temps que le signal. Il consiste à nier l'existence de celui-ci (« pas de sonnerie », « non »). Les résultats de VYKHODOV montrent que l'inhibition de la réponse est d'autant plus marquée que les sujets sont plus âgés. Mais il faut attendre 12 ans pour obtenir une inhibition dans 70 % des cas.

VYKHODOV interprète ces résultats dans le sens d'un développement croissant du second système de signalisation. Mais il est clair qu'une formule de ce genre, dans sa généralité n'a qu'une signification limitée. L'indication verbale n'efface pas la perception, VYKHODOV le reconnaît. C'est simplement la réponse qui est déterminée par cette indication (en l'occurrence ici l'absence de réponse). Pour qu'elle acquière une efficacité il faut une *interprétation* de la part du sujet qui considère que la négation du stimulus est une invitation à ne pas répondre. Autrement dit, c'est moins l'importance d'un stimulus qui est en cause qu'un système d'habitudes, d'attitudes, de méthodes, de décisions qui sont en jeu. Que l'on puisse prétendre que ces systèmes se développent grâce au langage, la chose est vraisemblable, mais non prouvée évidemment dans une expérience de ce type.

IVANOV-SMOLENSKI a donné une large place dans son étude de « l'irradiation élective » à la procédure du compte rendu, qui consiste à demander au sujet, une liaison ayant été établie entre un stimulus et une réponse, de décrire ce qu'il a perçu et fait. Ce compte rendu atteint, dans la terminologie de la psychologie soviétique, le « reflet » du premier système dans le second et permet de préciser l'exactitude avec laquelle il s'opère en fonction de l'âge, de divers facteurs. Dans un autre vocabulaire ces faits sont décrits sous le nom de « prise de conscience ». Aucun des termes ne peut être considéré comme fournissant une dénotation satisfaisante. Mais les auteurs soviétiques mettent l'accent sur le caractère *verbal* du processus.

Il y a là une catégorie de faits très intéressants. Divers chercheurs ont noté les lacunes dans certains énoncés chez l'enfant et leur discordance avec ce qui avait été perçu en fait, mais ceci d'une manière occasionnelle. Le mérite d'IVANOV-SMOLENSKI est d'avoir considéré ce genre de réaction d'une manière systématique. Ainsi il a distingué les descriptions (et absences de description) concernant le ou les stimuli présentés, les réponses, les connexions ou relations entre le stimulus et la réponse (ou absence de réponse). Il a relevé par exemple qu'il est rare que l'enfant ne décrive pas ce qu'il a perçu ou ce qu'il a fait, mais la description a plus de chance d'être lacunaire quand il y a plusieurs stimuli (le sujet n'en décrit qu'un) ou plusieurs réponses. Ainsi le sujet qui a réussi à apprendre une discrimination entre deux stimuli, répondant à l'un et ne répondant pas à l'autre peut prétendre qu'il a répondu aux deux. L'absence de reconnaissance du lien entre stimulus et réponse est un fait également intéressant : l'enfant ne se rend pas compte qu'il a réagi à la réponse de tel stimulus (mais il dit avoir agi de sa propre initiative ou pour obéir à la consigne de l'expérimentateur...) (IVANOV-SMOLENSKI, 1949, STROKINA, 1953, KOCHERGUINA, 1955).

Les analyses et expériences réalisées ou inspirées par IVANOV-SMOLENSKI apportent-elles une contribution pour la connaissance du rôle du langage dans le développement?

En une certaine mesure la position de IVANOV-SMOLENSKI est extérieure à ce problème : ce qu'il considère, ce sont les rapports entre deux niveaux d'activités « signalisatrices » ou plutôt d'utilisation de signaux. Il manque la 3e dimension, celle des activités auxquelles ces derniers pourraient servir d'instruments (alors que chez VYGOTSKI il y a référence à la résolution de problèmes). L'évolution génétique qu'il considère concerne ces rapports entre les deux niveaux mais ne va pas sensiblement au-delà.

C'est dans le sens de l'insertion croissante du second système dans le fonctionnement du premier qu'on peut trouver une évolution dans le sens qui nous intéresse, c'est-à-dire dans le sens que LURIA souligne. Mais déjà la notion de substitution d'un système de signaux à un autre est à elle seule riche en implication. Elle indique qu'une manière de décrire le développement consiste à montrer que l'activité limitée au début à la manipulation des données perçues s'étend de plus en plus à l'usage des symboles. Même si la substitution est conçue de façon plus ou moins littérale (encore que IVANOV-SMOLENSKI fasse place à des processus de généralisation et de spécification (cf. son expérience sur le passage de la réponse à « bête sauvage » à celles données à des exemplaires ou espèces particulières) elle ouvre des aperçus sur des pouvoirs étendus que le langage permet par ses qualités propres et ses possibilités de communication.

Étudier la façon dont les mots acquièrent un pouvoir dans le déclenchement ou le déroulement de l'action concerne bien un problème de base sous-jacent à toute détermination des effets du langage. Malheureusement la détermination du pouvoir du mot ne peut se faire adéquatement dans des expériences comme celles des auteurs cités, qui sont à la fois simplistes dans la manière dont elles sont conçues et analysées et complexes par les déterminants qu'elles mettent en jeu. Le rôle normal du langage n'est pas de se substituer à la réalité perçue, ni de la nier, mais de s'articuler avec elle. Cette articulation est impliquée dans les expériences citées, mais d'une façon qui échappe au cadre de l'analyse adoptée. Le langage a bien des fonctions de substitution et de néga-tion, mais dans d'autres contextes (jeu, illusion, fuite de la réalité, influence sur autrui…) fort hétérogènes à l'adaptation directe qui est considérée ici.

La tendance exprimée par LURIA, suivi de nombreux auteurs soviétiques, est d'insister sur les interventions du langage dans les activités du « premier système de signali-sation » (cf. ci-dessous). A ce titre, ils se trouvent en désac-cord avec la direction privilégiée suivie par IVANOV-SMO-

LENSKI qui s'attache plutôt à la relation inverse. Ou plutôt dans un souci de cohérence ils cherchent (LURIA, 1957, ELKONINE, 1951) à retenir ce qui, chez IVANOV-SMOLENSKI, peut être interprété dans le sens qu'ils privilégient, par exemple le fait qu'il peut y avoir substitution de stimuli d'ordre perceptif à des stimuli verbaux et aussi certaines déclarations que l'on trouve surtout dans ses derniers écrits (par exemple IVANOV-SMOLENSKI, 1953).

Quant aux comptes rendus verbaux de l'action, leur signification du point de vue de l'action exercée par le langage est ambiguë. Parler de reflet du premier système dans le second tend à présenter le compte rendu verbal comme un *constat* de ce qui passe au niveau de la perception et de l'action. Il en est de même lorsqu'on parle de « prise de conscience ». Or l'expression sur le plan verbal est susceptible d'être efficace et de modifier la manière dont la situation est perçue, et la manière d'agir, dans la mesure où elle contribue à une évocation d'éléments qui ne sont pas actuellement donnés ou à la construction d'une interprétation ou d'un projet d'action. Ceci dépasse évidemment ce que suggèrent les notions de reflet et de prise de conscience.

LURIA

Les positions prises par LURIA se situent dans une perspective plus générale que celles qu'on trouve dans l'école d'IVANOV-SMOLENSKI et sont plus étayées techniquement que celles de VYGOTSKI, dont il adopte d'ailleurs les thèses, sans cependant que toutes ses affirmations, il s'en faut, soient appuyées sur des contrôles expérimentaux indiscutables.

Les prises de position de LURIA en faveur du langage avancent des arguments qui se situent sur plusieurs plans.

Sur un plan général, il met l'accent sur le rôle de l'information culturelle. Le langage est un élément essentiel du développement de l'être humain parce que le trait caractéristique de ce développement — en quoi il s'oppose au développement des organismes animaux — est de participer à l'expérience incorporée dans la société et l'histoire. Le langage est le moyen d'assurer cette participation; il permet d'appréhender la réalité d'une manière beaucoup plus complexe et beaucoup plus profonde qu'il ne pourrait le faire sur la base de son expérience individuelle (LURIA et YUDOVICH, 1959, 11).

Il insiste sur son rôle cognitif, reprenant en particulier le thème de l'abstraction et de la généralisation évoqué par PAVLOV : la désignation verbale permet d'isoler un caractère essentiel dans un complexe de qualités ou de propriétés (il dégage par exemple que le verre sert à boire); elle permet en s'appliquant à des objets individuels divers de dégager le caractère ou la fonction générale, quelles que soient les particularités accessoires (par ex. le mot verre appliqué à des verres de poids ou de formes différents (id, 13).

Il souligne le rôle du langage dans les activités cognitives de l'enfant et dans son action : la mère en nommant les objets de l'entourage et en donnant des ordres et des consignes *modèle* le comportement de l'enfant. L'enfant se met à nommer lui-même les objets et ainsi à organiser ses activités de perception et son attention volontaire. Quand il exécute les ordres de sa mère, il garde les traces des instructions verbales pour une longue période. Il apprend à formuler ses propres désirs et intentions, d'abord par la parole manifeste, puis par la parole intérieure. Il crée ainsi les formes les plus élevées de la mémoire intentionnelle et de l'activité volontaire (LURIA, 1961, 2).

De même LURIA défend l'idée que le langage fournit des

cadres dans l'organisation de la perception, des catégories qui sont incorporées dans la structure des mots. Il donne l'exemple du mot « tchernilnitsa » (encrier), qui est discuté ci-dessous (p. 205), et qui livrerait des principes de classification de l'objet sous les rubriques de couleur, d'instrument et de contenant (LURIA et YUDOVICH, 1959, 13).

A ces considérations générales LURIA en ajoute qui se réfèrent plus directement aux expériences de laboratoire, dont à propos de IVANOV-SMOLENSKI on a donné quelques spécimens. Ces expériences sont essentiellement des expériences d'apprentissage, inspirées de la création de conditionnement. Elles consistent à établir des connexions (ou liaisons) entre stimuli et réponses. Les auteurs russes insistent sur l'importance de l'établissement de telles connexions, dans lesquelles ils voient les mécanismes psychologiques fondamentaux chez l'homme comme chez l'animal. Aussi ces expériences de laboratoire sont pour eux importantes dans la mesure où elles atteindraient des processus qui sont en jeu dans le développement et l'exercice des activités psychologiques.

Les réflexions que présente LURIA à ce sujet sont typiques de son point de vue (cf. en particulier 1955). Une des idées qu'il défend est que le langage n'intervient pas en se substituant au premier système où des connexions seraient d'abord établies, comme les expériences de IVANOV-SMOLENSKI pouvaient induire à le penser. Selon LURIA, chez l'homme le langage joue un rôle prépondérant dans la formation même des connexions qui s'établissent entre stimulus perçu et réponse, parce que la situation est analysée verbalement et intégrée dans l'organisation que le langage a contribué à constituer.

Il tend ainsi à opposer ce qui se passe chez l'animal et ce qui se passe chez l'homme, où l'intervention du langage dans l'exécution des tâches qui se situent à un niveau sensori-moteur introduit des modalités spécifiques. Par exemple, chez l'animal l'établissement de connexions nouvelles se fait lentement, exigeant des répétitions. Chez l'homme, sauf dans le cas d'apprentissage difficile, il n'en est pas ainsi. Les expériences que les sujets ont eues des situations analogues lui permettent d'énoncer les règles qui ont été exprimées verbalement et qui lui assurent le contrôle immédiat de la situation nouvelle.

Autre exemple : c'est au langage également que LURIA attribue le fait qu'un renforcement régulièrement répété n'est pas nécessaire au sujet humain, comme il l'est avec l'animal. La règle qu'il se donne verbalement joue le rôle de renforcement et contribue à maintenir la réponse acquise.

LURIA signale aussi la mobilité qu'introduit le langage. Un système de connexions qui est établi par son intermédiaire peut être aisément effacé et remplacé par un autre qui est décrit également sur le plan verbal. C'est aussi par le recours que le sujet fait spontanément au langage qu'il explique les échecs du conditionnement à la parole de type IVANOV-SMOLENSKI. Le sujet se donne une consigne, par ex. : réagir à l'ordre et non pas au signal précédent. Avec une telle consigne le conditionnement attendu ne peut se produire.

D'autres échecs ou difficultés sont interprétés par le fait que le sujet s'est construit une règle qui oriente ses réponses dans un sens ou selon un certain principe. Lorsque cette règle ne coïncide pas avec le type de propriétés ou de modifications introduites par l'expérimentateur dans les stimuli, le sujet persévère dans une certaine catégorie de réponses ; l'apprentissage, de ce fait, exige un bien plus grand nombre de répétitions que si une règle n'avait pas été formulée. (C'est la contrepartie, on le remarquera, de la mobilité signalée précédemment.)

On voit d'après ces analyses l'importance que Luria attribue au langage même dans l'exécution de tâches qui, à l'examen immédiat, paraissaient se situer au seul niveau des réponses à des stimuli perçus. Ces analyses sont judicieuses et sensées. Il reste que les affirmations ne sont pas assorties de preuves spécifiques. Chaque fois que Luria invoque une intervention du langage on peut se demander si les facteurs en jeu ne sont pas des systèmes d'interprétations ou de réponses, des schèmes qui dépassent les connexions stimulus-réponse, mais qui ne seraient pas nécessairement exprimés en mots. On conçoit que l'expression verbale invoquée par Luria *puisse* jouer les rôles qu'il propose. La question est de savoir si *effectivement* elle le joue.

A côté de ces analyses, disons, théoriques, Luria a apporté des contributions personnelles qu'il faut considérer.

L'une de celles-ci est une expérimentation naturelle (sociopédagogique) concernant les jumeaux Yura et Liosha (Luria et Yudovich, 1959). Ceux-ci vivaient dans une société gémellaire assez typique, close sur eux-mêmes, avec peu de communication et de participation à l'activité d'autres personnes. Ils manifestaient un retard de langage très notable, avec usage de mots déformés ou créés par eux; une rééducation fondée sur la séparation et la participation à la vie scolaire et une rééducation verbale (pour l'un d'eux) conduisirent à rétablir une évolution normale sur les divers plans.

Luria et Yudovich ont présenté des observations très intéressantes sur la manière dont le langage était utilisé par les enfants avant la rééducation : manque de précision dans le sens des mots employés, subordination du sens à l'intégration à une situation concrète ou vécue (langage « sympraxique »), difficulté de compréhension quand les mots n'étaient pas relatés à un objet ou une action...

Par ailleurs ils ont exposé certaines lacunes dans les

activités psychologiques manifestées par les enfants. Ainsi en ce qui concerne leurs jeux : ils avaient un caractère stéréotypé, ne dépassant pas la situation présente, ne se subordonnant pas à une représentation imaginaire; les jeux collectifs n'étaient pratiqués que comme activités ritualisées, sans accès à leur signification voire à leurs règles.

Dans le domaine d'activités constructives, comme le dessin, on observait un niveau très primitif ne dépassant pas le gribouillage, avec incapacité d'imaginer une signification pour l'« objet » dessiné. Pas davantage de constructions créatrices avec des blocs ou des éléments de mosaïque ou même la copie d'un élément modèle.

Les enfants n'étaient pas capables non plus de réussir les épreuves de classement c'est-à-dire de grouper des objets selon des catégories, se contentant, au plus, de les ranger les uns à côté des autres sans dégager leurs similitudes.

Après quelques mois de rééducation le tableau est tout à fait différent. C'est l'antithèse du précédent, trait pour trait.

Les enfants, dans leurs jeux, réalisent un projet qui est énoncé d'abord et dont les étapes sont planifiées. Les objets peuvent garder une signification imaginaire qui se maintient le long du jeu. Les activités constructrices sont présentes et réalisent une intention formulée préalablement. Les classifications sont devenues possibles.

Les analyses données par LURIA sont très intéressantes en ce qu'elles mettent l'accent sur l'imagination, la planification, d'une façon générale sur des conduites qui correspondent à une prise de distance par rapport à la réalité immédiatement perçue et vécue et à la possibilité de subordonner l'action à une représentation qui la dépasse et l'ordonne. Elles dégagent une transformation systématique et cohérente qui serait intervenue chez les enfants grâce à la rééducation.

La thèse de LURIA est que le contraste entre les conduites des jumeaux avant et après ou pendant la rééducation est déterminé par le mode d'utilisation ou de fonctionnement du langage. Il lie l'activité d'imagination, de projet, de classement selon un principe, à la possibilité de verbaliser la situation imaginaire, le projet, ses divers stades, le principe de classification.

L'observation est fort suggestive, sa valeur démonstrative paraît grande. Mais on ne peut s'empêcher, en la lisant, de trouver que les choses se présentent trop bien. Le lecteur habitué à voir dissociés, dans les exposés scientifiques, les faits et leurs interprétations, qui, en général, sont loin de « coller » très exactement, a le sentiment que cette dissociation n'est pas ici nettement réalisée et que la manière dont les faits sont présentés en constitue déjà une interprétation favorable à la thèse.

Contentons-nous de citer ce passage qui est assez caractéristique pour n'avoir pas besoin d'être commenté : « Nous avons décrit les particularités de l'organisation de l'activité mentale des jumeaux qui sont intégralement connectées avec le caractère élémentaire de leurs processus verbaux. Puisque leur langage n'était pas séparé encore de leur activité directe, ils ne pouvaient pas fixer un projet verbal, donner à leur activité un caractère ferme, dirigé vers un but et ainsi les subordonner à un plan interne spécifique. Il est clair alors que l'amélioration dans l'activité verbale des sujets provoquée par notre expérience ne pouvait qu'être reflétée dans la structure totale de leurs processus mentaux » (LURIA et YUDOVICH, 92).

Sur le plan méthodologique il est clair qu'il manque à l'étude du cas de Yura et Liosha une évaluation de leurs capacités avant et après rééducation qui aurait été faite à l'aide d'épreuves objectives, ne laissant qu'un minimum de place aux interprétations de l'observateur. D'autre part la comparaison avec les enfants normaux est empêchée du fait que l'âge des sujets n'est pas indiqué avec exactitude, ni la durée de la rééducation, c'est-à-dire l'intervalle qui sépare l'observation des jumeaux dans leur état pathologique et après le traitement. Une indication suggère que le début de l'étude a été fait quand ils avaient 5 ans (p. 31) et des données statistiques sur le niveau de langage mentionnent une rééducation pendant 10 mois. Si ces chiffres sont à retenir, les progrès auraient été extrêmement rapides et les enfants à 6 ans auraient acquis une maîtrise dans l'usage du langage et le contrôle verbal qui peut paraître au-dessus des normes moyennes de cet âge.

La nature de la rééducation imposée aux deux enfants n'est pas clairement décrite. L'essentiel a été la rupture de la société gémellaire obtenue en plaçant les enfants dans des classes différentes, créant les conditions d'une communication normale. A part des leçons d'orthophonie et de langage qui ont été réservées à Yura, il semble que les enfants n'aient bénéficié de rien d'autre que des exercices éducatifs pratiqués dans les groupes auxquels ils étaient intégrés. Ils ont été amenés ainsi, selon toute vraisemblance, à pratiquer des exercices, des jeux, du dessin, du modelage, des classements d'objets, qui font la matière des activités prescolaires dans tous les pays. Les progrès qu'ils ont manifestés dans ces domaines ne peuvent être considérés comme indépendants de ces entraînements spécifiques et il n'est pas question de les attribuer au seul développement verbal. On peut dire que les enfants ont appris à exposer ce qu'ils allaient faire, ce qu'ils faisaient, la signification imaginaire ou notionnelle des objets, mais cela en même temps qu'ils étaient entraînés aux activités correspondantes. Le bénéfice de cet entraînement ne peut être passé sous silence.

On vient de mentionner que Yura avait subi un entraînement spécial sur le plan du langage dont Liosha n'avait pas bénéficié (application limitée de la méthode du jumeau témoin de GESELL). Selon LURIA et YUDOVICH cet entraînement avait provoqué une supériorité de Yura dans les activités qui sont déjà évoquées ci-dessus. Si tous deux ont gagné, Yura a gagné davantage. L'argument est ouvert aux objections qu'on vient de soulever : imprécision dans l'établissement des faits; incertitude sur la nature de l'entraînement verbal qui a pu jouer non seulement sur les mots, mais sur les significations, ce qui implique une certaine analyse au niveau des objets, et également induire chez l'enfant une attitude générale plus libre et plus ouverte aux initiatives.

D'autres publications de LURIA ont porté sur le développement du contrôle (ou de la régulation) de la parole sur les comportements (1960, 1961).

Comme on l'a indiqué plus haut, une des idées défendues par LURIA est que l'exécution d'une activité contrôlée par le langage est le type d'une action volontaire. La conduite volontaire est celle que l'individu détermine à partir de l'ordre qu'il se donne. Le développement du contrôle de l'action par le langage s'identifie ainsi au développement de cette conduite. L'enfant arrive à ce niveau en passant par le stade où il exécute les ordres donnés par autrui (on retrouve, dans une autre perspective, le thème de l'intériorisation de VYGOTSKI auquel LURIA d'ailleurs se réfère).

Les analyses de LURIA portent d'une part sur le développement du contrôle exercé par la parole d'autrui (de l'adulte), d'autre part sur le contrôle exercé par la parole propre de l'enfant.

En ce qui concerne le premier point LURIA rappelle que l'enfant est capable précocement (dans la 2e année) de répondre à des ordres de l'adulte (donner la main, etc.). Mais cette obéissance n'est pas complète d'emblée, dans toutes circonstances et pour toute sorte d'ordres. Par exemple, l'ordre est inefficace s'il est en interférence avec l'activité que l'enfant est en train d'exercer, qu'il vient d'exercer ou l'intérêt qu'il porte à un objet.

LURIA déclare qu'au début le langage de l'adulte peut déclencher l'action, mais non encore l'arrêter quand elle est commencée. Il aurait une fonction d'incitation ou de mise en route de l'action, mais non encore une fonction d'inhibition. LURIA signale également que les ordres doubles ou conditionnels ne sont exécutés qu'au-delà de deux ans (ex. de tel ordre : « quand tu verras la lumière, presse sur la poire »). De tels ordres sont au demeurant complexes et on peut dire qu'ils obligent d'une part à établir une connexion entre un stimulus et une action (un « système synthétique », dit LURIA) et d'autre part à l'établir pour le futur, c'est-à-dire à emmagasiner la consigne en vue d'une situation qui ne s'est pas encore produite.

Ces faits sont interprétés par LURIA comme exprimant une prédominance de l'action sur le langage, qui ne peut, à ce stade de développement, exercer ses effets de régulation que dans les conditions les plus favorables.

On notera, à l'éloge de LURIA, l'intérêt d'analyses de ce genre, qu'il y aurait d'ailleurs lieu de poursuivre, car la plupart des données citées dans la littérature ont été obtenues dans le cadre d'observations incidentes, sans contrôle précis. On s'étonnera cependant de la priorité accordée par LURIA aux effets d'incitation sur les effets d'inhibition. L'expérience courante montre que l'enfant apprend très précocement à réagir aux interdictions. Ce qui se passe dans une situation de laboratoire n'est pas entièrement généralisable aux situations de la vie réelle, où, en particulier les interdictions sont associées à des charges affectives qui déterminent leur valeur inhibitrice.

Le contrôle exercé par l'enfant à l'aide de sa propre parole s'établit également d'une manière progressive.

Une manière simple d'explorer ce contrôle est de demander à l'enfant de se donner l'ordre au moment où il exécute l'action (« va » au moment où il presse sur la poire). Au-dessous de 2 ans - 2 ans et demi, la coordination des deux comportements n'est pas obtenue d'une manière régulière. Mais à 3 - 4 ans, dit LURIA, elle est facilement obtenue. Et à ce moment il y a contrôle de l'action par le langage car, lorsque le sujet accompagne verbalement ses réactions par l'ordre verbal, les réactions sont plus régulières et plus nettes que lorsque le langage n'intervient pas. De même lorsqu'il s'agit d'une action complexe comme presser deux fois de suite : elle est beaucoup mieux exécutée si l'enfant répète chaque fois « va », « va ».

LURIA expose que la nature du contrôle évolue avec l'âge, ou plus exactement devrait-on dire, les aspects du langage qui exercent un effet régulateur. D'abord est efficace l'aspect moteur de l'énoncé, le fait de produire une *action* verbale qui contribue à créer une incitation dans les centres moteurs. C'est seulement à partir de 4;6 - 5;6 que l'aspect significatif est efficace. Avant cet âge l'enfant qui presse la poire correctement deux fois de suite quand il dit « va, va » ne le fait plus si on lui fait dire « presse deux fois ». Semblablement dans des tâches de discrimination l'enfant presse bien à l'ordre qu'il se donne devant le signal positif (« presse ») mais n'inhibe pas l'action quand il se donne l'ordre négatif (« ne presse pas »).

Les analyses de LURIA et les expériences sur lesquelles elles sont fondées reçoivent leur importance du fait qu'elles explorent un domaine qui a été à peu près complètement

négligé par les chercheurs. Elles appellent d'autres investigations destinées à les compléter et les préciser.

Le sens même des affirmations n'est pas toujours clair.
Par exemple la dichotomie entre le rôle incitateur et le rôle
significatif du langage demande à être affinée. La signification
n'est pas un tout. Si l'enfant arrive à réagir correctement à
des énoncés dont le sens est simple il peut, évidemment, à un
âge donné, échouer à des consignes — et des tâches — plus
complexes. La notion même de rôle incitateur du langage
n'est pas sans ambiguïté. A prendre littéralement ce que
LURIA a écrit, c'est comme actes moteurs que les énoncés de
l'enfant, au premier stade, seraient efficaces. Cette efficacité
devrait être comprise en invoquant une mobilité et une dispo-
nibilité en quelque sorte physique, celle de l'appareil phonateur ou des centres correspondants, qui leur assurent une
plus grande docilité aux intentions proposées par l'adulte.
Mais le privilège n'est-il que physique ? Dans l'efficacité du
langage, est-ce que le sens des ordres et l'habitude de répondre à des ordres qui ont un sens peut être pleinement exclu ?
Tantôt LURIA décrit l'ordre que se donne l'enfant sous une
forme significative : « va, va », (1961), tantôt sous la forme
d'une émission qui ne le paraît pas : « tout'-tout' » (1960)
ce qui laisse subsister une ambiguïté.

Les affirmations de LURIA sur l'évolution du contrôle
verbal de l'action sont elles-mêmes ambiguës. Une des idées
est que, par l'intervention de l'émission verbale, l'exécution
de l'acte moteur se trouve facilitée, régularisée. C'est ce que
Luria dit lorsque apparaîtrait la forme la plus élémentaire et
la plus précoce du contrôle (à 3-4 ans) : la réponse de presser
à un signal lumineux est plus régulière quand l'enfant se
donne l'ordre de presser que lorsqu'un tel ordre n'intervient
pas. De même, un peu plus tard, quand il s'agit de presser
deux fois de suite. La seconde notion est celle de l'évolution

avec l'âge du mode de contrôle, qui passe de l'aspect incitateur à l'aspect significatif. L'enfant devient capable de répondre au sens de l'énoncé. « Ne presse pas » bien que consistant en émissions effectives n'entraîne plus comme avant une action, mais en provoque l'inhibition. « Presse deux fois » bien qu'émission unique détermine deux actions. Mais il n'est pas dit que ce progrès corresponde à une amélioration de l'action, comme plus haut. En un sens même ce progrès paraît exclu, puisque l'action est déjà exécutée correctement pour les énoncés élémentaires. Il y a élargissement dans les modalités d'intervention du langage, mais non pas amélioration de la performance par le contrôle verbal.

On peut dire, en d'autres termes, que l'enfant devient capable de répondre à des ordres codés. Mais ceux-ci ne contrôlent pas mieux l'action que ne le faisaient déjà les incitations verbales. C'est seulement si on extrapole les conclusions de LURIA au-delà des situations particulières qu'il mentionne qu'elles peuvent trouver un sens. En effet grâce au langage codé on peut concevoir que des actions nouvelles, difficilement accessibles au seul niveau perceptivo-moteur, soient rendues possibles. Mais ceci conduit à élargir la notion de régulation telle qu'elle est suggérée par ce type de recherche.

La généralité des affirmations que LURIA tire des expériences qu'il cite n'est pas indiscutable. Les preuves qu'il avance sont tirées de tracés individuels qui, effectivement, correspondent aux analyses et aux interprétations. Mais si l'analyse des réponses données par un individu considéré comme typique est familière aux physiologistes, les psychologues ont l'habitude de tenir compte des performances de groupes, surtout lorsqu'il s'agit d'avancer, même approximativement, des normes d'âge.

La répétition des expériences de LURIA est loin d'avoir

conduit à retrouver les résultats qu'il a avancés. On consultera sur ce point WOSNIAK (1972). Certaines données, qui ne sont pas des répétitions pures et simples, vont dans le sens de sa théorie, (par exemple LOVAAS, 1964, MEICHENBAUM et GOODMAN, 1969).

Parmi celles qui aboutissent à des résultats complètement opposés on citera MILLER, SHELTON et FLAVELL (1970) qui ont utilisé une large population d'enfants (160) de 3;0 à 5;4, un plan d'expérimentation rigoureux, et suivi de très près les indications de LURIA. En particulier à aucun des âges le fait de se donner l'ordre « presse » n'entraîne une amélioration de la performance par rapport à la situation où les sujets doivent réagir silencieusement aux stimuli.

Il est également impossible de voir des différences cohérentes entre les situations où les enfants se donnent un ordre positif et celles où ils se donnent un ordre négatif, ou un positif et un négatif, aux stimuli correspondants. Il y a bien amélioration des réussites aux ordres verbaux avec l'âge, ce qui est conforme à ce que dit LURIA (encore qu'il paraisse s'agir d'une progression continue et non de stades comme il paraît en distinguer). Mais l'impression d'ensemble est que l'intervention des énoncés verbaux paraît introduire une complication, pour l'enfant, qui augmente le nombre des erreurs. Ceci est tout à fait contraire à la thèse de LURIA bien que les situations expérimentales soient aussi proches que possible...

Cependant les données de MILLER, SHELTON et FLAVELL sont rendues quelque peu incertaines quant à leur valeur de preuve, du fait que dans la majorité des cas les sujets n'obéissent pas à la consigne : au lieu de produire l'ordre verbal avant d'exécuter l'action, ils le produisent après. C'est une donnée intéressante en ce qui concerne les relations spontanément introduites par les enfants entre les deux types d'activités et le fait que le contrôle invoqué par LURIA n'a rien de spontané, dans le cas de tâches, il est vrai, fort simples, et pour les âges considérés. Mais la condition nécessaire pour une vérification indiscutable n'est pas remplie. (Qu'elle l'ait été mieux chez LURIA n'est pas établi. Certains tracés indiquent au moins une simultanéité et LURIA l'a reconnu (cf. 1960).)

Une recherche de BRONCKART (1970), si elle confirme l'effet incitateur du langage met en doute, aux âges considérés par LURIA, l'intervention de l'aspect sémantique. Il a observé par exemple que des enfants découpaient l'énoncé significatif (« Je pousse deux fois » par exemple) pour le rythmer en deux temps et lui donner ainsi une efficacité sur le plan moteur (cf. aussi les commentaires par RICHELLE, 1971, 172-174).

2. Le behaviorisme et la médiation verbale

DE WATSON À LA THÉORIE DE LA MÉDIATION VERBALE

Il est nécessaire de rappeler l'essentiel de la conception de WATSON car elle contient les germes qui ont été développés par la suite. On la trouve exposée en particulier dans *Behaviorism* (que nous utilisons ici dans la réédition de 1958).

WATSON a fait une large part dans son système au rapport du langage et de la pensée. Cet intérêt pour le langage procède de raisons théoriques. Il est en effet l'intermédiaire commode pour étendre la conception behavioriste à la pensée. Celle-ci échappe à la mainmise des conceptions introspectionnistes ou subjectivistes dans la mesure où peuvent bien lui correspondre des comportements. La parole est un comportement. Penser revient ainsi à parler.

L'identification n'est satisfaisante, par rapport aux objections évidentes (on peut penser sans parler effectivement), qu'en incluant dans le comportement verbal les activités subvocales, la parole qui n'a pas besoin d'être audible de l'extérieur, c'est-à-dire le langage intérieur.

Il n'y a pas lieu d'exposer le détail des conceptions de WATSON sur ce point. On notera, cependant, dans la référence au langage intérieur une parenté avec les conceptions développées par les psychologues soviétiques. Cette parenté tient à des raisons, disons, logiques : le langage est tellement connecté avec les activités intellectuelles et en même temps il est si notoirement, lui aussi, une activité comparable à l'activité pratique ou effective du corps, qu'il constitue l'intermédiaire quasi forcé pour une réduction de la pensée à des systèmes objectivistes ou matérialistes. On n'oubliera pas cependant que le langage intérieur a été mentionné par WATSON en premier lieu; VYGOTSKI l'a cité et il a discuté certains aspects de sa thèse.

Les liens que WATSON établit entre le langage et la pensée sont en quelque sorte ontologiques : la pensée est le langage. L'affirmation est de nature globale, comme tout réductionniste. Elle n'ouvre donc pas la voie à des analyses qui viseraient à faire apparaître le rôle du langage dans telle ou telle activité intellectuelle. Bien plus, la perspective réductionniste est en quelque sorte opposée à la position qui considère le langage comme un instrument intellectuel, puisque cette manière de voir suppose une distinction entre l'instrument et ce dont il est l'instrument.

Cependant WATSON dit bien aussi que la possession et l'utilisation des mots sont un moyen commode : les mots sont les substituts des objets. Ainsi les noms permettent d'avoir le monde à notre disposition, de l'emmener en quelque sorte avec nous (1958, 234). De ce point de vue le langage apparaît comme un moyen pour l'activité de l'homme dans ses rapports avec son milieu. Il en est de même en ce qui concerne la conscience et la mémoire : l'une et l'autre se ramènent à la parole. L'inconscient n'est que l'expérience vécue mais non traduite en mots et une expérience non exprimée en mots (comme celle de l'enfant avant le langage) ne peut être mémorisée. D'une autre manière ces affirmations peuvent être exprimées en disant que le langage est le moyen nécessaire pour la conscience et la mémoire.

L'apport de WATSON, qui est à l'origine de l'essor de la psychologie expérimentale, est la réduction de l'objet étudié par le psychologue aux stimuli et aux réponses. En ce qui concerne le langage il est d'avoir défendu les idées de connexion et d'interchangeabilité entre les stimuli et les réponses verbales et les autres stimuli et les autres réponses. Le langage fait ainsi partie du système des réceptions et des réponses de l'organisme humain et, s'intercalant dans certains circuits, il contribue à déterminer certaines conduites finales de celui-ci.

Sur ce point il faut corriger ce qu'on vient de dire à l'instant. Contrairement à l'interprétation qu'on peut donner de ses premiers écrits, la pensée pour WATSON ne se réduit pas à la seule activité verbale. Sa thèse est que l'on pense avec tout le corps et qu'on ne peut conférer un privilège absolu aux activités laryngées sur lesquelles il avait insisté au départ, car elles ne correspondent qu'à une partie des activités musculaires.

Un schéma fondamental chez WATSON comme chez ses successeurs (on le trouve d'ailleurs aussi chez des auteurs non behavioristes) est celui de l'enchaînement de stimuli, de réponses *et de stimuli produits par les réponses*. Ceci intervient dans l'exécution d'une chaîne d'actes moteurs. Par exemple, dans l'exécution d'une mélodie au piano, alors que la vue de chaque note est nécessaire au début pour déclencher l'action sur la touche correspondante, après entraînement le mouvement de frapper une note devient le stimulus qui déclenche le mouvement suivant. Le même schéma est valable lorsqu'on considère l'ensemble des secteurs de réactivité chez l'homme qui sont musculaires, verbaux et viscéraux. L'activité humaine fait intervenir ces trois secteurs qui se trouvent interconnectés. WATSON a proposé un schéma qui exprime cette interconnexion (cf. fig. 1). On y voit que le langage peut être un élément de la chaîne développée à partir d'un premier stimulus d'origine externe.

Les analyses de WATSON sont très proches de celles que

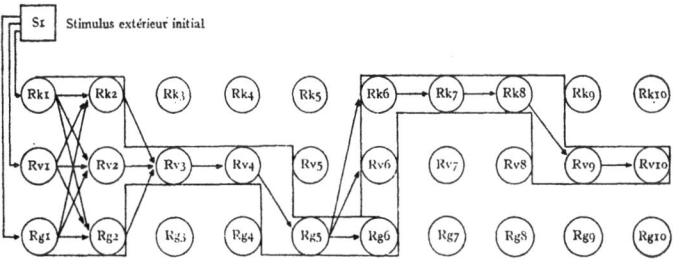

Fig. 1

Ce schéma de Watson exprime sur un exemple fictif l'interrelation et l'enchaînement des réactions motrices (K), verbales (V) et viscérales (G) en réponse à un stimulus extérieur (S_1). (WATSON, *Behaviorism*, 958, 226).

LURIA a développées bien plus tard. Il attribue au langage le rôle de déclencher les actions (« il faut que je commence à fabriquer cette bibliothèque aujourd'hui ») ou de les modifier (« je tire trop haut; il me faut viser plus bas »). On vient de voir qu'il le lie très essentiellement à l'existence de la mémoire.

Semblablement sa perspective comporte une référence au développement. L'activité verbale n'intervient chez l'enfant qu'après que des systèmes de réponses se sont constitués sur le plan moteur et sur le plan viscéral. Avant que le langage puisse prendre place dans le circuit et déterminer, pour une part, le comportement, il existe une phase où il est impossible qu'il joue un rôle. C'est progressivement qu'il s'introduit pour devenir bientôt, dit WATSON, dominant parce que l'homme a à résoudre ses problèmes verbalement ».

On trouve chez WATSON les idées essentielles qui seront développées plus tard par les behavioristes américains. C'est en particulier à lui qu'on peut faire remonter la notion de médiation verbale qui a été largement utilisée au cours des récentes années.

La notion de médiation verbale est une spécification de la notion plus générale de médiation.

Pour présenter cette dernière OSGOOD (1953, 395) renvoie à HULL et plus spécialement à un article écrit par celui-ci en 1930. HULL se proposait dans cette étude de développer une théorie behavioriste de la connaissance et de l'intention. La connaissance et l'intention paraissent comporter une représentation portant sur le futur, irréductible par conséquent, en apparence, à un système de stimuli et de réponses où l'ordre est déterministe, le conséquent (la réponse) dépendant de l'antécédent (le stimulus). Or même le rat dans un labyrinthe semble anticiper l'approche de la récompense et être déterminé dans son action par le résultat futur et la connaissance du but qu'il poursuit. Pour éviter de recourir à des représentations, HULL interprète la connaissance comme une chaîne de stimuli et de réactions se déroulant *à l'intérieur* de l'organisme. Cette chaîne se substitue à la chaîne des réponses déclenchées par la succession des stimuli extérieurs. Ainsi peut être assurée la prévision puisque la chaîne interne peut, une fois déclenchée, se dérouler plus vite que la succession des événements et mettre l'organisme en mesure d'anticiper la fin de la série.

On voit très clairement dans ce schéma l'équivalent du schéma watsonien illustré par l'exemple du pianiste qui exécute la mélodie apprise.

Il n'est pas question dans la description de HULL de référence au langage, puisque le schéma a été construit pour rendre compte des comportements observés chez l'animal. Cependant HULL a considéré que cette description pouvait inclure le langage et que le langage pouvait être traité comme ces réponses internes intercalées dans le circuit total de la réponse (ce sont dans la terminologie de HULL des *pure stimulus act*, des réponses qui sont des purs stimuli).

DOLLARD et MILLER (1950, chap. 6) ont exposé des vues analogues. Au lieu de *pure stimulus act* ils parlent de réponses productrices d'indices et d'indices produits par les réponses (indice est ici équivalent à stimulus, au moins dans son aspect indicateur ou discriminatif — par opposition à l'aspect incitatif que DOLLARD et MILLER, d'une manière discutable, incluent dans la notion de stimulus). Ils se sont intéressés aux apprentissages humains (imitations, adaptation et maladaptation de la personnalité interprétées en termes d'apprentissage) et ils font jouer dans les formes supérieures d'activités, comme le raisonnement et la pensée, un rôle important aux réponses productrices d'indice. Le langage est pour eux un arsenal de telles réponses et l'habitude de les utiliser.

On voit que ces idées sont très proches de celles de WATSON et qu'on peut considérer qu'elles en découlent directement. La notion de médiation renvoie aux chaînes intercalées entre le stimulus qui déclenche les réactions et la réponse finale. Elle permet de conserver une perspective qui décrit la conduite en termes de stimuli et de réponses, exigence behavioriste fondamentale, tout en introduisant les complications nécessaires pour ne pas se limiter à des catégories élémentaires de données et même, pour celles-ci, à une description simpliste.

L'aspect développement, considéré dans cette perspective revient à dire que le répertoire des réponses de l'individu est déterminé de plus en plus par l'intervention de médiateurs verbaux. Aux premiers stades l'enfant réagit uniquement sur la base des connexions stimulus-réponse non verbaux, soit innées, soit apprises. Progressivement s'intercalent les énoncés verbaux qui reçoivent ainsi le pouvoir de déterminer la réaction. Les premiers stades peuvent être caractérisés, selon l'expression de REESE (1962), par un *déficit médiationnel* (étant entendu qu'on se réfère uniquement aux médiateurs verbaux, des médiateurs non verbaux pouvant intervenir, car s'ils jouent chez l'animal on ne voit pas pourquoi ils n'interviendraient pas chez l'enfant). Dire que le langage joue un rôle dans le développement revient à dire que les réponses de plus en plus riches et de plus en plus complexes que l'enfant est capable de produire, dépendent de l'introduction de ces médiateurs.

L'intérêt du schéma de la médiation verbale est de proposer un modèle qui a deux qualités. D'une part il essaye de représenter les faits d'une manière qui se prête à une expression évidemment simpliste mais en principe rigoureuse. Ainsi devrait-il permettre d'élaborer une description des mécanismes qui sont en jeu dans les conduites lorsqu'elles sont influencées par le langage. Il remplacerait les termes vagues et multiformes employés par la psychologie courante (comme ceux d'outil ou d'instrument) au profit de termes dont le sens est univoque et bien délimité. D'autre part le schéma permettrait de représenter d'une manière cohérente tous les comportements, que le langage y intervienne ou non. On vient de voir que, pour HULL, il s'appliquait à l'apprentissage d'un labyrinthe par le rat et se généralisait à l'intention et à la prévision. Il s'applique aussi à certaines formes de généralisation (généralisation médiate) qui interviennent dans des faits aussi élémentaires que les conditionnements, mais aussi au niveau du langage (généralisation sémantique). Il peut être une clef pour exprimer la représentation et réduire ce concept, emprunté à une psychologie subjective, aux cadres du système stimulus-réponse. Ainsi OSGOOD établit une équivalence entre les termes « réponse médiatrice » et « réponse représentative », ce qui aurait besoin d'explicitation mais est conforme aux idées exprimées par HULL. Sur le plan du langage il se prête à la description de faits aussi déroutants pour le psychologue que la signification des mots (en particulier chez OSGOOD). Les analyses auxquelles il aboutit conduisent à spécifier le mécanisme général, simpliste on l'a dit, en mécanismes plus fins qu'on peut penser adaptés à la richesse et la diversité des faits observés.

La théorie de la médiation est donc importante et on s'explique la place qu'elle occupe dans la littérature psychologique surtout américaine. Ce que nous allons chercher dans ce qui suit c'est à déterminer si vraiment dans le domaine qui nous occupe elle rend compte d'une façon satisfaisante des faits qui ont été cités pour l'étayer.

Remarquons d'abord que la notion de médiation, comme toute notion qui se trouve un moment à la mode se prête à des usages abusifs. Sa valeur se situe sur le plan de sa positivité, c'est-à-dire repose sur la possibilité de lui faire correspondre des faits, en l'occurrence des réactions et des stimuli. Selon la formule de FLORÈS (1966, 4) « les médiateurs apparaissent régulièrement définis en termes de *réponses intermédiaires génératrices de stimulations qui déclenchent, par voie associative une réponse observable* ». Toute attribution d'un pouvoir médiateur à ce qui n'est pas réaction et stimulus devient un abus de langage. Ces abus sont fréquemment commis. FLORÉS (1966) a cité un passage de HULL qui prête à l'habitude le pouvoir de médiatiser une action. Une habitude dans le système de HULL ne se ramène pas à des stimuli et des réponses. C'est un concept construit pour rendre compte des relations entre diverses variables (dont les stimuli et les réponses). Même si on lui prête une réalité — et c'est évidemment discutable — elle n'est pas celle qui est reconnue aux médiateurs par la théorie behavioriste. MOWRER, pourtant minutieux lui aussi dans l'analyse de ses concepts, a présenté (1960) la similarité des stimuli comme un médiateur pour la généralisation. Un auteur (et sans doute plusieurs) a parlé de « médiateur syntaxique » pour exprimer le fait qu'insérer des éléments à mémoriser dans une phrase en facilitait la rétention. RICHARD (1966) a fait sous le titre « Le rôle médiateur du langage » une revue très complète des interventions du langage dans les conduites, mais en y incluant toutes sortes de données qu'il est difficile de réduire au cadre précis auquel il est souhaitable de se tenir.

Si l'on s'en tient au strict schéma on s'aperçoit que, de toute façon, dans la présentation habituelle qui en est donnée, il ne représente pas exactement les modes d'intervention du langage que l'observation la plus élémentaire révèle.

La présentation habituelle est de type linéaire et elle est symbolisée de la manière suivante :

$$S - rm - sm - R$$

où S est le stimulus initial extérieur, R la réponse manifeste et rm et sm la réponse et le stimulus médiateurs. Or si ce schéma peut être appliqué à des séquences effectivement linéaires, comme l'exécution d'une mélodie apprise par cœur, il ne convient pas en tout cas pour décrire les interventions verbales dans la conduite. Il implique en effet qu'en dernier ressort la réponse finale dépend du stimulus médiateur verbal. Or cette réponse finale dépend *à la fois* des stimuli qui constituent la situation perçue et de la production verbale. Lorsque les auteurs russes parlent des interrelations entre les deux systèmes de signalisation ils s'expriment d'une manière plus satisfaisante dans la mesure où cette formule implique que la réponse finale de l'organisme dépend des stimuli perçus (premier système) comme du langage (second système).

Le schéma médiationnel est logiquement linéaire car les présuppositions qu'il implique sont celles du déclenchement d'une sorte de machinerie dont les éléments entrent successivement en action. Mais si l'on regarde les situations et les tâches qui ont été utilisées pour vérifier le schéma médiationnel (cf. ci-dessous), il est clair qu'elles impliquent une permanence des stimuli qui constituent la situation et que les comportements observés restent fonction de leur présence. Dans l'exécution de la mélodie selon le schéma watsonien, lorsque le pianiste en est à la 3e note, la première et la seconde n'existent plus comme stimuli. Mais quand un enfant a une tâche de discrimination ou de catégorisation à effectuer, les objets à discriminer ou catégoriser restent jusqu'au bout à sa disposition et interviennent comme éléments effectifs des réponses terminales, quelle que soit l'aide que le langage peut apporter à leur exécution.

D'autre part la linéarité du schéma implique que le sujet répond en conformité avec l'énoncé verbal et qu'il ne peut répondre qu'en conformité avec lui. Or, on en verra des exemples ci-dessous, il est parfaitement possible que le sujet produise un énoncé verbal et une action qui ne soient pas en concordance. La situation perçue, pour des raisons de prégnance ou d'attitude engendrée par une séquence antérieure peut provoquer une réaction qui n'est pas conforme à ce que le sujet énonce. LURIA a donné l'exemple de comportements de jeunes enfants qui n'exécutent un ordre que lorsqu'il est en concordance avec l'attention qu'ils portent à un stimulus ou à l'action qu'ils viennent d'exécuter. Il s'agit de phénomènes du même genre.

Le modèle behavioriste se prête d'ailleurs à un élargissement dans ce sens. La hiérarchie des systèmes de réponses y est souvent invoquée et il suffit de l'appliquer non seulement aux habitudes de réponse mais aussi aux chaînes effectives de stimuli et de réponses. Ainsi corrigé le schème prendrait la forme suivante :

ou celle-ci

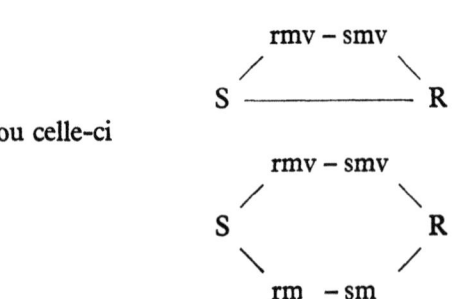

qui admet que des médiateurs non verbaux puissent intervenir dans l'activité considérée. On conçoit que le schéma puisse être spécifié selon le degré de dominance du médiateur verbal ou de sa probabilité d'intervention. Mais on remarquera que ce faisant on est amené à invoquer quelque facteur surajouté aux chaînes pour rendre compte de cette dominance ou de cette probabilité ce qui conduit à élargir le modèle initial et, en une certaine mesure, à le transformer.

La théorie de la médiation se heurte à des difficultés plus fondamentales. Celles-ci se révèlent dans le fait que les données qui sont invoquées pour justifier cette théorie sont loin de la justifier en effet. Une analyse un peu poussée montre que les présuppositions des systèmes stimulus-réponse s'avèrent trop simplistes pour rendre compte des comportements influencés par une intervention instrumentale du langage.

On va le montrer en s'attachant à deux catégories de faits qui ont été cités à l'appui de la théorie de la médiation et qui ont fait l'objet de multiples expérimentations en laboratoire. Il s'agit d'une part de l'assimilation (ou généralisation) et de la discrimination (ou différenciation) perceptives, d'autre part de certaines catégories de transfert d'apprentissage discriminatif.

ASSIMILATION ET DISCRIMINATION PERCEPTIVES

DOLLARD et MILLER (1950) ont mentionné le rôle des « étiquettes verbales » dans la discrimination et l'assimilation (ou généralisation). Ces étiquettes verbales sont, dans leur système, des « réponses productrices d'indices », c'est-à-dire qu'elles sont interprétées dans le cadre de la médiation verbale (quoiqu'ils ne recourent pas à cette expression).

« Attacher la même réponse productrice d'indices à deux objets stimuli distincts leur donne une certaine équivalence acquise augmentant la généralisation des réponses instrumentales et émotionnelles de l'un à l'autre... Réciproquement attacher des réponses productrices d'indices différenciatrices à des objets stimuli semblables tend à accroître leur différenciation » (1950, 101).

Un tel texte est très général et il peut être interprété de manières différentes. Un certain nombre d'auteurs l'ont interprété d'une manière, disons, stricte en se référant à la discrimination ou la non-discrimination *perceptive*. Ils ont effectué dans cette direction diverses expériences qui se recommandent directement ou non de DOLLARD et MILLER et cherchent à vérifier dans ce cas la validité de leurs affirmations.

Les expériences effectuées (on se reportera à OLÉRON, 1967a, qui en mentionne quelques-unes et dont nous reprenons ici une partie des analyses) reposent sur un principe commun.Dans un premier temps des stimuli sont présentés en association avec des étiquettes et la tâche du sujet est d'apprendre la liaison stimulus-étiquette. Dans un second temps ces mêmes stimuli sont utilisés dans une tâche qui demande au sujet de les distinguer et qui permet d'évaluer dans quelle mesure ils le sont effectivement ou dans quelle mesure ils sont confondus. L'efficacité des étiquettes peut être déterminée en comparant les capacités de discrimination que vont manifester les sujets selon qu'ils ont ou n'ont pas été soumis à des étiquettes différenciatrices ou à des étiquettes assimilatrices (noms distincts pour chaque stimulus ou noms communs à une partie d'entre eux).

Les étiquettes verbales sont naturellement des mots. Mais les mots de la langue font intervenir des éléments de familiarité et d'association qu'il est difficile de contrôler.

Aussi les expérimentateurs ont-ils utilisé le plus souvent des syllabes sans signification. Cependant rien n'empêche d'utiliser des mots si les stimuli qui leur sont associés ne sont familiers ou ne sont pas en connexion habituelle avec eux. Des noms ou des prénoms ont les qualités des mots et des syllabes : ils sont moins malaisés à apprendre et ne sont pas liés à des significations habituelles ou à des correspondances avec telle ou telle catégorie d'objets ou de qualités.

Les syllabes sans signification se prêtent à des raffinements dans l'étude du rôle des étiquettes. Il est possible, en effet, d'agir sur la similitude que ces syllabes présentent entre elles et de mener en quelque sorte l'analyse au second degré. On doit s'attendre à ce que des étiquettes semblables, par exemple, du point de vue phonétique doivent créer de moindres effets de différenciation que des étiquettes nettement dissemblables.

Pour tester le degré de discrimination ou d'assimilation des stimuli après qu'ils ont été associés aux étiquettes, de multiples tâches sont possibles. Certaines portent sur un apprentissage discriminatif, qui implique, par exemple, que les sujets deviennent capables de répondre à chaque stimulus par un geste différent (actionner un levier ou un bouton pour tel stimulus et tel autre pour un autre stimulus). Plus simplement il peut être demandé aux sujets d'apprendre à reconnaître entre deux stimuli celui qui est positif, c'est-à-dire associé à une récompense. Dans les deux cas on comprend sans peine que l'apprentissage est d'autant plus rapide que les sujets ont mieux appris à discriminer les stimuli en jeu.

Une autre possibilité, moins directement behavioriste, consiste à demander aux sujets de porter un jugement : ils doivent apprécier si les stimuli qui leur sont présentés en paires ou en comparaison avec un étalon sont pareils ou différents. L'exactitude des jugements, les confusions éventuelles semblent devoir renseigner sur le degré de discrimination atteint grâce à l'association préalable aux étiquettes.

Les expériences effectuées, toutes fort ingénieuses (une partie s'adressant à des adultes d'ailleurs et non à des enfants), ont conduit à des résultats ambigus. Une bonne partie n'a pas révélé les effets attendus. Celles qui paraissent avoir réussi n'ont aucunement une signification univoque.

Si l'on réfléchit en effet sur ce que peuvent être la discrimination et la non-discrimination perceptive et le rôle que peut y jouer le langage, on se trouve en face de grandes ambiguïtés.

Sur le plan perceptif discriminabilité et équivalence acquises ne peuvent être interprétées dans un sens strict, sinon elles ne correspondraient à rien. Il est clair, en effet, que des stimuli ne peuvent être distingués que s'ils sont effectivement distinguables. S'ils étaient identiques ou si leurs différences se situaient au-dessous des seuils de discrimination, aucune discrimination ne pourrait jamais être établie entre eux, qu'il y ait des étiquettes ou non. Il n'y a donc point à proprement parler de « discriminabilité acquise », mais surcroît de discriminabilité, sur la nature duquel il convient de s'interroger.

Dans le cas inverse, toujours du point de vue perceptif, il n'y a pas non plus de « similitude acquise ». Les stimuli sont évidemment différents au départ; ils le restent par la suite et ne tombent pas au-dessous d'un seuil de différenciation perceptive. Ce qui se passe simplement c'est que les sujets ne réagissent plus à certaines différences qu'ils sont cependant capables de percevoir.

Si l'on se réfère aux situations, celles de la vie réelle comme celles que mettent en œuvre les expériences de laboratoire, où l'on peut parler de changement dans la discrimination, elles comportent des stimuli relativement complexes. L'établissement d'une discrimination repose sur la prise en considération de configurations ou de détails caractéristiques de chaque stimulus. Au début la perception est globale, le sujet se perd dans la complexité des figures ; c'est en isolant de la configuration les traits qui discriminent les objets présentés qu'il arrive à les distinguer. L'attribution d'étiquettes verbales ne crée aucune discrimination. La discrimination ne peut au contraire être effectuée que si les traits typiques ont été découverts. Tant qu'ils ne l'ont pas été l'association stimulus-étiquette ne peut naturellement se faire. L'utilisation d'étiquette ou de tout autre élément associé n'a d'effet favorable que dans la mesure où elle constitue un entraînement qui amène le sujet à trouver des éléments de différenciation qui continueront à servir par la suite.

Symétriquement, peut-on dire, la similitude acquise correspond au fait que le sujet décide de ne pas réagir à des différences dans les stimuli qui lui sont présentés. Les étiquettes verbales jouent un rôle dans la mesure où elles induisent les sujets à estimer que puisque une même étiquette est attribuée à des stimuli, ceux-ci doivent avoir des caractéristiques communes qui sont seules à prendre en considération.

On peut illustrer ces analyses qui peuvent paraître trop théoriques par un exemple qui paraît assez caractéristique.

KATZ a publié une recherche qui confirmerait, sur des enfants de 7 et 9 ans et demi, et d'une manière tout à fait significative, la théorie des étiquettes verbales (1963). Dans la première phase de l'expérience il s'agissait de syllabes associées à des figures non significatives. Trois groupes de sujets se trouvaient placés dans les situations suivantes :

Étiquettes communes (EC) : deux syllabes étaient utilisées pour quatre figures, c'est-à-dire qu'une même syllabe était appliquée à deux figures ;

Étiquettes différentes (ED) : une syllabe différente était appliquée à chacune des quatre figures ;

Sans étiquettes ou contrôles : les figures étaient présentées sans étiquettes.

L'apprentissage effectué, les stimuli étaient présentés par paire et les sujets devaient les juger pareils ou différents. L'hypothèse, conforme à la théorie de DOLLARD et MILLER était que les sujets dans la situation EC devaient donner plus souvent des réponses « pareil » aux stimuli dénommés par la même étiquette que ceux d'autres groupes. C'est bien ce que KATZ a trouvé en effet.

Nous avons repris cette expérience (OLÉRON, 1967a) avec quelques variantes qui ne changent pas l'essentiel. Le résultat notable est que les sujets du groupe EC ne commettent pas seulement des assimilations (c'est-à-dire donnent des réponses « pareil ») entre stimuli qui ont été associés à la même syllabe, mais aussi, avec une fréquence approximativement égale aux stimuli *qui ont été associés à des syllabes différentes*. Pour ces stimuli les sujets de ces groupes donnent davantage de telles réponses que les sujets des groupes ED.

Ces résultats ne sont évidemment pas compatibles avec la théorie des étiquettes verbales et l'on ne peut trouver une « vérification » de celle-ci que dans la mesure où l'on en considère seulement une partie — ce que font les psychologues absorbés par leurs présuppositions. Ce qu'il faut admettre c'est que dans une expérience de ce type, et probablement dans toute autre analogue qui a produit ou produirait des résultats semblables, une *attitude* a été induite chez les sujets. Ceux qui ont été entraînés à associer une même étiquette à des stimuli distincts tendent à donner davantage de réponses assimilatrices et les autres réagissent en sens inverse.

Les étiquettes n'agissent pas en tant que telles, par une

sorte de connexion directe avec les stimuli et les réponses, mais dans la mesure où elles mobilisent chez les sujets des modalités complexes d'interprétation de la situation et de réponses, qui impliquent de leur part une intervention active et non le déroulement d'associations au déterminisme automatique.

Il faut remarquer que les références à DOLLARD et MILLER dans les recherches concernant la discrimination et l'assimilation perceptive sont relativement abusives. Si l'on se reporte en effet à ce qu'ils ont écrit on n'y trouve pas d'allusions à cette catégorie de faits et ils ne considèrent pas la perception lorsqu'ils parlent des étiquettes verbales.

Ainsi pour l'assimilation ils donnent les exemples classiques de généralisation d'une réponse à l'égard d'objets nouveaux dénommés par une étiquette connue (1950, 101, 103). Quand un enfant a appris à se méfier des objets qualifiés de coupants, et à les manipuler avec précaution, cette réponse peut être généralisée à de nouveaux objets du fait qu'ils sont présentés comme coupants. De même quand on attribue l'étiquette « docteur » à quelqu'un, ceci tend à transférer sur lui les sentiments de confiance et de respect associés à ce terme. Qualifier une déclaration de mensonge tend à provoquer à son égard les réactions émotionnelles qui ont été apprises à l'égard des autres mensonges.

Un autre exemple qu'ils donnent est plus proche de l'assimilation perceptive : cinq pièces de 10 centimes et une pièce de 50 centimes ont un « certain degré d'équivalence » du fait qu'elles évoquent la même étiquette (50 centimes). Mais cette équivalence est clairement d'ordre pratique et ne modifie pas la perception proprement dite.

Il en est de même pour les cas de discrimination. L'exemple le plus proche d'une discrimination perceptive que nous proposent DOLLARD et MILLER concerne toujours des pièces de monnaies. Deux rangées de 19 et 20 pièces sont trop semblables pour être distinguées à l'œil. En les comptant on produit les réponses différentes « 19 » et « 20 » qui permettent de les discriminer. L'exemple est bon mais on remarquera qu'il est hétérogène aux autres. Il ne s'agit pas, avec le dénombrement, d'une association purement extérieure d'une étiquette à des objets qui seraient, par là, perçus autrement. Le dénombrement apprend que les rangées de pièces sont différentes, qu'il y a une pièce de plus dans l'une d'elles. Mais il s'agit en quelque sorte d'un *savoir* et si ces rangées sont changées de place, il faut à nouveau recompter pour retrouver celle qui contient 20 pièces, à moins que des indices proprement perceptifs soient découverts qui permettent de la repérer (elle contient une pièce plus usée par exemple ou, plus logiquement, elle est plus étalée que l'autre). La recherche de cet indice peut être influencée par le constat de la différence, due au dénombrement : sachant que les deux rangées ne sont pas identiques le sujet essaie de trouver un moyen de retrouver laquelle est celle de 20 et laquelle celle de 19. Mais l'étiquette n'apporte en elle-même aucune aide directe.

Les autres exemples que proposent DOLLARD et MILLER sont tout à fait différents. Une jeune fille a perdu son frère aîné à la suite d'une appendicite ; elle apprend que son autre frère est atteint également d'appendicite, ce qui provoque chez elle une vive angoisse. En réfléchissant elle remarque que le premier est mort à une époque ou n'existaient pas encore des médicaments tels que les sulfamides ou la pénicilline. Maintenant les médecins en disposent et la situation est *différente*. Le constat de cette différence entre les situations inhibe la généralisation qui s'était produite de la première à la seconde. Ici encore l'exemple est instructif et il montre bien un des effets de l'analyse verbale d'une situation, mais il n'a rien à voir avec une discrimination perceptive.

Il est difficile même dans un cas de ce genre de retrouver une délimitation stricte de l' « étiquette », car c'est toute une analyse et un discours qui sont en jeu. Même si, cependant, on peut attribuer à des mots, ou à la rigueur à un mot, un rôle déterminant (c'est possible dans d'autres cas) on est loin du schéma strict de la médiation verbale tel qu'il pouvait être rattaché aux élaborations de HULL. Tout discours suivi d'effet devient processus de médiation verbale, sans qu'on puisse rattacher l'effet à une association simple de stimuli et de réponses. Une intervention active du sujet pour trouver des références dans la situation, ou pour élaborer la signification et les implications de celle-ci, en fonction d'expériences, paraît un élément qu'il faut nécessairement invoquer pour comprendre le mécanisme effectif du comportement. Plutôt qu'un effet direct l' « étiquette » paraît avoir le rôle d'induire une attitude préparatoire pour une action qui sera déclenchée au moment opportun. Cet aspect préparatoire peut intervenir, avant même que le stimulus soit présenté au sujet. C'est le cas des avertissements ou mises en garde dont le rôle est fort important pour le développement de l'enfant. Il est certain que, pour répondre aux exemples de DOLLARD et MILLER, le sentiment de confiance est provoqué par le nom de « docteur » *avant* même que la personne qui porte ce titre se trouve présente en chair et en os. Le mot n'est donc pas au sens strict un *intermédiaire* entre le stimulus et la réponse. Il est l'élément d'une constellation dont la description précise appelle un schéma plus complexe. De même quand il s'agit de mise en garde conditionnelle. « Cet homme est menteur » entraîne une attitude d'examen critique à l'égard des affirmations de la personne ainsi qualifiée et non le rejet pur et simple de toutes ses affirmations, ni le rejet de la personne que les nécessités de la vie sociale amènent à tolérer plus ou moins.

Qu'on range ces faits dans la catégorie assimilation ou généralisation, on peut évidemment le faire. Ce n'est pas cependant par cette « étiquette » qu'on les comprendra exactement. Et pas davantage en utilisant aveuglément le terme de médiation verbale (que DOLLARD et MILLER n'ont d'ailleurs pas employé, comme on l'a mentionné plus haut).

LES TRANSFERTS INTRADIMENSIONNELS

Les tranferts intradimensionnels correspondent à des situations de laboratoire qui peuvent paraître bien étroites et éloignées de la vie réelle. Pourtant elles mettent en jeu ce qui est en dernier ressort la manipulation de catégories c'est-à-dire de cadres d'organisation de la vie cognitive, bien que ceux-ci soient saisis ici au niveau le plus élémentaire. La simplicité même des faits considérés permet de rendre l'analyse particulièrement claire.

Dans un apprentissage discriminatif la tâche du sujet est simple. Un stimulus positif est toujours récompensé et un autre, négatif, ne l'est jamais, ou, même, son choix provoque une sanction négative. De tels apprentissages sont faciles à réaliser même quand les sujets sont des animaux et de jeunes enfants, grâce au choix de renforcements appropriés. Que se passe-t-il, lorsque l'apprentissage ayant été effectué, l'expérimentateur, sans avertissement ou indice, change les stimuli qui sont positifs et négatifs ? Le sujet doit désapprendre le premier système de réponses et apprendre le nouveau. Ceci doit être plus difficile que lorsqu'il s'agit seulement d'effectuer un apprentissage pour la première fois, puisqu'il y a interférence entre les deux apprentissages.

Le changement des stimuli positifs et négatifs peut se faire de diverses façons. Il peut mettre en jeu une opposition complète : le sujet ayant appris à répondre au plus grand des deux objets doit maintenant répondre au plus petit. Ou bien ce peut être une qualité jusqu'ici neutre qui doit maintenant être considérée : il va par exemple apprendre à répondre aux objets noirs et pas aux blancs, la taille étant à son tour neutralisée. Dans le premier cas on dira que le transfert est intra-dimensionnel [1] parce qu'il se situe à l'intérieur de la dimension taille. Dans le second on le dira extradimensionnel parce que l'on change de dimension (de la taille à la clarté).

De ces deux types de changements, lequel, a priori, doit être considéré comme le plus difficile ? Ce paraît être celui qui implique une inversion dans le sens des réponses. En effet comme l'ont expliqué KENDLER et WELLS (1960) l'habitude de répondre à un des stimuli, par exemple le grand, a toujours été renforcée et l'habitude de répondre à l'autre ne l'a jamais été. Dans le changement inversé il faut une extinction complète de la première avant que la seconde puisse être établie. Dans le changement non inversé aucun des termes de la nouvelle dimension par exemple noir-blanc n'a été préalablement favorisé et une extinction n'est pas nécessaire.

Or le fait notable est que l'on s'est aperçu (BUSS l'a observé pour la première fois en 1953) que chez les humains adultes, les transferts intradimensionnels étaient en fait plus faciles que les autres.

[1] En toute rigueur les transferts considérés ici, concernant des changements *inversés* ou inversion des stimuli sanctionnés, ne sont qu'un cas particulier des transferts intradimensionnels : car, en restant dans une dimension donnée, de nouveaux stimuli peuvent être introduits par ex. ayant appris à répondre au rouge et au bleu, on peut demander au sujet de répondre au vert et au jaune, qui sont toujours des couleurs. Nous ne considérons pas ces cas ici, dont certains n'impliquent pas d'interférence entre les apprentissages successifs.

En quoi un tel résultat a-t-il un rapport avec la médiation verbale ? L'attente, à laquelle on vient de se référer, d'une plus grande difficulté des transferts intradimensionnels repose sur une interprétation en termes de connexion directe entre S et R. La réponse (de choix) est associée à la présentation du stimulus positif et c'est la présence du lien, constitué lors du premier apprentissage, qui est à l'origine de la difficulté du transfert, puisqu'il doit être détruit au profit d'un nouveau lien entre le nouveau stimulus positif et la réponse. Une interprétation du résultat contraire à cette hypothèse est que le modèle de la connexion directe S-R doit être abandonné. C'est KENDLER qui a proposé que soit introduit un médiateur entre S et R (première formulation par KENDLER et d'AMATO, 1955, formulation plus détaillée par exemple chez KENDLER, 1961). En première approximation on peut présenter ce médiateur comme correspondant à la taille, qui est commune aux stimuli du premier et du second apprentissage si bien que le transfert finalement n'est pas aussi radical que ne l'implique la première description. Le schéma proposé par KENDLER (1961, 194) illustre cette interprétation du transfert intradimensionnel :

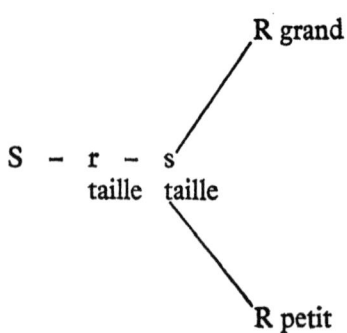

KENDLER et Mme KENDLER associés à divers collaborateurs ont réalisé une série très ingénieuse de recherches pour justifier cette interprétation (cf. pour un rapide résumé OLÉRON, 1967b). En particulier ils ont cherché à établir qu'il s'agissait bien d'un médiateur verbal en utilisant divers arguments : comparaison homme-animal (c'est chez l'homme seulement que les changements inversés sont plus faciles), comparaison d'enfants d'âges différents (les plus jeunes se comportent comme l'animal, c'est-à-dire que les changements non inversés sont plus faciles, ou bien, dans les situations qui laissent la liberté de choisir tel ou tel type de changement, la proportion de changements inversés augmente avec l'âge), effets favorables de la dénomination explicite des stimuli (elle accroît le nombre des changements inversés).

Quelle que soit l'ingéniosité des expériences et des argumentations il est difficile d'établir que les processus qui sont en jeu dans ce cas obéissent au schéma strict de la médiation et que, si médiation il y a, celle-ci est bien de nature verbale.

On peut montrer que l'appel à une médiation verbale est faite d'une manière globale, mais que dès qu'on essaie d'en examiner le mécanisme avec quelque détail il s'avère inconsistant.

Dans le cas considéré le problème porte sur la réalité psychologique qui correspond à la notion de dimension (en ce sens la discussion a un intérêt général). La thèse médiationniste est que cette réalité doit être cherchée du côté des réponses (intérieures) que les sujets donnent aux stimuli. Ces réponses, n'étant pas calquées sur ceux-ci, peuvent introduire une sorte d'unité entre des objets physiquement et perceptivement distincts. Nous sommes là dans la situation discutée plus haut (assimilation et discrimination).

Le modèle nous dit qu'il y a réponse, en l'occurrence réponse verbale. Cela signifie que le sujet, devant les stimuli, va se dire à lui-même certains mots et ce sont ces mots qui vont déterminer ses réactions. De quels mots peut-il s'agir ? KENDLER dans le schéma reproduit ci-dessus parle d'un médiateur « taille ». Faut-il le prendre à la lettre ? Dans ce cas les sujets devraient prononcer le mot « taille » ou bien produire quelque énoncé du genre : « c'est la taille qui compte ». Dans des situations analogues, avec d'autres dimensions, il devrait utiliser les mots « clarté », « couleur », « position », « nombre », etc. L'emploi de tels mots n'est pas invraisemblable. On peut l'attendre d'adultes cultivés. Mais ils sont beaucoup moins probables chez des enfants, car il s'agit de termes abstraits. On manque, il est vrai, d'une chronologie exacte concernant l'usage de tels termes en fonction du développement de l'enfant. Mais les observations montrent que lorsqu'on enregistre les productions verbales spontanées, ou qu'on recueille après coup les explications de l'enfant, on trouve rarement ces termes, même aux âges où les changements inversés l'emportent sur les autres. Plus volontiers les enfants emploient les termes qui dénomment les stimuli individuels (« grand », « petit », etc.). D'ailleurs dans les expériences effectuées par les KENDLER et qui étudient l'effet des dénominations explicites, les termes que les enfants doivent employer ne désignent pas la taille, mais justement doivent dénommer les stimuli eux-mêmes.

Acceptons que les productions verbales du sujet soient de ce type. Comment peuvent-elles faciliter le changement inversé ? Il est impossible que ce soit sous la forme d'un enchaînement automatique de S et R, comme le voudrait le modèle médiationnel strict. Supposons que le terme « grand » soit employé pour désigner le stimulus positif, lors du premier apprentissage et qu'il évoque par association le terme « petit ». On peut supposer qu'il y a là un mécanisme permettant de faciliter le passage du premier apprentissage au second. Mais « grand » ne peut évoquer automatiquement « petit », car s'il le faisait lors du premier apprentissage on aurait la chaîne :

$$S - r - s - r - s - R$$
$$\text{grand} \quad \text{grand} \quad \text{petit} \quad \text{petit}$$

c'est-à-dire que le sujet tendrait à choisir le petit stimulus et l'apprentissage serait perturbé. C'est donc seulement lors du changement que cette association devrait jouer. Mais il est clair que si elle joue effectivement, c'est dans un contexte de conflit qui amène à une analyse de la situation, à des hypothèses, c'est-à-dire à une recherche active de la part du sujet. Les énoncés qui sont susceptibles d'intervenir dans un tel cas seraient du type « Tiens ! Que se passe-t-il ? Ce n'est plus le grand qui est bon ! C'est peut-être le petit. Essayons ! » Le rôle d'une intervention du langage peut parfaitement être admis. Mais on voit aussitôt qu'elle prend une forme qui ne concorde pas avec le schéma behavioriste initial.

Il est d'ailleurs concevable que les productions verbales se déroulent autrement. La dénomination de la situation, lors du premier apprentissage, peut porter sur les deux stimuli intéressants, celui qui est positif, mais aussi celui qui est négatif. C'est bien ce que semblent penser les KENDLER, puisque dans une expérience de dénomination ils faisaient dire aux enfants : « le grand est le gagnant, le petit est le perdant » (T. KENDLER, 1964).

Comment une telle dénomination (double) peut-elle être efficace ? On peut penser à des énoncés du type de celui qui vient d'être imaginé ; le terme « petit » n'aurait plus cette fois à être produit au moment du changement sur la base d'une association mais se trouverait disponible pour l'entraînement immédiatement antérieur. La connaissance du mot et son usage préparent le sujet à réagir efficacement lorsque le nouveau stimulus vers lequel il est déjà orienté devient positif. Les références à la préparation et à l'orientation du sujet sont comparables à celles qui ont été faites dans le cas des assimilations et différenciations perceptives, ci-dessus. Elles restent incompatibles avec les schémas S-R pris dans leur sens strict.

On a admis, dans les analyses qui viennent d'être proposées, que l'efficacité des réactions dans les changements inverses était liée à la production d'un énoncé verbal, élément noyau dans la théorie de la médiation verbale. Or l'examen des comportements des enfants et la mise en rapport de ce qu'ils font et ce qu'ils disent révèlent des données qui sont peu en accord avec cette théorie. Mme KENDLER par exemple (1964) a signalé des résultats bien embarrassants. Elle a observé qu'après avoir appris à dénommer correctement la situation (« le grand est le gagnant, le petit est le perdant »), une proportion très notable de ces sujets continuait après inversion des valeurs positive et négative, à utiliser la même expression, *tout en s'adaptant au changement*. C'est-à-dire que ces enfants continuent à produire l'énoncé maintenant faux, tout en agissant correctement c'est-à-dire en contradiction avec celui-ci.

Ces faits sont conformes à de nombreuses observations qui ont montré le décalage entre les productions verbales et les comportements. Ils concordent avec des expériences rapportées par IVANOV-SMOLENSKI et LURIA d'autant que l'âge des sujets utilisés par Mme KENDLER (5;9 en moyenne) correspond assez bien au niveau où le contrôle du langage n'est encore qu'imparfait. Mais ce qui est notable est cependant que le transfert intradimensionnel n'est pas affecté par une production verbale qui contredit l'action. Ceci indique clairement que ce genre de transfert ou bien peut ne pas dépendre du langage, ou bien, s'il en dépend, que l'action de celui-ci se fait sur d'autres bases qu'une production verbale en réponse aux stimuli perçus.

La réalité psychologique de la dimension, comme de tout concept analogue, considérée au niveau des situations du type de celles que les expérimentateurs mettent en œuvre ici peut être en effet conçue comme non verbale. Les qualités ou caractéristiques opposées, comme le grand et le petit n'ont qu'une existence relative. Le grand n'est grand que parce qu'il s'oppose au petit et réciproquement. La théorie de la Forme a beaucoup insisté sur ce type de dépendance, qui dépasse cependant ce que livre la perception et en l'occurrence met en jeu des modalités et systèmes de réponses.

Une expérience de YOUNISS (1964) a montré que les enfants sourds réussissaient comme des entendants dans les transferts intra-dimensionnels qu'il leur a proposés. Ceci confirme que ceux-ci pourraient ne pas dépendre d'une intervention explicite du langage.

Ces analyses peuvent aller plus loin et conduire à mettre en doute la validité du schéma de la médiation. Comme dans le cas de la discrimination et de l'assimilation perceptive, la référence à l'attitude du sujet, sa préparation à répondre d'une certaine manière (ici au moment du transfert) a été évoquée. On rejoint ainsi un courant qui, en face des situations où interviennent des discriminations à base perceptive, ont mis l'accent sur les processus d'analyses, de sélection, de différenciation. Ce courant est très général. Il va des théories de GIBSON sur l'apprentissage discriminatif à certains modèles mathématiques qui en ont été proposés. Il s'étend même à des formes d'apprentissage de tout autre type (par exemple sur un matériel verbal).

Pour les transferts intradimensionnels MACKINTOSH a

proposé une théorie de l'attention sélective pour remplacer celle de la médiation. L'attention portée aux stimuli qui, lors de l'apprentissage, sont positifs et négatifs expliquerait la facilité des changements inversés, puisque ces stimuli continuent à être en jeu dans ce cas, alors que dans les autres changements ce sont les autres stimuli, jusqu'ici négligés qui doivent être pris en considération. Nous n'avons pas à entrer dans le détail de cette interprétation ni à en discuter. Son intérêt est de mettre en avant d'autres conceptions que celles qui sont à la base des systèmes S-R. Et on peut noter que c'est un genre d'interprétation qui peut être coordonnée avec une analyse des interventions du langage. Celles-ci peuvent être conçues comme contribuant à orienter l'attention ou à la maintenir, soit en agissant comme stimulus, soit comme habitude et attitude nées de sa pratique.

CHAPITRE III

INSERTION ET INTERVENTION
DU LANGAGE
DANS LES ACTIVITÉS COGNITIVES

Ce chapitre comprend deux parties.

Dans la première on insiste sur les aspects du développement qui ne sont pas tributaires du langage. Il ne s'agit pas de donner de ceux-ci des descriptions détaillées qui seraient nécessairement volumineuses et sortiraient du cadre de l'ouvrage. L'objet en est de dégager des lignes directrices et de donner des illustrations. Les exemples qui permettent l'illustration ont été choisis dans les domaines où l'attente est en faveur d'une intervention du langage. La réfutation de cette attente à partir de données d'expériences a paru avoir une valeur particulièrement exemplaire.

Dans la seconde partie, c'est l'aspect inverse qui est souligné. On a essayé d'y montrer les modes d'action du langage. Ceux-ci sont de deux types que nous avons appelés :

instrumental et indirect. Après que les lignes directrices eurent été également tracées, divers secteurs du développement cognitif ont été explorés qui permettent d'analyser ces deux types d'interventions à partir de faits précis. Ce sont les effets indirects, les plus importants selon nous, qui ont été particulièrement analysés.

1. Les possibilités antérieures au langage

LES BASES INFRAVERBALES DU DÉVELOPPEMENT COGNITIF

Pour une part le développement cognitif s'effectue en quelque sorte à l'intérieur du système des réponses aux stimuli perçus. Ce système s'enrichit avec l'âge, par l'effet de la maturation et de l'exercice. Le langage n'y pénètre que d'une façon relativement tardive et ne saurait, par conséquent, recevoir avec certitude la responsabilité des progrès observés.

Les formes les plus primitives et les plus élémentaires de la vie cognitive portent sur des objets que le sujet perçoit et manipule. A ce niveau l'organisme fait preuve de capacités dont certaines sont très limitées mais dont d'autres atteignent un remarquable degré de perfection. Déjà les capacités proprement perceptives impliquent une organisation riche et détaillée, par laquelle la ségrégation des objets, l'échelonnement des distances, la constance de la taille ou de la forme, etc. sont réalisés d'une manière automatique. Il n'est pas question de les attribuer à une construction consciente et réfléchie, ni de les faire dépendre de l'usage d'un symbolisme quel qu'il soit (bien que chez l'organisme développé l'analyse réfléchie et éclairée par le langage puisse intervenir, au moins dans les conditions difficiles).

Lorsqu'il s'agit de manipuler les objets, de s'adapter à leurs propriétés, depuis la simple reconnaissance des propriétés typiques ou connues, jusqu'à une sorte d'identification vituelle en fonction des similitudes, des rapports avec les besoins et les usages qui peuvent en être faits, une connaissance vécue ou pratique est mise en œuvre qui peut atteindre déjà un degré notable de complexité. Mais, ici également, l'organisation que le sujet introduit dans son appréhension du monde des objets et dans l'usage qu'il en fait n'est que partiellement dépendante d'une analyse consciente et elle n'a pas besoin de s'appuyer sur le langage pour être efficace.

En face des objets qu'il perçoit et auxquels il s'adapte, on peut dire que l'organisme construit un *modèle pratique ou vécu*. Il y a modèle en effet dans la mesure où, si l'on traduisait en termes cognitifs explicites, on remarquerait que le sujet n'est pas sensible et ne réagit pas à la totalité des données qui sont offertes à sa perception. Entre les détails, innombrables dans leur diversité, qui sont offerts aux appareils sensoriels récepteurs et l'action, qui obéit à quelques régularités relativement simples et dont le répertoire est en tout cas limité, tout se passe comme si des filtres et des systèmes de schématisation s'interposaient. Ceux-ci traduisent ce qui est offert par les objets selon des principes d'économie et ne paraissent retenir que les grandes lignes du spectacle proposé. Il est clair d'ailleurs que les processus mis en jeu ne sont pas ceux d'une sélection passive, telle qu'elle pourrait intervenir effectivement avec des filtres qui appauvrissent simplement et ne retiennent que des contours, mais que la sélection tient compte des besoins et de la réactivité de l'organisme. Ainsi, comme lorsqu'on trace le schéma d'un parcours, n'est-il pas nécessaire que le dessin soit l'exact décalque, à l'échelle du terrain; il suffit que les points saillants soient mis en évidence au prix de distorsions théoriques sans conséquences pratiques.

Au niveau de l'organisme limité à l'exploitation de la perception, tout se passe comme si les informations utiles étaient seules extraites ou comme si les mécanismes utilisant les informations reçues par les appareils sensoriels procédaient à un codage qui n'en retient que l'essentiel et l'utilisable. Les appareils sensoriels eux-mêmes peuvent être considérés comme procédant à un codage des actions physiques qui leur sont appliquées. Mais il s'y surajoute les schématisations qui impliquent les regroupements sur la base de ressemblances ou de communauté d'usage ou de sens, des discriminations qui tiennent compte de l'échelle imposée par les besoins ou les exigences de l'action, la mise en marge des informations momentanément inutiles, des inférences liées à la nécessité d'anticiper.

Ainsi l'organisme trace-t-il son propre schéma, qui n'implique aucune fidélité ni valeur théorique, mais suffit à l'action et à l'adaptation. C'est plus tard à une science spéculative, lorsqu'elle aura eu le temps de se développer, qu'il appartiendra d'essayer de construire le modèle fidèle, qui exigera d'aller au-delà de ce que la perception peut offrir. A ce moment des systèmes de symboles extériorisés et détachés du sujet deviennent nécessaires.

Les auteurs qui ont étudié de près le développement du jeune enfant comme GESELL et PIAGET ont rapporté de minutieuses observations montrant la genèse des habiletés nouvelles. A partir de la naissance, ces habiletés permettent d'exercer des activités de plus en plus nombreuses et variées, de manifester une liberté et une maîtrise croissantes à l'égard de l'entourage. Partant d'un équipement réflexe très limité, l'enfant apprend à appliquer et à adapter à de nouveaux objets les modèles de réaction dont il dispose (sucer, regarder, toucher), tout en les perfectionnant et les différenciant.

Ces habiletés sont de nature intellectuelle. PIAGET a beaucoup insisté sur ce point. Il le fait au nom d'une thèse qui veut retrouver à ce niveau « la genèse de l'intelligence » afin d'établir une continuité et une communauté de nature entre cette intelligence sensori-motrice et les formes plus élaborées. On peut contester la thèse, mais les faits révèlent bien, sinon à travers toutes les activités, tout au moins pour une partie d'entre elles, la constitution du modèle pratique sur lequel nous venons d'insister.

Il est vrai que les activités les plus élaborées, celles qui sont les plus conformes à la représentation et aux critères de l'intelligence, comme l'utilisation d'instruments ou de moyens et, a fortiori, la création de ceux-ci surviennent chez des enfants qui commencent à avoir accès au langage (au-delà d'un an; cf. PIAGET, 1936, chap. 6). Certes les capacités verbales sont à ce moment les plus limitées et il est difficile d'établir une connexion entre l'usage que l'enfant peut faire du langage et ses habiletés pratiques. Mais l'indépendance ne peut en toute rigueur être assurée. D'autant que les premières manipulations d'instruments par l'enfant sont encore très simplistes et très proches de ce qui peut être observé chez l'animal. Lorsqu'elles arrivent à l'aisance et dépassent nettement celui-ci, le langage s'est aussi bien développé...

Il n'est pas possible de tracer un tableau systématique des activités cognitives permettant de distinguer les capacités qui prolongent simplement celles des stades antérieurs au langage d'autres qui en dépendent. Mais on peut au moins dégager une ligne générale en s'inspirant des remarques présentées ci-dessus.

Les circuits qui procèdent de la perception à l'action sans passer par l'intermédiaire d'un symbolisme sont les plus primitifs et les plus faciles. Tant que l'organisme peut résoudre les problèmes qui lui sont posés par son environnement en recourant à eux seuls, il ne tend pas spontanément à s'en écarter. C'est seulement lorsque les moyens ainsi mis en œuvre sont inefficaces qu'une procédure plus détournée sera utilisée. Ainsi procède l'homme, même adulte et cultivé : quand il peut identifier la topographie d'une ville nouvelle simplement en en parcourant les rues, il ne recourt pas à un plan. De même si le fonctionnement d'une machine est similaire à celui d'autres machines familières, il ne recourt pas à la notice explicative ou aux indications d'un spécialiste. Pareillement si une panne survient...

Dans le domaine des activités psychologiques — et ceci est vrai pour le biologique et le social — certaines formes et certaines fonctions correspondent à des structures de base et d'autres à des superstructures. Les réactions qu'entraîne d'une manière immédiate la présence de stimuli appartiennent évidemment au premier type. Le domaine du sensori-moteur va bien au-delà des réflexes, même modelés par l'apprentissage (conditionnement). Il comporte des ajustements actifs où la part de l'initiative, chez l'enfant, est un facteur fondamental et correspond à cette maîtrise intelligente qu'on a évoquée plus haut. Mais par rapport à l'usage de représentations et de symboles, de codes qui ne décalquent pas simplement le perçu et l'agi, il rentre dans les structures de base (on pourrait les appeler moyennes par rapport aux réflexes). Le langage, lui, est du domaine des superstructures.

Les superstructures, selon un principe d'économie très général, ne sont mobilisées que si les structures plus élémentaires se révèlent inefficaces. De même, selon la démonstration classique, déjà au niveau des réflexes médullaires, lorsque le retrait de la patte chez la grenouille décérébrée ne suffit pas à supprimer l'irritation produite par l'acide, la seconde patte se met en mouvement pour l'essuyer.

Ainsi quand on veut se représenter les interventions du langage, faut-il éviter de procéder sur les bases d'une analyse purement logique. Il ne suffit pas que le recours au langage, dans un organisme abstrait ou dans un organisme réel ayant atteint son complet développement dans l'intégration des instruments verbaux et leur utilisation systématique *puisse* s'insérer comme moyen pour la réussite. Il faut encore montrer que cette insertion est *effective*.

Dans bien des cas, l'enfant révèle l'apparition de capacités ou des progrès de celles-ci qui restent à l'intérieur de ce que nous avons appelé ci-dessus les infrastructures. Il s'agit cependant de capacités qui sont déjà relativement complexes et permettent un niveau de performance qu'il paraît naturel d'attribuer à une intervention du langage. Des analyses précises montrent qu'il n'en est rien. On va en donner ci-dessous trois exemples.

LES CATÉGORISATIONS PERCEPTIVES

Il est classique de dire que l'organisme, en face des objets ou des qualités, procède à des classifications spontanées. Chaque objet, chaque qualité (taille, forme, couleur...) n'est pas irréductible à tout autre. Des similitudes existent entre eux en même temps que des différences et c'est en fonction de celles-ci que l'organisme réagit. Il traite semblablement certains objets et différencie d'autres. Dans certains cas les modes de réactions correspondent étroitement à l'apparence perçue. Le plus souvent ils sont relativement libres par rapport à cette apparence : selon les circonstances, les motivations, l'expérience antérieure, l'organisme répond semblablement à deux objets ou deux qualités ou y répond différemment. Il est bien connu qu'il existe des niveaux dans l'attention portée aux différences. Pour l'expert en laines, ou l'artiste, des échantillons très voisins sont différenciés alors que pour l'homme pressé il s'agit de rouge ou de bleu, voire simplement de « couleur » (opposé au blanc ou au noir, par exemple). De même pour les sons. Les différences possibles si l'on tient compte des hauteurs, des intensités et des timbres se différencient par milliers (elles correspondent à des possibilités effectives de discrimination dans les conditions appropriées). Mais tout peut se réduire à de la musique ou du chant...

Ainsi la liberté relative de l'organisme est grande par rapport aux informations reçues des canaux sensoriels. Dans les facteurs qui influencent les réponses du sujet on fera naturellement place à ceux que véhiculent la culture et le langage (cf. chap. 4). Mais toutes les dissemblances possibles ne sont pas exprimées par les mots : même le vocabulaire le plus riche pour désigner les couleurs laisse de côté une quantité énorme de nuances. A plus forte raison lorsqu'il s'agit d'un profane qui ne distingue que des termes de la langue courante.

On retrouve le thème abordé avec les étiquettes verbales. Mais ici il ne s'agit pas de situations artificielles inspirées par une théorie contestable et qui laisse place à des variables non contrôlées. Il suffit de s'en tenir aux situations naturelles qui correspondent à l'apprentissage de la langue ou à l'usage d'une langue apprise.

F. et G. HEIDER (1940) ont rapporté les résultats d'une étude sur l'appariement des couleurs chez des jeunes sourds et des entendants qui apportent de très utiles informations.

La méthode utilisée dérive de la procédure classique exposée par GOLDSTEIN. Elle vise à tester la capacité des sujets de regrouper un échantillon particulier de couleur avec les échantillons voisins qui rentrent dans la même catégorie (rouge, bleu, etc.). Ceci est réalisé à l'aide d'échantillons dont les teintes varient autour des couleurs de base (incluant par exemple des jaune-vert, des bleu-vert, etc.).

La référence à GOLDSTEIN n'est pas fortuite. Selon la théorie développée par cet auteur, la capacité de regrouper des objets en fonction de leurs similitudes est atteinte chez les aphasiques et ceux-ci en particulier (c'est une marque de « l'attitude concrète ») ne savent plus traiter les objets comme représentants d'une classe ; ils les considèrent comme des êtres individuels, ayant chacun leur originalité et par conséquent ne pouvant aller avec d'autres dans un groupement commun. Certes chez GOLDSTEIN ce trouble n'est pas dû à la perte du langage ; il est (cf. chap. I) lié aux altérations fondamentales, entraîné par les lésions cérébrales. Mais il n'est pas absurde de se demander si le handicap à l'égard du langage n'intervient pas puisque les couleurs ou, plus exactement, leurs principaux groupements sont désignés par les mots. En tout cas lorsqu'il s'agit d'enfants sourds, la question est évidemment pertinente et la méthode doit permettre de tester le rôle éventuel que la possession des mots peut jouer dans la manière dont se constitue l'organisation en matière de couleurs.

Les résultats obtenus par les HEIDER sont extrêmement nets. Il n'y a pas de différences dignes d'être notées entre enfants sourds et enfants entendants. Au plus les jeunes sourds ont une tendance à faire des groupements un peu plus étendus que les entendants. Il est difficile d'interpréter cette tendance en faveur d'une influence du langage. Elle s'avère surtout en rapport avec l'âge. Les enfants les plus jeunes tendent en effet à donner des groupements plus larges que les plus âgés. De ce point de vue les sourds se comportent comme les enfants moins mûrs. Ceci prête à plusieurs interprétations, parmi lesquelles l'appel à un meilleur contrôle des réactions spontanées n'est pas à exclure ; il nous écarte en tout cas d'une référence à l'usage instrumental du langage.

Ce qui est particulièrement instructif dans les résultats des HEIDER, à côté de cette donnée globale, c'est la dissociation observée chez certains sourds entre leur comportement et leur usage des mots.

La population des sourds examinés comportait en effet des enfants d'âge scolaire et même des adolescents et des adultes ; les plus âgés avaient acquis le vocabulaire servant à désigner les couleurs et les autres étaient en train de l'acquérir. Or ces observations montrent que des jeunes sourds qui ont commencé à apprendre le nom des couleurs peuvent *nommer* les stimuli d'une façon et les *grouper* d'une autre façon. Citons ce passage : « Une des enfants sourds appelait le vert-jaune « vert » et choisissait seulement le jaune pour aller avec. Elle rejetait le vert. Une autre à qui était présenté un bleu-rouge l'appelait « mauve » mais choisissait seulement un stimulus pour aller avec, qu'elle appelait « rose », rejetant le rouge-bleu qu'elle désignait par le même nom que le modèle » (1940, p. 20).

Les HEIDER interprétaient cette dernière observation en disant : « ses systèmes verbaux et perceptifs étaient différents, mais chacun était solidement établi et il n'y avait pas d'interférence apparente entre eux » (id).

On peut discuter sur la valeur générale de telles observations. Les HEIDER remarquent eux-mêmes que le cas des sourds est spécial dans la mesure où ils acquièrent plus lentement la langue et où la signification des mots appris peut rester, pendant une période plus ou moins longue, sans s'intégrer au monde dans lequel ils vivent. C'est là une remarque importante. Mais il n'en reste pas moins qu'on voit là, grossi et exagéré, donc rendu plus évident, ce qui se passe lors du développement normal. Celui-ci se caractérise bien par la constitution d'organisations cognitives qui ne doivent, au départ, rien au langage.

Le langage n'est pas, ici, au départ des capacités d'assimilation (ni de différenciation qui sont corrélatives). Ceci explique que le comportement concret des aphasiques de GOLDSTEIN ne se retrouve pas plus chez les sourds que chez les jeunes enfants normaux. WALLON a bien proposé d'introduire la notion de « précatégoriel » pour décrire certaines conduites de l'enfant, assimilant aussi, selon une direction familière à la psychologie génétique, le précoce et le pathologique. Mais cette assimilation, si elle joue lorsqu'il s'agit de catégorisation établie sur des bases plus abstraites — ce qui est à établir — n'est pas justifiée ici.

LES GÉNÉRALISATIONS

La généralisation ou assimilation intervient dans les catégorisations. Mais c'est un processus plus fondamental qui les dépasse. Elle consiste dans l'extension d'une réponse, obtenue par un objet ou une qualité, aux objets ou qualités perceptivement ou fonctionnellement semblables.

Les réponses généralisatrices — ou assimilatrices — sont très primitives. Elles caractérisent tous les organismes, même les plus élémentaires au niveau de leurs réactions biologiques mêmes. Un être vivant qui se perdrait dans la diversité des objets ou des autres organismes serait incapable de les utiliser ou d'y réagir. Il mourrait de faim ou serait dévoré avant d'avoir résolu l'énormité des problèmes que le monde lui poserait. Un principe d'économie intervient dans son appréhension de ce monde.

Une telle capacité est bien antérieure au langage et personne n'a jamais pensé à l'en faire maître. Mais là où l'on peut penser que le langage est susceptible de jouer un rôle, c'est en élargissant la *marge* de généralisation. Les généralisations que les psychologues ont l'habitude de qualifier de primaires, qui reposent sur les similitudes perçues ou impliquées par l'action, sont limitées. Elles ne dépassent pas une communauté de propriétés sensorielles ou pratiques voisines et les limites de différenciation qui empêchent l'assimilation d'intervenir sont rapidement atteintes.

Les études sur l'animal ont montré les limites des capacités de généralisation. Dans des expériences classiques FIELDS (1932) a montré que le rat entraîné à répondre primitivement à une figure en forme de triangle continuait à le faire si la dimension de la figure était changée mais non si le triangle n'était pas vertical. La prolongation de l'entraînement permet d'étendre la réponse même aux figures inclinées, mais ce n'est plus une réaction spontanée.

Les premières expériences qui ont montré que l'animal pouvait transposer ses réponses à des stimuli nouveaux ont la même signification. Les poules de KÖHLER dressées à répondre au plus clair de deux stimuli G1 et G2 continuaient à répondre au plus clair dans la paire G2-G3 (G1, G2, G3 désignent des stimuli d'un gris de plus en plus foncé). Il s'agit de réponse à des structures ou *Gestalten* et de telles expériences ont été invoquées comme argument en faveur de la *Gestaltheorie* qui donne priorité à l'appréhension de formes globales sur l'appréhension d'éléments individualisés. Le propre d'une Gestalt est de comporter une certaine rigidité. Si les rapports entre les éléments varient d'une manière trop marquée, la Gestalt se détruit et la réponse ne se maintient pas. De même si les valeurs absolues des stimuli constituant la paire changent fortement par rapport aux stimuli originaux, la généralisation devient incertaine.

Des études employant le même schéma que celles qui avaient conduit à révéler les capacités (et les limites) de la généralisation chez l'animal ont été effectuées avec des enfants. Elles ont montré que les capacités augmentaient avec l'âge. KUENNE (1946) par exemple a montré que, testés sur une « transposition lointaine », c'est-à-dire avec des stimuli dont la taille absolue différait plus fortement de celles des stimuli qui avaient fait l'objet de l'apprentissage initial, les enfants plus âgés réussissent mieux que les plus jeunes. ALBERTS et EHRENFREUND (1951) ont utilisé une gamme de situation de transfert dans laquelle les stimuli s'écartent de plus en plus de la taille des stimuli initiaux. Ils ont constaté que les enfants les plus jeunes généralisaient de moins en moins exactement lorsque les situations devenaient de plus en plus différentes; au contraire les plus âgés réagissaient d'une manière semblable dans les divers cas.

Les enfants examinés par ces auteurs avaient tous acquis le langage. Naturellement les plus âgés avaient une maîtrise plus grande de celui-ci et ils étaient capables (KUENNE) d'utiliser davantage les mots relatifs à la qualité sur laquelle portait la généralisation (comme « grand », « petit », « plus grand », etc.). D'où la tentation à laquelle ont cédé ces auteurs, largement suivis par d'autres, d'attribuer la généralisation plus aisée qu'ils manifestent à ces capacités verbales.

Cependant des comparaisons effectuées entre enfants sourds et entendants (OLÉRON, 1957) amènent à mettre en doute une telle interprétation. En effet les jeunes sourds ne s'avèrent pas vraiment différents des enfants normaux du même âge. Les uns et les autres marquent bien un progrès avec l'âge, mais les sourds ne sont pas sensiblement retardés. Et ce résultat a été observé non seulement en ce qui concerne la généralisation de la taille, mais aussi, dans un autre domaine sensoriel, peu exploré, le poids.

Les enfants sourds examinés ignoraient les termes correspondants aux qualités ou relations mises en jeu. Ce n'est donc pas sur eux qu'ils pouvaient s'appuyer pour établir une assimilation entre les situations où ces relations interviennent. Il faut admettre que les bases perceptives et motrices suffisent pour atteindre chez l'homme des niveaux de généralisation dont on voit le départ chez l'animal. Si les capacités de généralisation se développent avec l'âge, ce n'est pas sous l'effet du langage, et les progrès que l'enfant manifeste dans l'usage de celui-ci ne jouent pas un rôle essentiel. Ils sont seulement concomitants.

Des cas de généralisation portant sur des caractéristiques plus complexes ou plus abstraites s'avèrent également indépendants du langage. Ainsi OLÉRON (1962) a étudié la généralisation dans la relation identité-dissemblance en comparant de même enfants sourds et entendants. La tâche proposée aux sujets est de distinguer des couples d'objets dont les uns sont identiques et les autres dissemblables. Des objets très divers dans leurs qualités perçues sont utilisés (figures géométriques à deux dimensions, objets réels, réduction d'objets ou de personnages, blocs de bois, etc.). Les caractéristiques par lesquelles ils sont identiques et différents sont variées (taille, forme, couleur, nature concrète, poids ou résistance, vitesse de déplacement...). Le seul point commun que les objets divers présentent est que les uns vont par paires identiques et les autres par paires dissemblables. On pourrait parler d'une généralisation à un second niveau, puisque les qualités primaires perçues ne sont pas le principe de généralisation mais que au contraire il faut les dépasser pour s'attacher seulement à la relation identité-dissemblance.

Les réussites des enfants augmentent avec l'âge (de 4 à 7 ans) et chez les entendants leur capacité à employer des termes qui décrivent les relations en jeu (tels que « pareil » « pas pareil »). On comprend très bien, en conséquence, qu'un psychologue qui n'aurait étudié que les enfants entendants puisse conclure, avec l'approbation de la majorité, que le développement observé tient à la maîtrise du langage et à la facilité de l'utiliser pour dénommer les caractéristiques communes des objets. Mais comme les enfants sourds n'ont pas des comportements très sensiblement différents, sauf quelques retards limités à certains âges et à certains stimuli, l'explication doit être rejetée. Les enfants sourds en effet ne connaissent pas les termes en question. Et si certains peuvent utiliser les gestes qui y correspondent, on ne peut oublier que le caractère concret de ceux-ci ne se prête pas à la même mobilité et à la même indépendance à l'égard des caractéristiques perçues que ne le permet la langue orale. On ne peut donc attribuer sans plus au langage gestuel ce qu'ici il est impossible d'attribuer au langage oral et il faut renoncer aux interprétations simplistes.

Des résultats tout à fait comparables ont été obtenus par FURTH. Il a proposé à des sourds et entendants de 7 à 12 ans des épreuves où interviennent des relations de similitude et de symétrie. Dans la première, les sujets doivent choisir entre deux paires de stimuli, l'une des paires représentant des figures identiques, l'autre des figures différentes. Dans la seconde, ils doivent choisir dans une paire où sont représentées une figure symétrique et une figure dissymétrique, celle qui est symétrique. Les sourds ne sont pas inférieurs aux entendants dans ces deux épreuves (les chiffres indiquent qu'ils seraient même en avance sur eux (FURTH, 1961, FURTH et MILGRAM, 1965; cf. FURTH, 1966, chap. 7).

De même en ce qui concerne une épreuve portant sur la relation de tout à partie. Des figures représentant des objets, comme un visage et, à côté d'autres, un objet qui est une partie du premier (ici l'oreille). Les enfants sourds (de 6 à 14 ans) ont des réussites qui sont très voisines de celles des entendants du même âge (FURTH, 1963a, cf. FURTH, 1966, chap. 7).

Le sens de ces données est clair : dans la manipulation de ces relations, les indications perceptives sont suffisantes pour guider le sujet. Bien que les mots puissent théoriquement apporter une aide (et il existe des mots pour exprimer chacune d'entre elles), le sujet n'a pas besoin d'y recourir, car les indications transmises par les figures sont suffisamment claires et les sujets suffisamment capables de les déchiffrer et de les exploiter pour n'avoir point besoin de supports qui les dépassent.

LA DÉCOUVERTE DE LOIS

Le monde dans lequel se développent les organismes vivants est un monde relativement réglé. Les caractéristiques des objets, le déroulement des événements, les rapports entre ceux-ci, les effets produits par une action... obéissent à des régularités auxquelles on peut donner le nom de lois. C'est grâce à cette propriété qu'existence et survie sont possibles. Les catégorisations et généralisations dont on vient de parler dépendent en dernier ressort de telles lois : nombre limité des diversités observables entre les objets, associations permanentes entre elles, persistance dans les moments successifs. L'utilisation de ces régularités par l'organisme vivant peut être considérée, pour une part, comme d'origine constitutionnelle. L'organisme lui-même fait partie du monde et il présente le même type de régularité que ce dernier. Au plus pourra-t-on invoquer la sélection naturelle qui n'a maintenu en survie que ceux qui avaient découvert la structure de base de leur environnement.

Mais les régularités particulières doivent être apprises. Une part importante du développement de l'enfant consiste en de tels apprentissages. Car si la régularité du monde constitue une sorte de trame de fond et une base sur laquelle les apprentissages particuliers peuvent s'effectuer, la nature des liaisons est cependant à découvrir, car elles ne sont pas fondées sur des nécessités internes. (C'est le cas des langues en particulier.)

Une partie de l'activité intellectuelle consiste à découvrir ce qu'il y a de régulier dans des faits ou des situations nouvelles, la loi de fonctionnement du système qui permet de le maîtriser et de l'utiliser. Dans cette découverte on comprend aisément le rôle que les systèmes symboliques peuvent jouer : traduire sous une forme condensée et dépouillée les éléments essentiels.

Mais ici comme plus haut, le recours au langage n'est pas toujours la condition nécessaire que l'on imagine. L'enfant peut dominer des problèmes apparemment tributaires, par exemple, de la numération, sans recourir à celle-ci, simplement parce que la capacité d'utiliser des repères purement perceptifs est plus grande qu'on ne l'imagine.

Ainsi on a comparé des enfants sourds et entendants dans une tâche où il s'agissait de découvrir une loi de succession (OLÉRON, 1957). L'expérience était inspirée de REVESZ qui avait, lui, comparé des animaux et des enfants et constaté les difficultés rencontrées par les premiers. Huit boîtes identiques sont placées devant le sujet. Elles sont toutes verrouillées sauf une. Le sujet doit découvrir la boîte qui n'est pas verrouillée et dans laquelle il trouvera un bonbon. La place de la « bonne » boîte change à chaque essai. Au début c'est la première, ensuite c'est la seconde, puis la troisième etc. Dans une autre partie de l'expérience la loi à découvrir est plus compliquée : la « bonne boîte » est successivement la première, la huitième, la seconde, la septième, etc...

Qui, devant la description d'une situation comme celle-ci, ne va pas imaginer que la connaissance des nombres facilite considérablement la tâche du sujet, si tant est même qu'elle n'apparaisse pas comme la condition nécessaire à son exécution ? Or, soumis à cette expérience les enfants sourds ne s'avèrent pas sensiblement inférieurs aux enfants entendants.

Cette égalité ne tient pas au fait que les sourds qui ont été examinés avaient acquis la connaissance des nombres. Les sujets sourds de 5 à 7 ans l'avaient en effet acquise au moment où ils avaient subi l'expérience. Mais ceux de 4 ans ne l'avaient pas encore, ce qui ne les empêchaient pas de réussir aussi bien que les entendants du même âge. Les raisons sont plus profondes et conformes à celles qui ont été avancées ci-dessus.

D'une part l'organisation perceptivo-motrice peut suffire à réussir la tâche. Quoique assez compliquée en apparence, lorsqu'on en décrit le principe, la situation offre des repères sur le plan spatial et sur celui de l'orientation adoptée par le sujet ou du changement, simplement alterné de cette orientation (dans le second type de problème). Ils ne sont pas parfaits et laissent subsister des possibilités d'erreurs et de confusion, surtout pour les éléments centraux. Mais la répétition permet d'atteindre une précision suffisante du repérage. De toute façon, en cas de confusion, il ne s'agit que de la réussite matérielle, non de l'appréhension de principe qui peut s'exprimer sous la forme d'un schème ou d'une combinaison de schèmes vécus indépendants de la formulation verbale.

En second lieu, et corrélativement, les enfants, qui connaissent la numération ne l'utilisent pas ou très peu (2/3 des entendants, par exemple n'étaient pas capables, l'expérience terminée, d'indiquer le nombre des boîtes). L'aide que peut apporter le langage est négligée le plus souvent (bien que certains enfants aient reconnu qu'ils l'avaient utilisé parce que cela facilitait leur repérage). Comme le disait explicitement un enfant de 6;1 : « Je ne les ai pas comptées [les boîtes], je voyais ».

Nous avons ici une très belle illustration du principe d'économie invoqué ci-dessus. La superstructure verbale n'est pas mobilisée lorsque la tâche peut être exécutée à l'aide des seules structures de base.

2. Les interventions du langage

INTERVENTIONS INSTRUMENTALES ET EFFETS D'EXERCICE

Il s'agit dans cette partie d'essayer de mettre en évidence l'influence que les interventions du langage peuvent exercer sur le développement cognitif.

Il est nécessaire de distinguer deux formes d'influences, donc deux sortes d'effets. Cette distinction n'exclut pas que ces deux types ne puissent intervenir simultanément dans les situations concrètes. Mais elle est nécessaire sur le plan de l'analyse.

On dénommera le premier type « instrumental » ou « direct » et le second « d'exercice » ou « indirect ».

Les effets instrumentaux

Le langage a été fréquemment désigné comme un instrument (ou un outil) tant par les profanes que par les psychologues. Certains n'ont pas hésité à aller jusqu'au bout de la métaphore : « Les enfants qui ne parlent pas sont aussi incapables de raisonner qu'un homme de tirer à distance quand il ne connaît pas le fusil ou une arme de jet quelconque » (BOUTAN, 1914, 136).

Derrière cette métaphore se trouve affirmée une réalité précise que nous retiendrons seule. Présenter le langage comme un instrument est dire qu'il est un élément *actuel* de la situation. Il intervient dans la situation comme un objet présent ou un stimulus ou une constellation de stimuli qui s'ajoute aux objets ou stimuli perçus ou s'y substitue. Ainsi l'outil est-il un objet parmi d'autres, perçu et manipulé comme le peuvent être les autres. Le sujet dit le nom d'un objet, d'une qualité, il énonce une régularité, il se donne un ordre ou un conseil, il fait le plan de son action future, critique son action passée… Énoncés, ordres, conseils, plans, critiques contribuent à déterminer l'action, qui ne serait pas ou ne serait pas la même sans eux.

Les conceptions qui décrivent les activités psychologiques en termes de stimuli et de réponses, les théories de la médiation verbale, par exemple, illustrent une interprétation instrumentale du langage, même si elles n'évoquent pas explicitement la notion d'instrument. De même les conceptions des auteurs soviétiques.

Ces conceptions ne sont pas les seules à proposer ou impliquer une telle interprétation.

Dans la perspective qu'on peut appeler cognitiviste parce qu'elle affirme l'originalité des processus de connaissance, l'intervention du langage peut être présentée comme produisant ou contribuant à modeler une certaine connaissance ou certaines représentations. La notion de modèle que nous employons largement dans cet ouvrage implique une référence de ce genre. De même lorsque des auteurs spéculent sur la vision du monde que véhicule une langue (cf. chap. 4).

La théorie de l'information a contribué à diffuser l'emploi de deux termes : information et codage. Ceux-ci leur préexistaient mais le halo de technicité que cette théorie leur a conféré a contribué à favoriser leur usage, même quand cette technicité en est effacée ou n'a jamais pénétré ceux qui les manient.

Le terme information n'a pas, pour décrire les apports du langage, le sens précis qu'implique le modèle mathématique de la théorie de l'information, d'ailleurs inapplicable dans la plupart des cas concrets de communication et d'usage du langage. Mais dans son sens courant il permet de décrire des effets instrumentaux du langage. On dira par exemple que le langage apporte des informations au sujet en face d'une tâche actuelle en évoquant la situation antérieure analogue qui a été maîtrisée d'une manière peut-être valable aujourd'hui ou en donnant le nom d'un objet qui peut servir de moyen pour résoudre un problème (cf. ci-après). A fortiori quand il s'agit d'une indication ou d'une suggestion fournie par une personne présente, expérimentateur ou autre. Il est clair que le mot ou le discours ainsi produits ou reçus sont les instruments de la réussite. Pris dans ce sens la notion d'information ne renvoie à rien de défini sur le plan formel et elle correspond — elle peut être ramenée — à une représentation ou un stimulus selon le cadre de référence que l'on adopte.

Le terme « codage » ne comporte pas non plus le plus souvent de référence précise à la théorie de l'information (dont elle n'est d'ailleurs pas un élément essentiel) et certains auteurs l'appliquent même dans le cadre de modèles qu'ils considèrent comme incompatibles avec elle (les grammaires transformationnelles par exemple). Tout usage du langage qui décrit une situation perçue ou vécue est un codage. Il substitue, selon les règles d'un code défini (la langue), aux données perçues les symboles qui y correspondent (partiellement ou totalement). Que ce codage ait une valeur instrumentale est facile à admettre puisque la forme verbale, plus maniable, discriminante ou catégorisante, plus facile à mémoriser et à évoquer permet de surmonter les ambiguïtés ou les complexités de certaines situations.

La notion de codage est formelle. Ce qu'elle apporte de précis est une règle de transformation. Dans la pratique la règle est loin d'être spécifiée : il y a plusieurs façons de coder verbalement une situation et l'une ou l'autre sera utilisée par les sujets ou selon les circonstances. De toute façon l'objet du codage peut, comme fait l'information, être considéré comme stimulus ou comme représentation et ne constitue pas un objet ou un cadre de référence exclusif des autres.

Les effets d'exercice

Quels que soient le vocabulaire adopté et les points de références, explicites ou implicites, les effets qu'il s'agissait de décrire concernaient toujours des interventions actuelles ou directes du langage.

Ce qui est important, c'est que ce genre d'intervention n'est pas le seul.

Tout d'abord — ceci ne s'en écarte pas fondamentalement — on doit penser aux effets qui ne résultent pas d'une intervention actuelle du langage, mais qui sont la conséquence de telles interventions répétées et dont les traces subsistent. Lorsque les psychologues se posent le problème de la perception des couleurs en fonction du vocabulaire propre à diverses langues (cf. chap. 4) ou de la vision du monde associée à une langue (id.), on peut penser que ce genre de problème est susceptible d'être formulé ainsi. Il s'agit d'habitudes constituées par la pratique ; un système de réponses s'est formé dans lequel l'élément verbal se trouve à la fin court-circuité. Il en est de même lorsqu'une activité un peu complexe a été apprise à l'aide d'indications verbales (utilisation d'un outil, technique sportive, conduite d'une machine...). L'automatisation survenue, le discours, celui de l'instructeur ou de l'apprenti lui-même, est inutile, bien qu'il ait été un élément important dans l'acquisition des habiletés.

On peut logiquement ne pas mettre ces cas à part et il est raisonnable de les traiter comme une extension des interventions instrumentales. L'énoncé verbal en effet peut être réévoqué même lorsque l'automatisme s'est instauré et le lien entre cet énoncé et l'action peut être mis en évidence d'une manière qui n'est pas artificielle.

Mais le fond des choses est plus compliqué. Le sujet qui a maîtrisé la pratique de la parole et peut s'en servir instrumentalement ne diffère pas de celui qui n'en a pas l'usage par la seule présence ou absence matérielle du mot ou du discours. Celui qui emploie instrumentalement le mot et à plus forte raison le discours a l'habitude de la langue, l'habitude de l'utiliser de diverses manières et dans diverses situations. Il a, de ce fait, en face des objets ou des tâches des attitudes et des modes d'approche qui peuvent différer de ceux des sujets qui n'utiliseraient pas un tel circuit.

Lorsqu'on parle d'outil, on ne peut s'en tenir à la seule considération de l'outil lui-même. L'outil n'a de sens, quand il est rapporté à l'homme, et c'est bien le cas ici, de rôle,

de fonctions que par son emploi. C'est dire qu'il faut considérer le sujet qui l'utilise. Or celui qui l'utilise adéquatement
et efficacement ne le fait que s'il a subi les transformations
nécessaires pour cet usage. Ce sont ces transformations qui
importent. L'homme qui utilise une hache ou une fraiseuse
n'est pas un homme adjoint à une hache ou une fraiseuse
et restant tel qu'il était auparavant. C'est un homme qui,
ayant à travailler la matière, l'aborde avec un certain nombre
d'attitudes et de dispositions à l'action qu'on ne trouve pas
chez le novice ou le profane. Un aviateur ou un cosmonaute
n'est pas simplement un homme qu'on a mis dans une
certaine machine. C'est un spécialiste qui a subi des années
d'entraînement lui permettant d'acquérir les habitudes
nouvelles qu'exige un type d'action original. De même,
comparaison plus terre à terre, l'haltérophile ou le joueur
de tennis ne diffèrent pas du profane parce qu'ils ont une
haltère ou une raquette entre les mains. Ils ont la puissance
musculaire, le souffle et les techniques qui sont incorporées
en eux et font maintenant partie intégrante de leur personnalité physique.

Ainsi l'homme qui parle n'est-il pas exactement le même
que celui qui ne parle pas. Même si, dans une situation
donnée, il ne prononce aucun mot et si ce qu'il fait ne résulte
pas d'habitudes spécifiques, il reste qu'il n'est pas le même
que s'il n'avait pas appris une langue et ne s'était pas exercé
à son usage.

Ce que nous venons de dire est assez facile à exposer de
la manière dont on vient de le faire. Quantité de remarques
sur les progrès de l'humanité, sur les effets de l'éducation,
sur la juste conception de celle-ci expriment des idées analogues qui sont volontiers acceptées. Il est assez facile en
usant de métaphores, comme on l'a fait, d'évoquer ce qu'on
peut appeler les effets indirects, les effets d'exercice, les

effets en profondeur de l'intervention du langage. Il est beaucoup plus malaisé de décrire d'une manière un peu précise de telles modifications. La preuve en est qu'on en trouve fort peu d'ébauches dans les écrits des psychologues. Et cela d'autant plus qu'ils sont plus sérieux et tentent d'approcher leur sujet de la manière la plus objective et la plus scientifique. C'est que ces effets ne s'expriment pas à l'aide de schémas habituels utilisant les notions de stimuli et de réponses et les notions directement dérivées. De ce fait, comment les présenter d'une manière rigoureuse, sans recourir trop fréquemment à un langage métaphorique? Et cependant il est fondamental d'essayer de les décrire même avec des expressions imparfaites car elles concernent le fond même des changements qu'il s'agit d'analyser.

La thèse mentionnée ci-dessus (chap. 1) selon laquelle le langage est circuit long et modèle peut servir de fil conducteur pour l'analyse; elle permet de surmonter les inconvénients d'une étude qui superposerait des données fragmentaires. De ces traits peuvent en effet se déduire des conséquences quant à la conduite du sujet et à ses capacités, attitudes ou habitudes. Déductions qui, bien entendu, ne sont pas destinées à être posées telles quelles, mais confrontées avec les faits qu'elles permettent, à ce moment, d'interpréter et de systématiser.

Présenter le langage comme un *circuit long*, c'est l'opposer aux circuits courts qui vont de la perception à l'action. On retrouve ici sous une autre forme la distinction que l'on a présentée ci-dessus en termes d'infra- et de superstructure. Ce qui est à retenir, c'est que les circuits courts sont plus « naturels » et cela surtout pour l'enfant qui au début ne connaît qu'eux. Ils ont leurs points d'appui dans l'expérience concrète, riche, imprégnée d'affectivité qui attire, stimule, séduit, intéresse et débouche sur l'action immédiate, dont les attraits sont similaires. Le choix d'un circuit long implique un entraînement, un arrachement aux facilités des circuits courts. On peut considérer que l'usage du langage constitue un tel entraînement; il rend naturel et relativement aisé ce genre de détour et crée chez le sujet des attitudes qui favorisent un tel type de démarche.

Puisque le recours au langage est en un sens une *prise de distance* par rapport aux objets perçus, on considérera que son usage habituel constitue un entraînement à une telle prise de distance. Le sujet entraîné, ne serait-ce qu'à donner une description verbale de ce qu'il voit, se dégage de la tentation de réagir immédiatement et de mobiliser des schèmes d'action purement pratiques. A plus forte raison si son discours comporte une analyse de la situation, des hypothèses sur les effets de telle action, comme cela intervient en face d'un problème. Cette prise de distance peut exister même si, dans tel cas particulier, aucun discours n'est produit. C'est une affaire d'attitude que l'usage du langage a produit et qui se généralise même à des cas où cet usage n'est pas effectivement en jeu. User habituellement du langage peut rendre le sujet plus prudent et plus circonspect à l'égard des impressions immédiates. Il faut d'ailleurs tenir compte que des avertissements ou exhortations, eux-mêmes largement transmis par voie verbale, contribuent à favoriser une telle attitude.

En tant que *modèle* de la réalité perçue, le langage permet d'atteindre de celle-ci des aspects qui ne sont pas immédiatement ou intégralement donnés. Le sujet dispose de savoirs la concernant qui lui permettent d'y réagir d'une manière plus efficace et plus économique. Il conduit même à l'appréhender autrement que ne l'appréhende le sujet qui est réduit aux informations fournies par la sensation et l'action.

On a montré plus haut que la perception n'était pas modifiée par le langage au point de faire apparaître différent ou identique ce qui ne l'est pas pour l'examen attentif. Mais dans bien des cas le perceptif n'est qu'une prise d'information rapide, orientée en fonction d'une attitude préalable ou bien elle est un examen attentif guidé par ce que le sujet sait déjà. Dans l'un ou l'autre cas le langage peut, en créant l'attitude ou en fournissant les savoirs préalables, contribuer à modifier la réaction.

On l'a souvent dit, les savoirs acquis par voie sociale entraînent une économie et permettent d'anticiper sur un dépouillement et une analyse d'expériences qui auraient besoin d'être longues, coûteuses, et souvent dangereuses. Ceci est particulièrement net dans le domaine social ou psychologique. Les qualités et surtout les vices des hommes, les méfaits, les tours qu'ils peuvent jouer se dissimulent et les avertissements communiqués verbalement sont particulièrement précieux pour éviter des pièges. Il est vrai que ces informations ne sont pas toujours exactes, quoique les parents ne cherchent pas sciemment à tromper leurs enfants comme le font les adultes entre eux et qu'elles ne sont pas toujours acceptées quand elles n'ont pas la caution de l'expérience, mais restent noyées dans un fatras d'interdictions mal supportées...

Les similitudes et les différences, pour revenir à celles-ci, sont relatives. Elles sont fonction d'un point de vue. Les concepts qui retiennent des similitudes entre des objets aux qualités différentes peuvent être assez docilement calqués sur ce qui est donné aux sens (les couleurs, des qualités tactiles, comme le poli ou le rugueux, les odeurs par exemple). Mais dans les autres cas les concepts ont subi une élaboration, soit sur des bases pratiques, soit à l'aide de la réflexion, qui conduit à faire regrouper des aspects ou caractéristiques que la première réaction, dictée par l'apparence immédiate, conduit à distinguer. Le sujet qui a accès à ces concepts que lui transmettent la culture et le langage va réagir autrement, en fonction des similitudes qu'il appréhende ou en tout cas qu'il peut, dans une tâche donnée, plus aisément découvrir.

Le mot « modèle » peut induire à penser qu'on se réfère à une connaissance spéculative. Ceci est doublement inexact.

D'une part on n'en comprend bien le sens que si l'on pense que le sujet utilise des modèles en les incorporant dans une *approche active* de la réalité, comme le montrent les exemples empruntés à la perception et aux catégorisations. Et ce qui est important c'est que l'habitude de se référer à un modèle verbal doit contribuer à rendre le sujet plus actif dans les contacts avec le milieu. Celui qui est informé de la nature de ce qui l'entoure ou de ce qu'elle peut être, du sens que peuvent avoir les données perçues est naturellement induit à chercher une coïncidence entre ce qu'il voit et ce qu'il sait, à découvrir dans ce qui lui est donné les aspects dont il est informé ou qui permettent d'exploiter (éventuellement de corriger) ses informations. Ainsi l'homme qui se déplace en utilisant une carte ou un plan, se reportant constamment du terrain au plan pour en confronter les indications, maintient une activité d'analyse et d'interprétation qui ne se trouve pas au même niveau chez celui qui explore grâce au seul tâtonnement. De même, quand le chemin à suivre a été expliqué verbalement. Il est clair que cette attitude peut se manifester quand interviennent d'autres modèles que ceux qui se présentent sous forme verbale (l'exemple de la carte et du plan, qu'on vient de citer, le montre). Mais, compte tenu du nombre considérable de savoirs qu'il transmet, le langage peut avoir un rôle tout particulier dans le développement d'un tel genre d'activité.

D'autre part le langage n'est pas un objet de contemplation. Il implique action et construction et, même du côté de la compréhension, il est, en une proportion notable, effort. Ceci résulte déjà du fait que le modèle, à la différence de ce qui peut être construit à partir de la perception et de l'action est social et suppose donc la communication. Il est transmis sous forme de messages et de messages multiples, énoncés sous des formes diverses, dont les significations doivent être déchiffrées et confrontées et qui doivent être construits quand le sujet les énonce, ne serait-ce que pour lui-même.

User du langage est un ensemble complexe d'activités cognitives, de combinaisons à l'intérieur d'un code et de confrontations entre le code, les significations, les intentions. Seule une conception qui simplifie les choses en faisant du mot le décalque de l'objet (ou du concept) peut négliger cet aspect. C'est une vue très irréelle et très éloignée de ce qu'implique la pratique effective d'une langue.

On s'attendra à ce que le sujet maintenu, du fait qu'il parle, à un niveau élevé d'activité (et satisfaisant, pour une part, par le langage son besoin d'activité, comme l'indique l'observation de l'enfant) bénéficie de cette sorte de *tonus* entretenu par l'exercice lorsqu'il aborde des domaines qui ne sont pas de nature linguistique. Ainsi ne se trouve-t-il, en face d'eux, ni passif ni dominé par les apparences immédiates, mais au contraire capable de les dépasser. Certes il ne s'agit pas de dresser un tableau idyllique de l'homme qui parle. La parole est souvent limitée à de quasi-automatismes et est compatible avec beaucoup d'inertie intellectuelle (le silence entraîne sans doute une inertie encore plus grande). Mais dans le cas de l'enfant au moins soumis aux exigences de l'école et à de multiples obligations d'exercice, les conditions sont, en moyenne, favorables.

Rapprochons ce qui vient d'être dit sur l'activité induite

par la pratique du langage de la distinction de FLAVELL (FLAVELL, BEACH et CHINSKY, 1966) entre médiation et production. Il apparaît que l'aspect production sur lequel il a attiré l'attention est particulièrement important. Il correspond à l'aspect actif sur lequel nous mettons l'accent. La différence est que FLAVELL considère un passage qu'il s'agit de décrire entre deux stades, celui où l'enfant ne produit pas spontanément le médiateur et celui où il est devenu capable de le faire. Ce sur quoi nous insistons est que ce passage est lui-même déterminé par la pratique du langage qui devrait permettre, conjointement avec les effets de la maturation (qu'il n'est pas question d'écarter) de contribuer à le comprendre.

Les analyses qui précèdent ont cherché à montrer que les interventions du langage pouvaient prendre deux aspects : aspect instrumental et aspect d'exercice, l'un où il intervient comme moyen mis en œuvre à partir des possibilités développées par le sujet, l'autre impliquant une transformation plus ou moins profonde de ce dernier.

Les données recueillies ne permettent pas en général d'isoler vraiment ces deux aspects. Mais on peut montrer comment l'un et l'autre interviennent dans divers types de tâches et en particulier il est important de faire apparaître les effets d'exercice sans lesquels certains faits ne peuvent être interprétés.

C'est ce que l'on fera ci-dessous en s'attachant à diverses activités cognitives.

LE LABYRINTHE TEMPOREL ET LA DOUBLE ALTERNANCE

On va s'arrêter un moment à une tâche pourtant spéciale et confinée au laboratoire : c'est que cette tâche permet de faire apparaître un effet instrumental très net et presque pur, ce qui est extrêmement rare. Elle fournit ainsi des enseignements qu'il est important de dégager.

Quoique artificielle dans sa nature elle rentre cependant dans une catégorie plus générale, celle des tâches où le principe de l'action à découvrir par le sujet dépasse les données perceptives immédiates. C'est la raison pour laquelle le recours au langage apporte une aide. Le sujet doit en effet utiliser des informations qui se déroulent dans le temps et demandent de ce fait un moyen qui permette de les coordonner et de les unifier au-delà de chaque instant présent.

Il s'agit du labyrinthe temporel et de son dérivé, la loi de double alternance.

Le labyrinthe temporel a été décrit pour la première fois par W. S. HUNTER en 1920 et repris ensuite par GELLERMANN en 1931. Grâce aux verrouillages et déverrouillages des portes assurés par l'expérimentateur à l'insu du sujet, celui-ci une fois entré ne peut sortir qu'après avoir parcouru les couloirs en tournant d'abord deux fois à droite puis deux fois à gauche. A ce moment il retrouve sa liberté.

W. S. HUNTER avait souligné le rôle des processus symboliques dans l'apprentissage de ce labyrinthe. Il est confirmé par la difficulté d'apprentissage par les animaux, l'échec des enfants de moins de 5 ans, l'aisance avec laquelle réussissent les sujets humains et le recours, que ceux-ci reconnaissent, à la formulation verbale de la loi.

Nous avons confirmé le rôle du langage en comparant des enfants sourds et entendants dans une tâche de double alternance (OLÉRON, 1957). Cette tâche est un peu plus simple que le labyrinthe temporel, mais elle en respecte le même principe : le sujet doit apprendre qu'il n'obtient une récompense que s'il ouvre les volets mobiles dans l'ordre de la série GG DD GG DD. (Un dispositif analogue a été utilisé par GELLERMANN (1931), HUNTER et BARTLETT (1948) sur des enfants normaux). Les enfants sourds sont retardés par rapport aux enfants entendants. Ce n'est qu'à 6 ans que 9 sujets sur 10 réussissent dans les limites fixées aux essais (48 séries au maximum) alors que les enfants entendants atteignent cette réussite à 4 ans.

FURTH a repris cette expérience (PUFALL et FURTH, 1966) en y ajoutant un certain nombre de complications. Les résultats montrent une infériorité des enfants sourds à 4 et 5 ans également pour l'apprentissage de la double alternance et un retard à 5 et 6 ans pour l'ensemble des tâches, celle-ci, plus diverses tâches de transfert, sensiblement plus difficiles.

La réussite des enfants sourds dans notre recherche coïncide avec l'acquisition du nombre qui est plus tardive pour eux que pour les entendants. C'est à 6 ans que nos sujets arrivaient en effet, grâce à l'apprentissage scolaire, à cette connaissance. On ajoutera que dès 4 ans, nos sujets entendants étaient capables d'exprimer le principe de l'alternance double ce qui constitue un argument supplémentaire, quoique indirect, à la thèse de l'utilisation du symbolisme numérique pour la découverte de la loi.

L'appel au langage, sous une forme très simplifiée ici, apporte aussi une aide fondamentale à l'organisme. Les raisons de cette efficacité, dont il faut souligner la portée générale, sont les suivantes :

1) En premier lieu dans la situation considérée l' « infrastructure » perceptivo-motrice est, sinon insuffisante, du moins déficiente. Du fait de l'intervention du temps, la réponse n'est pas déterminée par les seuls indices qui sont actuellement donnés. Comme l'ont dit les auteurs qui ont commenté le labyrinthe temporel, il s'agit, pour réussir, d'intégrer ce qui est perçu, ce qui est en cours d'exécution

et ce qui a été exécuté dans le ou les moments antérieurs. Le sujet doit aller à gauche si dans le choix précédent il est déjà allé à gauche et dans les choix antérieurs à droite, ou si les deux choix antérieurs ont été à droite. Pour la perception et la mémoire les différents moments du temps se différencient mal. Par contre ils se différencient clairement si chacun est indexé à un nombre et si la règle de changement des réponses est elle-même définie en termes de nombres.

L'aide qu'apporte le langage est celui d'un procédé de *codage* et nous avons ici un exemple typique du mode de fonctionnement et de l'efficacité d'un code verbal. Celui-ci apparaît sous les formes qu'il présente dans de nombreuses situations matériellement différentes mais répondant au même principe. D'un côté il s'agit d'un code d'équivalence, chaque moment étant distingué de l'autre (« un », « deux » ou « premier », « deuxième ») et les positions étant indexées elles-mêmes (« droite », « gauche »). Mais par ailleurs ce peut être un code réductif, dans la mesure où tout l'ensemble de la situation peut-être traduit sous une forme condensée (« deux fois à droite, deux fois à gauche », par exemple). De toute façon, même si le sujet ne va pas, dans la réalité, jusqu'à l'énoncé réductif, ce qui caractérise l'usage du code, du point de vue psychologique, c'est, comme on vient de le dire, sa capacité de réduction, c'est-à-dire le pouvoir de rendre présent à un moment donné, et d'une manière quasi instantanée, ce qui est étalé et dispersé.

2) En deuxième lieu ce qui est notable c'est qu'un « discours » très simple suffit pour maîtriser la situation. Il n'est pas besoin de beaucoup de langage pour que le langage soit efficace. Ici ce sont les nombres « un » et « deux » qui sont essentiels. Il n'est pas nécessaire que le sujet soit doté de capacités linguistiques complexes pour l'utiliser efficacement. La richesse du vocabulaire, la connaissance de la syntaxe

sont inutiles. Le mot intervient comme une étiquette qui dénomme l'aspect significatif de la situation et cette intervention est suffisante pour assurer la supériorité à l'organisme qui en dispose.

Le mot étiquette, le langage réduit à un ou deux mots ayant cette fonction sont efficaces dans le cas présent (et dans tous les cas analogues), parce que l'organisme peut en compléter l'usage par des représentations, des images ou des esquisses d'action. Dans la double alternance, par exemple, qui est à cet égard plus facile que le labyrinthe temporel, l'orientation vers la droite ou la gauche peut consister en une disposition du corps tourné vers l'un ou l'autre des côtés. Le symbole verbal est réduit à une règle de dénombrement; l'alternance peut être d'ordre purement agi, le mot « deux » servant de signal pour déclencher le changement de côté.

La différence avec les situations où les psychologues ont essayé d'appliquer la théorie de l'étiquette verbale (cf. chap. 2) tient aux raisons qui ont été indiquées en 1) ci-dessus. Il est dommage que ces psychologues aient choisi les situations où les informations d'origine perceptive sont suffisantes pour déterminer la réponse, si bien que l'intervention des éléments symboliques ne peut être le plus souvent introduite que dans le cadre d'un conflit en partie artificiel.

3) En troisième lieu il faut relever que l'intervention du langage n'est pas indépendante des conditions favorables qui viennent de la situation elle-même. Comme nous l'avons dit, pour que le langage intervienne il ne suffit pas qu'il soit utile, s'il intervient; il faut encore qu'il soit appelé par la situation telle qu'elle est perçue et agie. L'échec de l'action entreprise sur les bases des données de nature perceptive est un facteur à considérer. Il met le sujet dans une situation de problème qui induit à aller au-delà du donné. Mais cela

ne vaut pas pour tout sujet et pour tout niveau de développement et, comme l'a montré la discussion des théories de VYGOTSKI (chap. 2), toute généralisation est contestable. Ce qui est important est l'induction directe de la production verbale par la situation même. C'est rarement le cas, sauf quand des automatismes ont été montés soit naturellement soit artificiellement (cf. ci-dessous pour la résolution des problèmes). Dans le cas présent, nous sommes en face d'une activité symbolique de numération. Or la numération se déroule dans le temps, les nombres étant prononcés en une série successive : 1, 2, 3, etc. La situation de double alternance est justement une succession d'actions : un geste est fait une fois, deux fois. Que la numération s'insère dans l'action à laquelle elle est très exactement et sans métaphore, isomorphe, voilà qui est compréhensible.

Cette observation comporte, remarquons-le, une double implication.

La première conduit à souligner à nouveau le caractère spécial du labyrinthe temporel ou de la double alternance et à exclure par conséquent toute généralisation à des situations fondamentalement différentes et par conséquent à l'affirmation sans nuance au rôle du langage dans le développement.

La seconde, plus fondamentale, amène à remarquer que l'efficacité du langage est finalement la conséquence d'un entraînement spécifique (la numération) qui a son origine dans la famille et l'école, c'est-à-dire d'un apprentissage imposé à l'individu. Elle ne découle pas du seul développement de l'organisme, mais elle révèle, même à ce niveau, l'apport d'habitudes acquises et d'interventions de la culture. Interventions qui se marquent par un savoir précis communiqué à l'individu, mais aussi par une disposition à mobiliser ce savoir dans un contexte favorable. On voit aussi poindre, même dans cet exemple privilégié d'action instrumentale, les facteurs plus généraux concernant la transformation de l'individu.

CATÉGORISATION ET GÉNÉRALISATION

On a insisté dans la première partie de ce chapitre sur le fait que la perception et l'action fournissaient des bases pour la catégorisation et la généralisation. Ces bases sont une certaine similitude dans l'apparence perceptive et dans les actions qu'appellent les objets. On a souligné que ces similitudes dépassaient une simple proximité des configurations et traduisaient une certaine liberté de l'organisme, chez l'homme, à leur égard. Mais il est clair que cette liberté reste limitée. On comprend que, pour s'accroître, elle ait besoin que le sujet dépasse le plan de ces similitudes encore relativement immédiates. Le langage, qui transmet les élaborations et les tentatives d'organisation moins limitées à l'expérience individuelle, aide à ce dépassement. Son intervention peut donc étendre les marges de généralisation et introduire dans le jeu des similitudes et différences admises des systèmes relativement nouveaux. La perception et l'action se trouvent ainsi dépassées. Mais elles sont ainsi éclairées parce que le sujet se guidera sur les indications fournies par le langage qui l'aidera à appréhender les choses autrement et à y trouver les similitudes que les mots permettent de désigner.

Notons bien que l'assimilation peut se révéler par des effets aberrants. WHORF a cité l'exemple, devenu classique, de l'interprétation du mot « vide ». Un réservoir d'essence est dit vide quand il ne contient plus de liquide. Mais le mot vide évoque l'absence complète de tout contenu. Un mécanicien abusé par cette extension approche une lampe à souder d'un réservoir qui ne contient plus d'essence. Celui-ci explose parce que vide d'essence il contient encore des vapeurs. HYMES (1969) a rapporté de même les propos d'une personne abusée par l'identité du mot appliqué à des processus physiquement fort différents : « Approche la radio du radiateur, elle chauffera plus vite ».

Montrons l'intervention du langage à partir d'expériences qui ont comparé enfants sourds et entendants.

1) Dans les premières (OLÉRON, 1957) il s'agissait de situations homologues à celles qu'on a décrites ci-dessus concernant la taille; mais elle portent cette fois sur la vitesse. Les enfants avaient à apprendre à choisir entre deux disques en rotation dont l'un tournait moins vite que l'autre et dont le choix était récompensé. L'apprentissage terminé les enfants étaient placés en face de lumières clignotantes à des cadences inégalement rapides puis, dans une dernière partie, devant des camions jouets se déplacant sur une pente à des vitesses inégales. Le test de la généralisation de la notion de vitesse consistait dans le choix du clignotant et du camion les plus lents.

Il est apparu, à la différence de ce qui se passait par la taille et le poids que les enfants sourds étaient nettement retardés par rapport aux entendants, n'atteignant pas à 11-12 ans, dans la première généralisation, le niveau de réussite et entendants de 8 ans.

2) Dans la seconde (OLÉRON et al. 1966), le point de vue était différent. Il s'agissait de déterminer comment des enfants (5, 6 et 7 ans) placés en face d'un mot inconnu d'eux auquel était associé un stimulus allaient se montrer capables d'étendre l'usage de ce mot à des stimuli appartenant à la même catégorie et dénommables, selon l'usage linguistique, par ce terme. Par exemple, un des mots était « siège » et les

stimuli (figurés à l'aide de dessins) représentaient : un fauteuil, un tabouret, un divan, un banc, une chaise de bébé, etc. Pour rendre la situation comparable les mots français avaient été remplacés pour les enfants entendants par des mots anglais inconnus d'eux. Neuf mots différents, appartenant à trois catégories grammaticales (substantifs, verbes, adjectifs) avaient été utilisés. L'expérience comportait trois parties. Dans la première on observait les réponses de l'enfant, après démonstration de la correspondance du mot et du premier stimulus, sans correction. Dans la seconde les erreurs étaient corrigées et dans la troisième, à nouveau sans corrections, on observait l'effet que les corrections précédentes avaient pu avoir sur les réponses.

Les erreurs commises par les enfants sourds ont été plus nombreuses dans les trois parties que celles des entendants. Les écarts entre sourds et entendants augmentaient avec l'âge. La majorité des erreurs commises étaient des « nongénéralisations », c'est-à-dire que les stimuli qui appartenaient en fait à la catégorie à laquelle s'appliquait le mot étaient rejetés par les sujets.

Ces deux expériences ont une signification commune : la difficulté des enfants sourds à constituer les catégories définies par l'usage culturel et le sens des mots et la tendance à saisir ces catégories d'une manière plus restrictive, moins générale.

La moindre réussite dans la généralisation des réponses à la relation de vitesse indique que les expériences perceptives correspondant aux divers aspects où se manifestent des différences de vitesse restent plus différenciées selon que les mobiles sont des disques en rotation, des lumières qui clignotent et des mobiles qui se déplacent sur un parcours linéaire. Le plus grand nombre d'erreurs dans la seconde expérience indique semblablement qu'une partie des éléments d'une catégorie sont appréhendés comme étrangers, distincts des autres. Les similitudes qui permettent de leur appliquer le même nom sont mal saisies et l'entraînement ne permet pas de les découvrir toutes.

Nous admettons que ces difficultés sont liées à une moindre connaissance et une moindre pratique du langage. Comment se représenter la manière dont celles-ci interviennent?

Les similitudes, dans les exemples considérés, ne résultent pas de l'expérience perceptive ou de l'action seulement. Elles sont largement d'ordre culturel. C'est l'usage qui a décidé que dans une culture donnée, un même terme pouvait être appliqué aux différentes apparences de la vitesse, qu'il s'agisse, pour les mobiles, de personnes, d'animaux, d'objets ou de déplacements linéaires, rotatifs, de rythmes... On peut bien concevoir que des langues désignent par d'autres termes la vitesse selon qu'elle concerne des catégories différentes de mobiles. Il est fort possible que des différenciations de ce genre se trouvent dans des langues existantes et un WHORF pourrait les découvrir et les commenter. Mais en français, en anglais, en allemand, etc. un même terme est appliqué et on peut considérer que ceci détermine par un modelage culturel les réponses des enfants. Il en est de même pour quantité d'autres mots. Dans quantité de cas une hésitation est possible et des désaccords peuvent apparaître entre adultes possédant parfaitement leur langue. Pour prendre un exemple, classera-t-on sans hésitations un ballon libre dans la catégorie des véhicules? Pour certains, le mot évoque un parcours défini d'un point à un autre ce que le ballon libre ne permet pas. Et un parachute? Et des patins à roulettes? Et un téléski? Il reste que dans l'ensemble les limites du concept et les limites corrélatives d'usage des mots sont fixées dans leurs grandes lignes et font partie de ce que la culture transmet à l'enfant.

C'est sur la base de cette liberté relative par rapport aux indications que fournit la perception qu'on concevra l'action du langage.

On pensera d'abord à l'effet instrumental. Les divers stimuli appartenant à une catégorie commune sont dénommés par le même mot. Que celui-ci soit évoqué et une réponse commune leur sera donnée. Le schéma de la médiation verbale (cf. chap. 2) paraît pouvoir s'appliquer parfaitement ici. On peut donner des arguments tirés des connaissances verbales des sujets : les enfants entendants les plus jeunes connaissent les termes relatifs à la vitesse, les sourds l'acquièrent beaucoup plus tard. Quand on demande à des enfants sourds de produire les gestes correspondant aux termes « vite », et « lentement », ce qui a été fait dans une expérience complémentaire (OLÉRON, 1957), on s'aperçoit que les réussites deviennent très supérieures à celles des sujets laissés à eux-mêmes (il s'agit d'enfants de 9 à 12 ans). On peut rendre compte des résultats d'ensemble, y compris le manque de liaison entre les réussites des enfants et leur capacité à énoncer les termes appropriés en invoquant, comme ailleurs, à la fois l'ignorance des mots et la difficulté à les produire pour les insérer dans le contexte de la situation.

Il est cependant nécessaire d'introduire immédiatement au moins une nuance et une restriction par rapport à un schéma trop rigide. En effet dans un certain nombre de cas le terme adéquat désignant la catégorie n'est pas connu des enfants. Il s'agit de termes trop abstraits qu'utilisent les adultes cultivés, ou, en particulier, le psychologue qui conçoit et présente son expérience. Si l'on explore les réponses verbales des enfants entendants dans la seconde expérience citée, on s'aperçoit qu'ils ne peuvent pas les évoquer (OLÉRON, et al. 1966). Mais on peut trouver des substituts qui admettent une certaine variété de l'expression linguistique en conservant la signification fondamentale. Par exemple pour « siège » des enfants utilisent des expressions telles que : « pour s'asseoir », « des choses qui servent à s'asseoir ». Pour « véhicule » : « transport », « moyen de transport », « on peut se promener dedans », « pour transporter des gens ». De telles expressions peuvent avoir un rôle instrumental au même titre que le mot exact.

En allant plus loin on est amené à noter que le modelage des attitudes chez les sujets dépasse les connexions simples de type médiateur. L'emploi d'une langue introduit un tissu complexe de rapports entre les mots et les « signifiés » et entre les mots eux-mêmes. Ces rapports contribuent autant, et très probablement plus, que de simples étiquettes à ce modelage. Par exemple la langue comporte des groupements paradigmatiques. Il s'agit de termes qui peuvent se substituer les uns aux autres dans une même phrase ou un même syntagme. Ces groupements paradigmatiques préparent l'appréhension d'une catégorie commune à laquelle appartiennent les « signifiés » correspondants. Les expressions comme « aller en... », « voyager en... » sont complétables par des termes comme « bateau », « avion », « train », « voiture », etc. « Mettre dans... », « verser dans... », peuvent être complétés par « panier », « sac », « bouteille », « réservoir », etc. Par là la similitude entre les termes substituables est mise en évidence, même si à aucun moment le terme désignant la catégorie (ou un substitut) n'est prononcé par ou devant le sujet.

Ces nuances et correctifs élargissent une conception étroite du rôle instrumental du langage. Il reste que le domaine considéré ici ne conduit pas à mettre l'accent sur des effets indirects. Ceux-ci ne sont certainement pas nuls. Ainsi dans une des expériences mentionnées (OLÉRON, et al. 1966) on a vu les enfants sourds moins progresser que les entendants de la première à la seconde présentation. Le progrès ici n'est pas dû à des interventions explicites de l'expérimentateur, qui n'intervient qu'en cas d'erreurs, mais essentiellement au fait que les sujets ont dû remanier leurs hypothèses initiales en tenant compte de l'ensemble des stimuli d'une série. Cette possibilité de remaniement dépasse largement ce qui peut être observé dans une épreuve-test relativement artificielle. Toute utilisation de l'expérience en vue d'induire une connaissance nouvelle implique de tels remaniements, liés à la confrontation des aspects successifs de la réalité (à la lumière de connaissances antérieures, qui elles-mêmes peuvent se trouver enrichies ou modifiées). Ceci implique, à côté de connaissances antérieures — dont la pauvreté constitue en soi un handicap — des capacités d'initiative et de recherche active qui paraissent liées à l'habitude d'user du langage; on y insistera plus loin.

LES ACTIVITÉS MNÉMONIQUES

L'originalité de la mémoire

La perception fournit une base aux activités mnémoniques : enregistrement, reconnaissance et, en une certaine mesure, rappel. Mais ces activités dépassent évidemment la perception, qui ne saisit que l'instantané ou tout au moins une étendue temporelle (« présent psychologique ») des plus étroites. On comprend que le langage puisse être invoqué ici pour fournir, comme dans les autres cas, un support qui ne peut lui être attribué.

On peut aller très loin dans cet appel au langage. Chez l'homme la mémoire est pénétrée de discours comme elle est tributaire de cadres sociaux (HALBWACHS, 1925) eux-mêmes étroitement intégrés à des systèmes de symboles dont une partie au moins est de nature verbale.

P. JANET (1928) a décrit sous le nom de conduite du récit ce qui serait la première forme de la mémoire, au moins de la mémoire socialisée. Le guetteur qui a observé un mouvement de l'ennemi vient faire un rapport à son chef en se répétant tout au long du chemin le récit de ce qu'il a vu et qu'il va transmettre tel quel. WATSON, comme les psychologues soviétiques, a insisté sur l'intervention du verbal dans la mémoire (cf. chap. 2). De fait, « se souvenir » est bien souvent parler de ce dont on se souvient, parler à autrui ou simplement à soi-même.

Cette tendance s'est tellement développée de nos jours et élargie par l'utilisation des notions de codage, indexation, etc. qu'il devient nécessaire de souligner le caractère original, primitif de la mémoire. Que certains de ses aspects dépendent du langage ou d'interventions symboliques n'indique pas qu'elle puisse s'y réduire, pas plus qu'on ne conclura qu'elle se réduit à l'intelligence parce qu'on peut montrer sa dépendance par rapport aux niveaux et aux activités intellectuelles (cf. PIAGET et INHELDER, 1968).

La mémorisation est un fait primaire qui repose sur des propriétés fondamentales de la matière vivante et du système nerveux. C'est pourquoi on en trouve des manifestations chez les formes animales les plus inférieures. Il est établi que l'enfant peut reconnaître des personnes ou des objets, réagir aux changements intéressant les personnes et les objets familiers ou à leur absence bien avant d'avoir appris à parler. Il est difficile d'évoquer des souvenirs très lointains de l'enfance et il conviendrait de penser, conformément à la thèse de WATSON que seuls peuvent se fier les souvenirs qui ont été traduits ou au moins accompagnés d'un commentaire verbal. Certains témoignages que des sourds de naissance apportent sur leur enfance vont dans ce sens. Par exemple, Molly SIFTON (in EWING et EWING, 1947) attribue la pauvreté de ses souvenirs sur sa première année d'école à l'absence de mots permettant de les exprimer. Mais d'autres semblent aller en sens inverse. Ainsi pour les deux sourds dont JAMES (1891, 1892) a reproduit les autobiographies. Ils ont donné des détails sur certains faits de leur enfance, les conceptions qu'ils s'étaient formées du monde physique et de son origine. Ces faits et ces conceptions sont antérieurs à leur entrée à l'école et ne s'appuient même pas sur un symbolisme gestuel quelque peu élaboré.

Les auteurs qui ont étudié la réaction différée la présentent souvent comme un domaine des activités symboliques. Mais il s'agit d'un usage imprécis de ce dernier terme : on veut seulement montrer l'intervention d'une représentation, d'une image ou de quelque équivalent sur le plan nerveux. Ceci ne signifie pas la substitution au donné d'un représentant qui en serait la traduction selon un code d'équivalence — ce qu'implique au sens strict la notion de symbole.

Toute personne qui a vécu des événements frappants ou émouvants n'a pas eu le temps, ni la liberté d'esprit pour les coder verbalement. Pourtant elle en garde une trace qui survit aux années et dont les résonances émotionnelles ne dépendent pas du langage qui les décrit, ou même éventuellement, pour une part, il faut l'admettre, les reconstruit pour l'auditeur.

Il est impossible de soutenir que toute conservation du souvenir ne se fait que sous forme codée (à moins d'élargir la notion de codage) au point de lui faire perdre toute signification précise). Quand le codage intervient c'est sur une base d'enregistrement brut. Des expériences suggèrent qu'il y a lieu de tenir compte des rapports entre le codage et les propriétés de conservation et d'effacement de la trace. Par exemple, un codage lent a des effets moins favorables qu'un codage rapide parce qu'il laisse la trace relativement fragile, enregistrée lors de la perception, s'effacer avant d'être complètement codée (HABER, 1964).

Les interventions du langage

L'originalité de la mémoire étant rappelée, l'aide que peut lui apporter le langage ne saurait pour autant être niée. De nombreuses recherches expérimentales, effectuées sur les adultes, ont fait apparaître son intervention dans la mémorisation, le rappel, la reconnaissance. Divers résumés en ont été donnés. Citons, par exemple, ceux de CARROLL (1964), de HYMES (1969). L'expérience ancienne de CARMICHAEL et coll. (1932) est souvent citée car elle est typique. Des figures ambiguës sont présentées accompagnées d'un nom d'un des objets qu'elles peuvent représenter schématiquement. La reproduction sous forme de dessins effectués par le sujet est souvent influencée par le nom. De même pour l'expérience de KURTZ et HOVLAND (1953) : Des enfants qui ont dénommé des objets manifestent un meilleur rappel que ceux qui les ont simplement observés.

Des expériences de reconnaissance de couleurs vont dans le même sens. Lorsqu'on a présenté à des sujets des stimuli qui correspondent à des couleurs exactement dénotées par des mots tels que « vert », ils les reconnaissent sans erreurs systématiques lorsqu'on les leur fait retrouver parmi une gamme de teintes voisines. Par contre s'il s'agit de couleurs intermédiaires, jaune-vert ou bleu-vert par exemple, il se produit des erreurs systématiques; les sujets tendent à proposer des couleurs qui sont plus proches de celles qui correspondent à ce qui est usuellement désigné par « vert » (THOMAS et MITCHELL, 1962). De même lorsqu'une couleur intermédiaire est proposée (bleu-vert) les sujets ont leurs réponses biaisées dans le sens de la couleur pure dont ils appliquent le nom pour la désigner. Ceux qui la dénomment « vert » tendent à choisir des échantillons qui sont davantage du côté vert. Inversement pour ceux qui la dénomment « bleu » (THOMAS et BISTLEY, 1964).

D'une façon générale de nombreux auteurs qui ont étudié la perception et la mémoire au cours des récentes années ont utilisé la notion de codage. Plusieurs ont considéré le codage verbal. GLANZER et CLARK ont proposé ce qu'ils ont appelé l'hypothèse de la boucle verbale *(verbal loop hypothesis)*. Elle conduit à décrire l'activité du sujet dans une tâche perceptive de la manière suivante : « 1) il traduit l'information reçue en une série de mots; 2) il conserve l'énoncé verbal et donne sa réponse finale, par exemple la reproduction, sur la base de celui-ci » (1963, p. 301).

HABER a effectué diverses expériences pour montrer que les effets attribués à l'attention sélective dans la perception pouvaient l'être à la manière dont les sujets codent verbalement les stimuli avant de les décrire (par exemple HABER, 1964).

Des expériences effectuées sur les enfants ont montré l'effet de l'expression verbale au cours de la mémorisation. Ainsi COATES et HARTUP (1969) ont étudié la reproduction, par des enfants de 4 et 7 ans, d'activités présentées dans un film. Lorsque les sujets sont obligés de décrire ce qu'ils voient la réussite est meilleure dans le groupe de 4 ans. Il n'en est pas de même dans le groupe de 7 ans où l'énoncé verbal est sans effet significatif, mais les performances sont nettement supérieures, dans les conditions d'observation simple, à celle du groupe des enfants plus jeunes. FLAVELL, BEACH et CHINSKY (1966) ont constaté que des enfants de 7 ans dans une tâche de mémorisation manifestaient plus d'activités verbales spontanées que des enfants de 4 ans.

CONRAD (1971) a comparé le rappel d'images d'objets dont les noms prêtent à confusion phonétique, parce que très semblables dans les prononciations, à celui d'objets dont les noms sont phonétiquement distincts. La difficulté de différenciation diminue la performance pour les objets du premier groupe, mais seulement après 5 ans. (L'expérimentateur intervient pour dénommer à haute voix les images, ce qui diminue la valeur démonstrative des résultats). On a mentionné (chap. 1) les données de LOCKE et FEHR (1970) qui par la méthode électromyographique ont relevé des activités de dénomination spontanée dès 4;6 - 5 ans.

Ceci suggère qu'avec l'âge l'activité verbale s'intègre davantage dans les activités mnémoniques. L'âge à partir duquel cette intervention apparaît dépend probablement du matériel, ce qui explique les divergences entre les résultats cités. Quand l'activité verbale n'est pas spontanément produite, elle peut être induite par une consigne. Elle se révèle alors efficace, anticipant en quelque sorte sur l'évolution naturelle.

Ces résultats sont à rapprocher de ce que font apparaître des recherches qui impliquent l'usage d'étiquettes verbales, où la mémorisation sans être l'objet direct de l'étude, intervient cependant comme moyen (par exemple, les travaux auxquels on s'est référé dans le chap. 2). Ils suggèrent que le développement de la mémoire, dans les formes qu'étudient les expériences de laboratoires, c'est-à-dire celles d'une fixation intentionnelle, est tributaire du développement des capacités d'utiliser le langage à l'intérieur même de tâches dont l'objet, matériellement, n'est pas lui-même verbal. Mais ces expériences et d'autres qui conduisent à des résultats moins positifs indiquent que l'intervention du langage ne se fait pas d'une manière simple. En particulier la supériorité d'un code verbal pour la mémorisation n'est pas indiscutablement établie. Ainsi FRAISSE (1970) a montré que des enfants de 8 ans mémorisent mieux des dessins que les mots qui les décrivent et qu'ils mémorisent mieux, quand ils dénomment les dessins, que lorsque ceux-ci sont complexes (cf. aussi BAHRICK et BOUCHER, 1968, COHEN et GRANSTRÖM, 1968, DAVIES, 1969).

La comparaison des enfants sourds et entendants n'apporte pas ici d'informations bien précises. Les recherches rapportées par divers auteurs ne donnent pas des résultats toujours cohérents ou indiscutables. MYKLEBUST (1960) a proposé une systématisation des résultats de diverses recherches. Il considère que celles-ci permettent d'affirmer la supériorité des sourds dans certaines épreuves comme la reproduction de dessins, la reproduction de patterns de mouvements (comme dans les cubes de KNOX) et leur infériorité dans d'autres, celles qui touchent par exemple le champ de la mémoire immédiate.

La supériorité et l'égalité des sourds dans certaines tâches suggèrent une relative indépendance des activités qu'elles mettent en jeu par rapport au langage. Elles empêchent de généraliser les conclusions qu'on peut tirer des travaux cités ci-dessus. Elles tendraient à faire considérer que l'aide apportée par le langage à des enfants de moins de sept ans peut compenser des infériorités plutôt qu'indiquer l'orientation du développement normal. Mais il faut tenir compte, plus encore que des résultats recueillis actuellement ne le permettent, de la spécificité des tâches. Entre la reproduction d'un dessin par exemple ou de tout objet ou configurations statiques et celle d'une scène ou succession des événements qui occupent une durée notable et impliquent l'articulation de significations successives, on peut concevoir que l'assimilation ne soit pas possible sans contrôle.

Par ailleurs la supériorité des sourds pose évidemment un

problème, lorsqu'elle est observée. On ne peut la comprendre qu'en invoquant sinon des mécanismes de compensation, tout au moins une orientation préférentielle et un intérêt particulier qui portent sur les objets perçus et leurs détails. Orientation et intérêts qui caractérisent bien en effet l'enfant sourd et rendent compte des difficultés qui interviennent lorsqu'il s'agit de subordonner le perçu à des cadres ou des interprétations qu'il ne suggère pas à lui seul.

Mais nous sommes en face d'une comparaison. Il peut très bien s'agir d'une infériorité des enfants entendants liée à un développement qui les rend plus indifférents avec l'âge aux détails concrets et contingents au profit de schématisations significatives. LINDNER dans un très ancien travail (1912) où il avait comparé la reproduction de mémoire d'un objet en principe familier (un tramway) par des sourds et des entendants remarquait que l'infériorité des entendants était en rapport avec le développement d'un tel mode de pensée et de l'usage du langage qui entraîne un appauvrissement des représentations concrètes. Aussi la richesse des images concrètes serait la rançon d'un moindre développement des systèmes symboliques. Ceux-ci, en dernier ressort, n'apporteraient pas sur tous les points une supériorité à celui qui peut en disposer.

Ces observations amènent à penser que l'intervention du langage joue bien un rôle dans le développement des capacités mnémoniques et modifie en quelque sorte celles-ci, mais que ce rôle n'est pas simple et qu'il ne se traduit pas en tout et partout par une amélioration de ces capacités.

Les modes d'intervention du langage

Les données présentées ci-dessus renvoient à une intervention instrumentale du langage. C'est une telle intervention qui est en jeu en effet quand le sujet décrit ce qu'il voit, soit spontanément, soit à la demande de l'expérimentateur et substitue ou ajoute aux données perçues un élément de discours qu'il fixe et rappelle ultérieurement. Les expériences citées sur la mémorisation de figures ou de couleurs sont à interpréter dans ce sens. Dans ce dernier cas, par exemple, décrire ce qui se passe, on dira que le mot désignant (plus ou moins exactement) la couleur est fixé. Lors de l'évocation ou de la reconnaissance c'est lui qui est évoqué, ce qui entraîne le choix des teintes qui lui sont associées d'une manière plus fréquente. D'une façon générale, les notions de code et de codage renvoient à une action instrumentale (cf. les remarques présentées à propos de la double alternance).

Cependant les choses ne sont pas si simples. Il est important de noter, pour ne pas s'égarer dans l'abondante littérature consacrée de nos jours à la mémoire, que certains usages de la notion de codage débordent cet aspect instrumental précis et bien délimité. Par exemple elle est employée pour analyser la mémorisation de matériel verbal. Sous l'influence des idées de CHOMSKY, divers auteurs (depuis MILLER, 1962, MEHLER, 1963) ont cherché à montrer que la mémorisation de phrases de type passif ou négatif se ferait grâce à un codage qui la transformerait en une phrase active, affirmative (assimilée, d'une manière d'ailleurs infidèle, à la phrase noyau de CHOMSKY). Ce serait cette phrase qui serait mémorisée en même temps que l'indication de transformation. Or si l'on accepte cette interprétation, qui a en sa faveur un certain nombre de données expérimentales, on est obligé de donner à la notion de codage un sens différent de celui qui a été accepté ci-dessus. En effet rien n'indique qu'un tel codage est explicite et effectivement exécuté par le sujet. Il s'agit dans cette théorie d'un modèle interprétatif renvoyant à des mécanismes hypothétiques suggérés par une théorie linguistique, mais non à des opérations dont on puisse établir qu'elles sont effectivement mises en œuvre par le sujet. Aucune observation ne va en effet dans ce sens et, en se référant à ce qui peut se passer lorsque le sujet apprend et se remémore, on rencontre des difficultés à admettre la double rétention (celle de la phrase « noyau » et celle de l'indicateur de transformation — qui peut lui-même être complexe, par exemple dans une phrase passive-négative).

La notion de codage apparaît voisine de celle d'indexation qui est utilisée par certains chercheurs. Parler d'indexation revient à dire que ce qui est enregistré n'est pas la forme brute du donné mais un certain nombre de traits, *indices ou index* qui en sont tirés et à partir desquels la reconstitution sera opérée. Cette représentation est inspirée des procédures de documentation automatique où les textes sont indexés selon les rubriques caractéristiques (principes de classification) et retrouvés à partir de leur combinaison.

Il est clair qu'il s'agit également d'un modèle interprétatif, également inspiré par une analogie, qui peut être fructueuse pour orienter les recherches, mais qui ne correspond pas dans le cas le plus général à des interventions instrumentales effectives et spécifiquement verbales. On peut dire, comme on l'a fait pour la perception, que mémoriser est catégoriser ou comme ici indexer. Ceci ne signifie pas que le langage soit directement en cause.

Les illusions engendrées par l'extension du mot codage et des mots voisins étant écartées, ne reste-t-il rien des analyses correspondantes pour le problème posé? Au contraire il faut noter que le propre des études citées est de souligner le caractère actif des processus de mémorisation et le fait qu'il est difficile de les considérer comme des enregistrements effectués par un sujet passif. Certes, dans certains aspects essentiels, les activités considérées se situent au niveau d'automatismes — d'ailleurs hypothétiques. Cependant, dans d'autres, le sujet est plus directement impliqué dans la manière dont il aborde ce qui lui est présenté, la richesse et la mobilité des cadres à l'aide desquels il l'aborde et l'assimile. Les possibilités de codage ou d'indexation ne sont pas indépendantes de clefs ou de catégories acquises ou exercées par l'usage ni d'un niveau général de développement (cf. sur ce point PIAGET et INHELDER, 1968).

Il est difficile de dire que l'usage habituel du langage a des effets ici, surtout lorsqu'il s'agit de mémoriser du matériel non verbal. Cependant on peut s'arrêter un instant aux résultats d'une expérience rapportée par FURTH (1961b). Il s'agit d'une comparaison de sourds et d'entendants dans une épreuve extrêmement simple d'association couleurs-objets. Des cartes de couleur doivent être associées à des figurines représentant des animaux : le rouge et le bleu à un chat; l'orange et le jaune à une souris. Sourds et entendants ne se différencient pas entre 7 et 10 ans mais l'écart se creuse pour 11 et 12 ans : la progression est rapide à partir de 10 ans chez les seconds alors qu'elle est à peine esquissée à la fin chez les premiers. Il est difficile de faire appel à des différences qui concerneraient seulement le codage. FURTH invoque des facteurs d'ordre général comme les habitudes d'apprentissage, le développement de la réflexion. Nous souscrivons volontiers à cette vue, en voyant dans cette faiblesse des enfants sourds la conséquence plus ou moins éloignée d'une moindre activité déployée dans l'usage du langage, lequel implique apprentissage et réflexion.

D'une façon générale et ceci est valable pour l'ensemble des aspects qui ont été passés en revue ci-dessus, l'intervention du langage n'est pas décrite exactement si l'on envisage seulement l'aspect formel d'un codage. Ce n'est pas la traduction d'un système dans un autre qui est seule importante; c'est le fait que *le système dans lequel le codage se fait possède des caractéristiques supérieures à celles du système original.* Renvoyons à ce propos à une expérience de BELLUGI et SIPLE (1971). Des sourds et des entendants (adultes) sont soumis à une tâche de mémorisation où ils doivent fixer et reproduire une suite d'items. Pour les entendants, il s'agit d'une liste de mots, présentés auditivement, pour les sourds des gestes conventionnels correspondent à ces mots. La performance des sourds est inférieure à celle des entendants, bien qu'on puisse considérer que, pour les sujets choisis, les gestes soient aussi familiers que les mots pour les entendants. On peut interpréter ceci, au moins pour une large part, en soulignant le caractère figuratif, discontinu des gestes. Le système verbal comparé à ce qu'offre la perception, et à un langage qui lui reste étroitement attaché peut être considéré comme plus cohérent, plus étroit et également plus maniable et plus disponible.

En soi les mots ne sont pas plus facilement mémorisés que les objets (on a pu montrer le contraire). Mais ils sont constamment employés et unis entre eux par une infinité de liens (sémantiques, grammaticaux ou associatifs). Ainsi peuvent-ils former des réseaux particulièrement bien organisés dans lesquels les expériences vécues et les données perçues s'insèrent et se fixent et grâce auxquelles elles peuvent être évoquées. Mais ces qualités n'existent que parce qu'elles correspondent à des activités et des habitudes du sujet. Elles ne sont, à la limite, que celles de ces activités et habitudes. Les ressources apportées par le langage ne peuvent être séparées de celles du sujet entraîné à son usage.

LA MANIPULATION DE L'ABSTRAIT

Les notions d'abstrait et d'abstraction, qui font partie de la langue courante et du vocabulaire des philosophes, n'ont pas une signification claire et univoque. La meilleure manière de les traiter est de se référer à des activités d'une part et à un niveau de fonctionnement de l'autre (cf. OLÉRON, 1972a).

En tant qu'activité l'abstraction est constituée par le fait que le sujet considère isolément une partie des caractéristiques d'un objet complexe. Cet isolement n'est pas effectif (c'est en quoi l'abstraction se distingue de la décomposition physique ou de l'analyse) : « abstraire est considérer à part ce qui ne peut être donné à part » (LAPORTE). Ainsi la couleur d'un objet ne peut être séparée de sa forme, mais elle peut en être abstraite.

En tant que niveau, l'abstraction renvoie au fait que cette mise à part implique une attitude du sujet qu'on peut opposer à une autre attitude, plus naturelle en un sens, en tout cas plus primitive. Bien que la perception soit déjà sélective, un mode naturel de réponse aux objets est de les saisir dans leur totalité (une balle ronde et rouge, etc.). L'attitude abstraite consiste au contraire à s'attacher seulement à telle ou telle caractéristique (couleur ou forme par exemple).

Il est admis que le langage est étroitement lié à l'abstraction ou à la manipulation de l'abstrait. En effet le propre du concret est de pouvoir être rapporté par des chemins assez directs à la perception (on peut voir une balle ronde et rouge). Les concepts les plus abstraits ne le peuvent plus et ils ont besoin des mots pour recevoir un support qui permette de les appréhender et de les combiner. Ils ne reçoivent même ce support que des mots et ils font partie d'un système (ou d'un modèle) qui ne comporte que de loin en loin des références au perçu (tels les concepts de la phi-philosophie, du droit, de la religion...).

Ainsi comprend-on que de nombreux auteurs aient pu affirmer, pour la défense du langage, que sans lui il n'y avait pas de pensée (au sens de « pensée abstraite »). Tel ROMANES (1891) qui s'était référé aux sourds de naissance pour illustrer et justifier sa conception.

En fonction de ces remarques on devrait s'attendre à voir le langage jouer un rôle particulièrement privilégié dans le développement des capacités à abstraire et à utiliser l'abstrait. Examinons ce qu'il en est.

Rappelons d'abord, sans y insister mais en renvoyant à la première partie de ce chapitre, que pas plus que pour d'autres activités ou d'autres attitudes on n'assiste ici à une création *ex nihilo*. L'abstraction a ses racines dans la perception dans la mesure où celle-ci est dès le début sélective. On peut même dire que plus l'organisme est engagé dans l'action, plus il tend à adopter une attitude sélective, ne retenant que ce qui sert d'indice en fonction de ses besoins ou intérêts actuels. Il faut un certain recul pour saisir l'ensemble du tableau offert. L'homme affamé apprécie moins le décor de la table que celui qui a déjà apaisé sa faim...

Divers psychologues ont distingué concept et préconcept, voire, comme WALLON, catégoriel et précatégoriel. Sans épiloguer sur les critères de ces différenciations ou leur bien-fondé, retenons seulement qu'ils impliquent l'idée d'une certaine continuité. RIBOT (1897) avait introduit une section sur les « formes moyennes » de l'abstraction entre les formes « inférieures » et « supérieures ». Tout le monde n'est-il pas disposé à admettre que les mots, par exemple peuvent être situés sur une échelle allant du concret à l'abstrait ? Les sujets auxquels on demande une telle estimation n'éprouvent aucune difficulté à la faire et donnent des résultats très cohérents.

Parler d'attitude, comme l'a fait GOLDSTEIN, implique, il est vrai, une opposition en principe radicale : ou bien on considère les choses selon une attitude ou selon une autre. Mais l'attitude concrète de GOLDSTEIN est essentiellement la caractéristique de sujets pathologiques qui ne peuvent s'élever au-dessus. Pour les sujets normaux, l'adhésion à une attitude unique est loin d'être observée. Lors d'une tâche le sujet peut osciller de l'une à l'autre comme le révèle son comportement.

La comparaison des enfants sourds et entendants permet de préciser la réalité de l'intervention du langage et ses modalités.

Déjà les données qui ont été mentionnées ci-dessus peuvent être rappelées. Les généralisations dont on a parlé concernent des concepts (vitesse, véhicule...). Ceux-ci ne sont généraux que grâce à une abstraction et l'adoption d'une attitude appropriée pour dégager — ou plutôt imposer — la similitude d'un modèle aux apparences hétérogènes. La difficulté, observée par FURTH (1961 a) des enfants sourds à dégager la relation d'opposition, peut être également citée, ainsi que ce que nous avons rapporté de la double alternance. On parle dans ces cas d'induction (découverte d'une loi ou d'une régularité imposée par l'expérimentateur). Mais l'induction n'est possible que si une attitude est développée qui conduit à ne retenir que l'important, c'est-à-dire à l'isoler ou l'extraire du reste avec qui elle est, pour la perception, liée.

Les données, à notre avis, les plus caractéristiques sont celles qui sont tirées des épreuves de classement multiple. Ces épreuves ont été imaginées par GOLDSTEIN et ses élèves (cf. en particulier GOLDSTEIN et SCHEERER, 1941). Elles consistent à réaliser des matériels où les objets présentent plusieurs traits simultanément; par exemple des morceaux de carton sont découpés selon des formes (triangles, carrés, ronds) et coloriés (en bleu, vert, jaune, rouge). La tâche du sujet est de dégager ces caractéristiques et de les utiliser comme principe de classement *sélectivement* et *successivement.* C'est dire qu'il doit par exemple classer selon la forme d'abord et ensuite selon la couleur (avec le matériel forme-couleur qu'on vient de décrire).

Or dans des tâches de ce genre — mais avec un plus grand nombre de principes de classements possibles (trois : objet, couleur, nombre chez OLÉRON) les enfants et adolescents sourds sont très handicapés par rapport aux entendants (Mac ANDREW, 1948, OLÉRON, 1951; cf. aussi, quoique l'épreuve ne soit pas construite exactement sur le même modèle, PETTIFOR, 1968). Le point précis sur lequel porte ce handicap est le suivant. La consigne demande que les sujets utilisent successivement les trois principes de classement, c'est-à-dire qu'ils classent trois fois (ici) le matériel, mais chaque fois selon un principe différent, donc en changeant d'un classement à l'autre. Or les sourds n'ont pas de difficulté pour opérer le premier classement, mais ils présentent moins fréquemment un deuxième classement différent du premier et moins encore un troisième qui soit différent des deux premiers.

Si on ne se contente pas d'invoquer la rigidité ou la persévération (ce qui est une manière très correcte de décrire, mais seulement de décrire ce qu'on a observé) on en vient à considérer que la clef des difficultés des sourds se trouve dans le fait que leur appréhension des objets est plus globale, moins différenciée que celle des entendants du même âge. Pour réussir les classements successifs il faut que les caractères qui peuvent en être pris comme bases se distinguent nettement les uns des autres. Lorsqu'ils se différencient moins nettement la tâche peut devenir, à la limite, impossible. Si les sujets appréhendent non la couleur, principe abstrait, mais des objets colorés plus ou moins nombreux, ils seront handicapés après un premier classement car ils auront mêlé plusieurs caractères dans un classement; leurs possibilités pour des classements ultérieurs seront réduites et ils seront amenés à recommencer si on insiste en leur demandant de changer.

La maîtrise des classements multiples — c'est ce qui fait l'intérêt de ce genre d'épreuve, comme l'avait perçu GOLD-STEIN — exige que le sujet dépasse ce qu'il perçoit à un moment donné pour organiser un modèle de son action. Ce modèle est le fruit d'une abstraction, puisqu'il distingue ce qui est donné à la perception en quelque sorte d'un bloc. Il implique que le sujet établisse une sorte de hiérarchie entre ce qu'il met actuellement en œuvre et ce qui est laissé de côté momentanément. Il implique également un ordre dans les diverses étapes de la tâche qui tienne compte également de ce qui a été utilisé préalablement et de ce qui peut l'être par la suite.

Si nous admettons ce schéma qui est, on l'aura remarqué, en accord avec les observations présentées à propos d'autres situations, quel mode d'intervention attribuer au langage?

D'une part les catégories ou principes de classement sont dénommables par des mots. Le sujet qui dispose de ces mots peut décrire verbalement ce qu'il voit et ce qu'il fait (« je vais ranger selon la couleur ») et ainsi s'appuyer sur eux pour distinguer les divers principes de classement. Il arrive en quelque sorte armé des savoirs que le vocabulaire, transmis par la société, lui a communiqués.

Plus finement, il peut se servir des mots pour établir cette hiérarchie de plans entre ce qui est exécuté actuellement et ce qui est laissé de côté momentanément, ce dont, selon la formule courante il est maintenant « fait abstraction ». OLÉRON (1951) a relevé par exemple (chez des entendants) des formulations verbales portant sur la taille alors que le classement allait être fait selon la forme. Le caractère taille intervient comme une source de préoccupations, d'embarras qui se traduit par une question ou une exclamation « ils ne sont pas de la même grandeur ! ». Alors que le risque d'échec tient à ce que le sujet tend à considérer l'ensemble des caractères à la fois, le discours permet la différenciation. L'actualisation se fait, pour un caractère, sur le plan de l'action, celles des autres sur le plan verbal. Le langage peut aider directement à constituer ce modèle mental sur lequel on a insisté ci-dessus.

On peut aisément développer ces thèmes. Ce qui a été dit sur la planification de l'action, le rôle d'un codage qui permet d'organiser les moments de celle-ci et les mémoriser s'applique évidemment ici, mais il apparaît que les seules références à cet aspect instrumental laissent passer des points essentiels.

On ne peut en effet décrire les comportements relatifs à l'abstrait sans utiliser la notion d'attitude que nous avons introduite ci-dessus. Ce ne sont pas en effet des différences concernant les objets eux-mêmes qui rendent compte des différences de comportement, mais la manière dont le sujet aborde ces objets. GOLDSTEIN avait distingué l'attitude abstraite (ou catégorielle) et l'attitude concrète. Dans la première les sujets traitent les objets comme des représentants d'une classe ou catégorie (couleur, forme, etc.). Dans la seconde les objets sont considérés pour eux-mêmes avec l'ensemble de leurs particularités « personnelles » qui les rend inassimilables aux autres et empêche ainsi d'atteindre des classements dirigés par un principe abstrait. Chez les sujets sourds on constate une tendance comparable, mais qui n'est pas poussée jusqu'au pathologique, à se laisser dominer par l'apparence perceptive et à appréhender les objets globalement avec des caractéristiques qui, au lieu d'être dissociées, restent plus ou moins adhérentes les unes aux autres, ce qui rend compte, comme on l'a dit, des difficultés observées.

Une telle attitude, bien que révélée dans un type particulier d'épreuves, dénote un trait général qu'on peut considérer comme habituel (et qui effectivement se manifeste ailleurs). Or, on comprend qu'un organisme qui a atteint un certain niveau de développement cognitif peut avoir son comportement modifié par le fait qu'il utilise un mot ou un discours. Mais il n'est pas possible d'admettre que le mot ou le discours, du fait qu'il est prononcé, va modifier une attitude qui exprime toute une histoire et qui est profondément ancrée.

Par contre on peut concevoir que la pratique du langage soit favorable au développement d'une attitude de type abstrait. Les langues en effet comportent une quantité de termes qui n'ont pas leur correspondant littéral dans l'expérience perçue. On peut dire qu'accéder à leur pratique est se livrer à un entraînement permettant de dépasser un niveau d'activité qui resterait appuyé constamment sur le perçu. Un système d'habitudes se crée ainsi qui supplante les habitudes caractérisées par la place exclusivement accordée aux éléments perçus et aux réponses qui ne se réfèrent qu'à eux.

Notons bien qu'il n'est pas nécessaire, pour comprendre ce mode d'intervention du langage, de penser exclusivement aux mots abstraits. Ceux-ci, bien entendu, aident le sujet à fixer des concepts qui ne sont pas livrés par l'expérience immédiate et leur rôle est, de ce point de vue, fondamental.

Mais d'une façon plus générale, et toujours comme entraînement et transformation du sujet, le seul fait de parler, de réagir à des stimuli qui ne sont pas des objets concrets contribue à ouvrir à un monde différent de celui que constituent ces objets.

Si l'on y réfléchit, c'est une chose assez extraordinaire que la puissance incorporée à quelques signes vocaux qui, physiquement, ne représentent presque rien, ne peuvent être ni vus, ni touchés. Or cette expérience l'enfant l'a précocement et cette puissance, il l'exerce également précocement et d'une manière constante. Les échanges avec ses parents, plus tard avec ses camarades, font autant partie de sa vie que l'examen et la manipulation des objets du monde physique. Cet examen et cette manipulation sont d'ailleurs imprégnés de communication.

Dans ses premiers travaux PIAGET avait remarqué que les mots avaient pour l'enfant à la fois une réalité et des pouvoirs magiques. Cette réalité attribuée aux mots est en apparence très éloignée des voies qui conduisent à l'abstraction. Mais elle a en commun avec celle-ci d'attribuer de l'importance à d'autres réalités que celles des objets tangibles et manipulables physiquement. Il peut paraître choquant de rapprocher l'abstraction et la magie parce qu'on relie la première à la pensée scientifique qui est l'antinomie de la seconde. Mais les croyances magiques, les superstitions, tout ce qui est relatif au surnaturel correspond à une attitude qui nie le monde physique ou tout au moins lui superpose des lignes de conduites qui n'en sont pas induites. Les auteurs qui comme ROMANES (1891) ont lié la capacité d'atteindre l'abstrait à l'usage de notions concernant le surnaturel ont saisi un lien psychologiquement fondamental, comme les philosophes qui ont fait dériver la science de la magie ou de la religion.

ANALYSE ET ORGANISATION PERCEPTIVES

De toutes les activités cognitives celles qui concernent la perception paraissent le moins tributaires du langage. Dans les analyses qui précèdent on s'est régulièrement référé à la perception comme à un mode de connaissance qui se suffit à lui-même et qu'on peut opposer à ceux que l'apport du langage peut transformer. Ceci est parfaitement fondé en effet et, en particulier, trouve sa justification dans l'étude du développement, qu'il se situe sur le plan phylogénétique ou ontogénétique. La perception de l'enfant, qu'il soit en possession du langage ou non, qu'il se développe dans un milieu culturel ou un autre reste relativement semblable.

Les enfants sourds par exemple passent pour de bons observateurs, attentifs aux traits caractéristiques des personnes de leur entourage. Dans des épreuves de dessin d'après modèle, quand ont été dépassées les difficultés d'organisation perceptivo-motrices, ils sont d'un niveau au moins comparable à celui des entendants. De même quand il s'agit de percevoir les différences entre les reproductions de deux tableaux dont l'un a subi une modification portant sur un détail (OLÉRON, 1972c).

Cependant la perception n'est pas un décalque des objets, une photographie fidèle. Percevoir n'est qu'un moment dans un cycle total qui aboutit à un certain type d'action et qui est façonné par les habitudes, les attentes, les intentions, la personnalité du sujet. Chercher à percevoir fidèlement est une attitude parmi d'autres et implique une décision et même une éducation. Le plus souvent le sujet ne retient de ce qu'il perçoit que ce qui éclaire son action et il intègre ce qu'il voit dans ce qu'il s'attend à voir en fonction de la situation et de ses savoirs et expériences antérieures.

Tout cela est bien connu et a fait l'objet de quantité d'expériences en laboratoire.

Comme l'écrit FRANCÈS (1962) : « Les contours, les images sonores ou visuelles sont là, parmi d'autres. Mais dans ceux qui évoquent une chose connue s'accomplissent des mutations conformes au savoir ou à la pratique antérieure que l'on en a : changement d'orientation, renversement du rapport figure-fond, accentuation de certaines parties dont la fonction est connue » (p. 118). Des capacités aussi élémentaires que la discrimination sensorielle, le champ d'appréhension peuvent être modifiés par l'exercice. L'évaluation de la taille, de la distance, de la couleur, du mouvement de stimuli est modifiée par la signification que le sujet leur donne, c'est-à-dire leur identification à des objets familiers. Des formes qui ne représentent rien sont vues comme des objets connus.

La vision naïve que recherche le peintre ne peut être atteinte qu'au prix d'une éducation (ou d'une rééducation) qui contrebalance, avec plus ou moins de succès, des habitudes profondément ancrées. Les œuvres artistiques marquantes imposent à leur tour des stéréotypes dans la vision de l'environnement.

La perception apparaît donc tributaire des savoirs constitués à partir de l'expérience personnelle et de la culture. Ceci laisse penser que le langage peut jouer son rôle puisqu'il est une partie de l'expérience personnelle et de la culture, le moyen de stocker et de transmettre l'une et l'autre.

Quelques données expérimentales vont en ce sens. LURIA (1961) a rapporté les effets de la dénomination sur le poids relatif de la figure et le fond chez de jeunes enfants. Si le fond sur lequel se détache une figure est nommé (« ciel », « nuages ») il est fixé et mémorisé alors qu'il s'efface au profit de la figure s'il ne l'est pas.

BRUNER et al. (1952) ont repris les figures de CARMICHAEL dont on a parlé à propos de la mémorisation mais en les présentant en vision très brève. L'identification se fait conformément au nom qui est proposé par l'expérimentateur et cela d'autant plus sûrement que le temps de perception est plus court (c'est-à-dire la perception plus floue ou plus incomplète).

Des expériences classiques de psychologie sociale ont montré que l'interprétation ou l'évaluation du perçu étaient modifiées en fonction des suggestions ou des pressions exercées par une autre personne ou un groupe. Or suggestions et pressions sont souvent exprimées verbalement et les mots peuvent être une simple dénomination de l'objet, de la qualité ou de la valeur sur lesquels il s'agit de se prononcer. Ainsi dans une expérience de LUCHINS (1945) des figures qui se transforment progressivement, par adjonction et déformation de traits, passent de la représentation d'un visage humain à celui d'une bouteille. Quand un compère intervient pour déclarer qu'il voit un visage ou une bouteille les réponses d'un sujet naïf sont modifiées dans le sens de la suggestion.

Au total les données fournies par les expérimentations ne sont pas très nombreuses. Peu portent sur les enfants (sauf celles, anciennes, de BINET sur la suggestion). Mais la somme des expériences que chacun a pu réussir par la simple observation est assez importante pour convaincre que l'intervention du langage, comme moyen d'information, de recherche ou de pression est à retenir dans divers cas sans que soient niés pour autant, bien entendu, le poids des bases purement pratiques de la perception et l'énorme quantité de réactions aux objets perçus qui se font sans passer par un intermédiaire verbal. Celui-ci joue pour exprimer le plus souvent les hypothèses, les interprétations, les suggestions auxquelles on cède, parfois, à juste raison, devant une situation perçue d'une manière incomplète ou ambiguë.

Les interventions du langage auxquelles on vient de se référer sont de type instrumental. On peut admettre que de nombreux savoirs qui interviennent pour guider la perception sont des conséquences de telles interventions. Tels ou tels objets, tels détails sont identifiés ou isolés aujourd'hui sans que leurs noms aient à être évoqués. Mais ils l'ont été autrefois grâce à une description ou une analyse verbale; ainsi pour l'interprétation d'un terrain, d'un spécimen, d'une coupe microscopique. Beaucoup de connaissances en matière scientifique, technique ou artistique ont une telle origine et une partie des acquisitions des enfants repose sur une telle procédure.

Les effets proprement indirects ou d'exercice sont beaucoup moins évidents. L'étude des enfants sourds permet d'en faire apparaître.

A côté des conduites « normales » qu'on a relevées ci-dessus, certains résultats d'expériences montrent chez eux des difficultés lorsqu'il s'agit d'analyser et d'organiser un matériel perceptif. MYKLEBUST et BRUTTEN (1953) ont utilisé avec des enfants sourds le *marble board* imaginé par WERNER et STRAUSS. Il s'agit de reproduire sur un dispositif identique des figures géométriques constituées à l'aide de billes placées dans les trous réguliers d'une planche carrée. Les sourds (âgés de 8 à 10 ans) ont moins bien réussi que les entendants du même âge, commettant des erreurs plus nombreuses et également plus graves. L'expérience reprise sur un petit échantillon d'enfants sourds de 9 ans (LILLO, recherche inédite) n'a pas exactement confirmé ces résultats (une proportion relativement faible d'erreurs a été observée) mais elle a montré que les enfants sourds tendaient à effectuer leurs constructions point par point, comme s'ils n'avaient pas une vue claire de la manière dont l'ensemble s'organise en sous-ensembles structurés. Les entendants au contraire procèdent plus librement. étant plus souvent capables, par exemple, d'abandonner une partie de la construction pour passer à une autre, située à quelque distance.

OLÉRON et GUMUSYAN (1964) se sont inspirés de POPPEL-REUTER pour imaginer une épreuve composée de figures superposées et enchevêtrées, les unes représentant des objets (une auto, une brosse, un sac d'écolier, une plume, par exemple) les autres des figures sans signification. Les enfants sourds (5, 6 et 7 ans) se sont révélés inférieurs aux entendants du même âge, bien qu'aucun appel au langage n'ait été requis pour exécuter la tâche.

COLIN a utilisé du matériel emprunté à GOTTSCHALDT et adapté de lui par VURPILLOT. Il s'agit de retrouver une figure qui est incorporée dans une autre plus complexe. Les figures, plus ou moins familières sont de toute façon dépourvues de significations. Les enfants sourds examinés (4, 5 et 6 ans) se sont également révélés inférieurs et cela d'autant plus que les figures sont plus difficiles à analyser (COLIN et VURPILLOT, 1972).

Il est assez difficile d'interpréter ces résultats. Quand on a affaire à des figures significatives représentant des objets (cas d'une partie de l'épreuve d'OLÉRON et GUMUSYAN), on peut naturellement penser à une intervention instrumentale du langage. Les objets en question sont dénommables et on peut imaginer que la connaissance de leur nom peut apporter une aide. Elle pourrait par exemple aider à mobiliser une hypothèse, suggérée par la perception d'un détail, afin de la contrôler par une confrontation systématique avec les autres parties. Mais comme l'ensemble des retards observés porte sur des matériels non significatifs, donc non dénommables, sauf, accessoirement, par analogie, pour certains, ont doit penser à une explication plus large.

On ne peut dans ces cas exclure des aspects d'organisation relativement primaires (ce que suggèrent les comportements dans le *marble board*). On pourrait être tenté de les rattacher à l'organisation du champ auditif ou de la parole, en pensant à des effets de transfert soit intersensoriels (de l'audition à la vue) soit concernant le passage du plan de l'expression (qui intervient lorsqu'on construit un mot ou une phrase à partir de ses éléments) au plan de l'appréhension de la combinaison d'éléments offerts à la vue.

Les aspects du langage qui seraient en cause se situeraient au niveau de la réalisation ou de l'appréhension phonétique ou vocale. On n'a jamais abordé ceux-ci et peut-être faut-il en effet leur faire une part. Quand on parle des effets d'exercice on se place au-delà de ces niveaux, en introduisant des références d'ordre intellectuel et significatif. Peut-être a-t-on tort de ne pas penser aux autres. Après tout, parler et déchiffrer la parole sont un ensemble d'exercices qui se situent sur le plan perceptif et sur le plan moteur. Que des effets de transfert soient possibles, la chose est concevable. Cependant pour les accepter sans réserves et sans se référer à d'autres, il faudrait d'autres preuves que celles-ci et des nvestigations plus spécialisées.

De toute façon l'interprétation pourrait être valable lorsqu'il s'agit bien d'imposer une structure à un matériel composé d'éléments discrets (on peut considérer que c'est le cas du *marble board*, au moins pour un aspect des tâches qu'il implique). Mais lorsqu'il paraît s'agir de procéder à une analyse d'ensembles complexes en est-il encore de même ?

On est amené à se référer à des facteurs plus généraux qui peuvent s'identifier à ceux qu'on invoque pour d'autres types de tâches. Ainsi en est-il pour l'activité. On comprend que devant une tâche perceptive du type de celles qui sont discutées ici, un sujet se trouve handicapé s'il enregistre passivement, s'il se laisse dominer par les structures qui lui lui sont proposées au lieu de chercher à en distinguer les parties, à établir des liens avec les figures de références, plus généralement à construire des hypothèses et à les confronter avec ce qui lui est donné. Dans des situations du type considéré l'organisation n'est pas le fruit d'un jeu de forces qui s'établissent dans le matériel perçu et que le sujet n'a qu'à subir. Il s'agit au contraire d'activités de recherche déployées par lui. De même, bien entendu, quand il s'agit d'analyse.

Bien qu'il ne s'agisse pas ici d'abstraction au sens précis du mot, comme celle-ci l'organisation et l'analyse perceptives impliquent que le sujet ne se laisse pas absorber par le perçu tel qu'il lui est donné, mais lui impose au contraire des cadres qui ne peuvent surgir de sa seule contemplation.

Si l'on admet cette interprétation, les effets du langage qu'on pourrait invoquer pour rendre compte de la supériorité des enfants entendants serait d'ordre général. Il faudrait rappeler que son usage habituel entraîne un certain niveau d'activité dans les relations entre le sujet et son environnement, qu'il favorise des dispositions de recherche active en face de situations inhabituelles (ce qui est bien le cas des tâches que l'on a décrites ci-dessus). Le fait notable dont il y a lieu de tenir compte ici est que ces effets seraient relativement précoces (puisque les recherches citées portent sur des enfants relativement jeunes).

Cette précocité est parfaitement compréhensible, car l'enfant est actif dans les premiers stades du développement de ses capacités verbales. La seule constitution d'un vocabulaire n'est pas l'accumulation d'étiquettes passivement collées à des objets ou des qualités. L'observation montre que l'enfant pose précocement des questions sur les noms des objets, pour connaître ces noms et pour obtenir des explications à leur égard. Ceci n'est pas à proprement parler un entraînement à l'égard des objets eux-mêmes et d'une façon générale à ce qui est perçu, encore qu'on ne puisse s'intéresser au nom des choses sans être amené à considérer avec attention les traits caractéristiques, les similitudes ou différences de ces choses. Même si c'est sur les éléments symboliques que la curiosité se manifeste, on peut sans peine imaginer des effets de transfert. D'autant que, comme on l'a rappelé, pour l'enfant les mots tendent eux-mêmes à être saisis comme des réalités ou des parties d'un monde qui ne se différencie pas absolument en symbolique et réel.

De plus la maîtrise du langage permet à l'enfant d'établir des relations actives avec autrui par les questions qu'il pose. Ces questions elles-mêmes, portant sur les choses, expriment, mais aussi contribuent à entraîner ou à développer une curiosité que l'enfant réduit au silence, ou à quelques gestes indicatifs ou expressifs, ne peut exprimer d'une manière adéquate et qui, si elle se manifestait, ne pourrait être renforcée par la communication.

LA RÉSOLUTION DE PROBLÈMES

La question de la résolution des problèmes a été discutée à propos des idées de VYGOTSKI (cf. chap. 2). Celui-ci prétendait que le langage jouait un rôle efficace. Nous avons essayé de montrer, sur son propre terrain de discussion, que ses affirmations devaient être nuancées.

La question n'est pas réglée pour autant, car d'autres aspects devraient être examinés pour obtenir une vue d'ensemble. Malheureusement la pauvreté des études sur la résolution de problèmes, tant sur le plan général que sur le plan génétique, ne permet guère d'approcher d'une telle vue.

Il faut rappeler que, comme pour d'autres formes d'activités cognitives, la résolution de problèmes implique, au départ, des réponses agies, des habitudes de traiter les objets et les situations, qui sont nées de la pratique même. On a beaucoup insisté sur l'aspect invention qui constitue l'originalité des résolutions de problèmes. Mais c'est une illusion de croire que l'invention se fait toujours ex nihilo. Elle n'est le plus souvent que transfert, à un domaine ou un objet nouveau, d'habitudes acquises dans un autre domaine ou à l'occasion de la manipulation d'autres objets. La première cause de l'échec devant un problème est souvent l'insuffisance du répertoire des réponses disponibles. L'observation d'un sujet devant un problème montre qu'il essaie de mettre en œuvre des modes de réponses qui lui sont familières et qu'il a l'habitude de mettre en œuvre devant des objets ou des situations analogues à celles auxquelles il se trouve confronté.

La capacité de mobiliser les habitudes acquises, de les adapter éventuellement à la situation présente, la liberté devant les suggestions immédiates de cette situation restent cependant des composantes essentielles sans lesquelles un problème vraiment neuf risque de rester insoluble.

L'idée de VYGOTSKI était de faire appel au langage pour assurer cette mobilisation et cette liberté. D'autres auteurs s'inspirant des schémas S-R ont émis des hypothèses analogues : ils ont pensé que les réponses produites par une situation pouvaient passer par l'intermédiaire verbal. Quelques recherches ont été effectuées dans ce sens. Elles ont utilisé le concept de « fixité fonctionnelle » développé par

DUNCKER. Un objet qui est utilisé ou perçu dans une certaine fonction, un certain usage est en quelque sorte bloqué dans cette fonction. S'il peut servir à un autre usage requis pour résoudre un problème le sujet a des difficultés à appréhender cet usage possible parce qu'il est masqué par l'autre. Les situations où des objets sont ainsi rendus peu disponibles en vertu de leurs fonctions habituelles se prêtent à l'étude des facteurs qui permettent de surmonter ce blocage. Les interventions du langage, sous forme d'une dénomination des fonctions possibles, ou seulement comme dénomination de l'objet qui en fait apparaître ou suggère les propriétés permanentes, ou encore comme évocation d'une similitude avec un objet permanent de consonance voisine, ont été étudiées (SAUGSTAAD, STAATS, GLUKSBERG et al.; cf. pour une brève analyse OLÉRON, 1969a).

Les résultats de ces recherches — qui ont porté exclusivement sur des adultes — ne sont pas parfaitement cohérents. Ils suggèrent que, en effet, l'appel au langage peut être un moyen d'échapper aux suggestions et limitations d'une perception ancrée sur une habitude étroite. Mais ils restent à la surface des mécanismes et des facteurs en jeu dans la résolution des problèmes. Et conformément au modèle S-R ils ne considèrent l'intervention du langage que sous son aspect strictement instrumental.

L'étude des enfants sourds a fourni des résultats qui donnent à réfléchir. En effet en face de problèmes pratiques, qui ne demandent que la manipulation, ils ont révélé des retards qui, dans certains cas, sont très importants. LINDNER, en Allemagne, l'avait déjà constaté en 1925 avec des épreuves inspirées de celles que KÖHLER avait utilisées pour tester l'intelligence des chimpanzés. CHULLIAT l'a confirmé en utilisant des tâches inspirées de celles que REY avait imaginées pour étudier « *L'intelligence pratique chez l'enfant* »

(1935) (voir CHULLIAT et OLÉRON, 1955). Ainsi dans une tâche où il s'agit de fabriquer un crochet avec un morceau de fil de fer malléable pour retirer un petit récipient placé au fond d'un bocal à goulot rétréci, un seul sourd sur quinze dans le groupe 11-12 ans réussit immédiatement alors que selon les données de REY un tel type de réussite apparaît chez les enfants entendants à partir de 7 ans (ce que toutefois CHULLIAT et OLÉRON n'ont pas contrôlé). D'autres tâches sont plus facilement réussies que celle-ci, mais dans aucune les jeunes sourds ne sont aussi à l'aise que les entendants.

On peut naturellement penser, pour rendre compte des différences de réussites entre sourds et entendants, au rôle instrumental du langage. Le sujet qui dispose du nom de l'objet ou de la démarche nécessaire pour atteindre la solution peut être favorisé puisque l'énoncé peut le conduire à choisir ou fabriquer l'objet à effectuer la démarche convenable. Ainsi l'enfant, dans le problème du bocal qui dispose du mot « crochet » pourrait être amené, en le prononçant, à fabriquer l'instrument. Le mot n'a évidemment pas le pouvoir de susciter une création — la création ne pourrait éventuellement sortir que d'une analyse détaillée de la situation et de ses implications, ce qui va bien au-delà de la mobilisation d'un mot. Mais, en accord avec les vues de VYGOTSKI et des behavioristes, il a pu fixer certaines expériences, celles où un crochet a été utilisé et les rendre ainsi disponibles au moment où un tel instrument serait utile. Il est difficile cependant de généraliser l'interprétation car le propre des problèmes pratiques est de mettre en jeu des actions et des manipulations dont la relation avec l'expérience concrète et pratique est évidente, mais le rapport avec le langage beaucoup plus incertain : la description ne paraît pas nécessairement évoquée et son adéquation à des procédures vécues et senties plus que représentées contestable.

On peut évoquer et discuter de la même manière le recours à des « expériences mentales » qui économiseraient des tâtonnements effectifs. Que de telles expériences puissent contribuer à la supériorité de la performance à sa plus grande économie on peut l'admettre. Ce qui est plus difficile à comprendre, c'est que ces « expériences » soient de nature verbale. Les relations en jeu dans des problèmes pratiques n'ont rien d'abstrait ou de logique; elles correspondent à des propriétés spatiales ou mécaniques qui peuvent être traduites en images et ébauches d'actions. Le sujet qui doit trouver le moyen de transmettre la poussée d'une pièce mobile à une autre pièce mobile en intercalant une réglette de longueur convenable (il en est requis dans un des problèmes de REY) peut essayer mentalement les diverses réglettes dont il dispose, dont les unes sont trop courtes, d'autres trop longues. Ce n'est pas le mot qui fera choisir la barre de bonne longueur, mais une comparaison essentiellement visuelle.

C'est une explication plus générale qu'il faut envisager. Un certain nombre de traits observables dans la conduite des enfants sourds en face des problèmes rappelle ceux qui peuvent être observés dans des situations tout à fait différentes, celles par exemple où il s'agit de manipuler l'abstrait. Ici également l'enfant sourd paraît dominé parce qu'il perçoit, par ce que lui suggère l'appréhension immédiate de la situation. Le problème exerce une sorte d'appel, imposant un mode de manipulation qui est immédiatement mis en œuvre (impulsivité) et qui se prolonge même en cas d'échec (persévération).

On est tenté de décrire les conduites et les résultats observés en parlant d'un manque de distance à l'égard de la situation. Ce manque de distance s'observe déjà sur le plan physique. On observe par exemple — c'est une caractéristique des sujets les plus jeunes même parmi les entendants — que l'enfant tend à s'introduire *en personne* dans la situation, à la manipuler sans intermédiaire. En face du problème du bocal il essaye de saisir l'appât avec les doigts ; ou bien ayant saisi un fil de fer droit, il essaye de l'utiliser tel quel, comme un court bâton qui prolonge le corps. Dans ce problème, évoqué ci-dessus, où il faut intercaler une réglette entre deux pièces mobiles, un comportement caractéristique est de se servir de la réglette (après que son usage eut été suggéré par l'expérimentateur) pour pousser la seconde pièce au lieu de l'intercaler dans l'intervalle des deux : le sujet ne peut structurer le mécanisme sans y intervenir lui-même.

Cette soumission à la réalité telle qu'elle est immédiatement perçue se manifeste aussi dans la maladresse avec laquelle l'enfant sourd utilise les suggestions. Dans le problème du bocal une des suggestions de l'expérimentateur vise à faire saisir que le fil de fer est malléable, qu'il peut aisément plier (ce qui doit conduire à l'idée de fabriquer avec lui l'instrument adéquat, à savoir le crochet). Pour cela il le plie plusieurs fois en son milieu. Or bien des sujets utilisent cette suggestion dans un sens littéral : ils plient, comme l'expérimentateur, le fil de fer vers le milieu, et se mettent à fabriquer une pince avec laquelle ils essaient d'attraper l'appât.

Les problèmes sont inégalement difficiles selon que la solution est plus ou moins directement évoquée par la situation. Par exemple lorsqu'il s'agit de boîtes-problèmes (OLÉRON, 1957) les enfants sourds sont relativement peu retardés. Par contre, c'est lorsqu'il s'agit d'inventer un intermédiaire nécessaire qui n'est pas directement suggéré, qu'il faut introduire de l'extérieur, que le retard est le plus marqué.

La prise de distance, qui nous paraît rendre compte d'une

variété de traits observés, est à rattacher à l'usage habituel du langage. Celui-ci paraît un intermédiaire qui favorise cette prise de distance, du fait qu'il s'intercale entre la perception et l'action que celle-ci tend à déclencher immédiatement. Parler, dire ce que l'on voit, ce que l'on fait, et à plus forte raison ce que l'on va faire est évidemment interrompre le circuit direct qui va du perçu à l'agi et introduire une coupure dans laquelle l'analyse et la réflexion ont la possibilité de s'insérer.

Toute communication verbale, à autrui ou à soi-même, implique une certaine prise de distance à l'égard des objets. Communiquer est faire intervenir la personne d'autrui dans un circuit qui ne va plus directement de la propre perception à sa propre action. L'appel à autrui en face d'une difficulté est observé fréquemment chez l'enfant, qu'il soit sourd ou entendant. Mais cet appel est très différent et comporte d'autres implications lorsqu'il consiste à tirer l'adulte à la main, pour qu'il se substitue à soi, ou quand il comporte une description de la situation, de ce qui manque et de ce qu'il serait possible de tenter.

On comprend aisément que même si dans telle situation particulière le sujet ne dit rien et n'a rien à dire et si le fait de dire quelque chose ne lui apportait aucune aide instrumentale directe, les habitudes acquises en face d'autres situations (qui ne sont pas nécessairement des problèmes) le font se comporter autrement que s'il n'avait pas acquis un tel entraînement.

Peut-on user du langage sans faire preuve de liberté à l'égard de ce qui est donné ? C'est seulement si parler n'était que la mise en œuvre d'automatismes aveugles et prédéterminés qu'il en serait ainsi. Mais, en dehors des expressions affectives, déterminées par un état qui les appelle d'une manière quasi irrépressible, l'énoncé d'un discours laisse à celui qui le fait une certaine maîtrise, au moins en ce qui concerne sa forme et son contenu. Il lui laisse aussi une certaine possibilité de remaniements, au cas où, par exemple, l'interlocuteur n'a pas compris le message ou n'y a pas réagi. Il n'y a pas là un privilège qui ne se trouverait que dans le langage. Dans une certaine mesure aussi l'action sur les choses laisse à l'organisme des possibilités quant aux moyens et aux résultats. Le jeu s'exerce sur les choses comme il s'exerce sur les mots. Mais, au total, les comportements verbaux occupent chez l'enfant qui apprend le langage une part considérable de son temps. Ils font aussi l'objet de renforcements particulièrement intenses, puisqu'ils impliquent la communication et les réactions directes de l'adulte. D'où une capacité de modelage des attitudes qui n'a pas son équivalent dans l'action seule.

CHAPITRE IV

LA DIVERSITÉ DES LANGUES
ET DES LANGAGES

Le mot « langage » est ambigu, comme on l'a indiqué dans le chapitre I. On l'utilise, dans l'ensemble de cet ouvrage, en se référant aux sujets qui pratiquent une certaine langue, celle qui est en usage autour d'eux (le français, l'anglais, l'allemand, etc.). Ce faisant on écarte la diversité des langues. Or cette diversité existe et des différences parfois considérables existent entre telle et telle. On ne peut écarter l'examen des effets possibles que ces différences peuvent avoir sur le développement.

Quelles que soient les différences auxquelles on vient de se référer, les langues qu'on a mentionnées sont toutes verbales ou articulées. Or en face d'elles, existent des langues ou langages non verbaux : ceux qui utilisent les gestes. Le recours aux gestes à la place d'une langue articulée, ou concurremment avec elle, est également une variable dont l'intervention dans le développement mérite d'être considérée.

On pourrait penser à une troisième partie où la confrontation porterait sur langage humain et langage animal. Elle permettrait en particulier de préciser les traits les plus généraux du premier qui apparaîtraient plus nettement grâce à cette confrontation. Mais pour l'ensemble elle s'avère trop extérieure à notre sujet. Si le niveau de développement de l'animal est bien inférieur à celui de l'homme, ce n'est pas l'infériorité de son langage qu'il faut invoquer. La relation est clairement inverse ou renvoie à des facteurs biologiques sous-jacents.

Il est cependant un point sur lequel les travaux récents attirent l'attention : la possibilité pour l'animal, tout au moins le chimpanzé, d'acquérir le langage humain (GARDNER et GARDNER (1969) qui ont utilisé le langage gestuel des sourds dont on vient de parler, PREMACK (1971) qui a utilisé un système plus classique de manipulation de jetons). Cette possibilité ouvre, en dehors de l'intérêt propre d'une telle acquisition, des horizons sur un possible changement, grâce à l'usage d'un langage humain, des capacités intellectuelles de l'animal. Mais dans l'état présent ceci reste question sans réponse. L'usage du langage humain par l'animal ne s'élève pas indiscutablement au-delà d'un dressage, subtil certes, mais qui ne tranche pas radicalement avec les capacités symboliques déjà pratiquées. A plus forte raison pour les effets sur les capacités intellectuelles, qui a priori, au moins au niveau d'un jeu d'étiquettes pourraient ne pas être négligeables. Le problème reste passionnant, il convient qu'on le souligne, même si la réponse est pour plus tard.

1. La diversité des langues

Les langues parlées par les hommes sont diverses et il est permis de considérer qu'elles sont inégalement riches, précises, complexes sur le plan du vocabulaire, de l'organisation des significations, de la syntaxe, etc. On conçoit qu'on puisse établir une liaison entre l'usage d'un type ou niveau de langue et l'atteinte d'un certain niveau de développement cognitif, voire pratique et affectif. Une langue pauvre, au vocabulaire limité et imprécis, offre, a priori, moins de ressources qu'une langue susceptible, grâce à une longue élaboration historique, d'établir des délimitations plus rigoureuses entre les concepts et de dénommer davantage d'aspects des réalités physiques et sociales.

On sait que l'examen du niveau intellectuel, même à l'aide d'épreuves non verbales, d'enfants ou d'adultes membres de sociétés peu évoluées, par rapport aux standards occidentaux, comme des populations d'Afrique Noire ou d'ailleurs, vivant dans leur cadre traditionnel, révèle des performances qui sont souvent éloignées de celles que prévoient les normes établies sur des populations occidentales. Les raisons de ces différences sont évidemment multiples (elles sont loin d'avoir été déterminées exactement) et on ne saurait les ramener aux seules différences linguistiques. Cependant ces dernières existent, elles sont importantes, voire considérables, et il est légitime de poser au moins comme hypothèse qu'elles peuvent contribuer à l'explication.

Les données permettant de soumettre cette hypothèse au contrôle sont jusqu'ici assez pauvres. Les psychologues qui se sont intéressés au développement d'enfants, disons, des tribus africaines, ont rarement fait l'effort d'étudier simultanément la langue acquise par ceux-ci. Il est difficile dans ces conditions d'établir des corrélations fondées.

LA THÉORIE DE VON HUMBOLDT-WHORF

Cependant les spéculations sur les conséquences qui résultent du fait de parler une langue plutôt qu'une autre sont relativement anciennes. Elles se sont développées à partir de Von HUMBOLDT, ont été reprises par divers auteurs, philosophes ou linguistes, et ont été particulièrement illustrées par l'ethnologue américain WHORF, dont les publications ont été regroupées dans un ouvrage publié en 1956. Selon MOUNIN (1963, 44) ces idées « se sont vues revalorisées par la linguistique structuraliste ». Se référant aux linguistes MOUNIN ajoute : « On peut dire qu'aujourd'hui tout le monde souscrit à la thèse humboldtienne plus rigoureusement formulée »...

Pour cette théorie l'idée essentielle est que la langue n'est pas simplement un instrument de communication. Elle n'est pas dans un rapport simple avec les objets désignés, elle ne constitue pas une réalité dont l'organisation pourrait être décrite sur le seul plan linguistique. Elle correspond à une organisation des concepts de la « pensée », à une certaine « vision » ou « représentation du monde » qui va être différente selon les langues.

La relation affirmée entre langue et représentation du monde est évidemment ambiguë. Elle peut être entendue dans le sens d'une détermination de la langue par la « pensée ». En ce sens l'activité du sujet déterminerait sa vision du monde en même temps que l'organisation de sa langue ou, dans une variante qui laisse un rôle plus actif à cette dernière, grâce à l'organisation qu'il donne à la langue.

En sens contraire on affirmera que c'est la langue qui détermine la vision du monde. Beaucoup d'expressions allant dans ce sens peuvent être relevées dans la littérature, sous la plume de philosophes ou de linguistes. On en trouve un bon résumé dans MOUNIN (1963, 43 et sq.). En voici quelques-unes : « Se réclamant de HUMBOLDT, cette philosophie se refusait de voir dans la langue un outil passif de l'expression. Elle l'envisageait plutôt comme un principe actif qui impose à la pensée un ensemble de distinctions et de valeurs : tout système linguistique renferme une analyse du monde extérieur qui lui est propre et qui diffère de celle d'autres langues... » (ULLMANN, commentant CASSIRER). « Chaque langue est un système qui opère une sélection au travers et aux dépens de la réalité objective. En fait, chaque langue crée une image de la réalité, complète, et qui se suffit à elle-même. Chaque langue structure la réalité à sa propre façon... » (TRIER). « Le langage est avant tout une classification et une réorganisation opérée sur le flux ininterrompu de l'expérience sensible, classification et réorganisation qui ont pour résultat une ordonnance particulière du monde... ». « Chaque langue est un vaste système de structures, différent de celui des autres dans lequel sont ordonnées culturellement les formes et les catégories par lesquelles l'individu non seulement communique, mais analyse la nature, aperçoit ou néglige tel ou tel type de phénomènes ou de relations, dans lequel il coule sa façon de raisonner et par lequel il construit l'édifice de sa connaissance du monde » (WHORF).

Quoiqu'il en soit du sens dans lequel la relation est envisagée et même si l'on se refuse à accorder à la langue un pouvoir qui paraît, après tout, étrange sur l'organisation cognitive (car, enfin, d'où la langue tient-elle ce pouvoir, si elle le possède, sinon des hommes qui l'ont élaboré?), du point de vue de la psychologie du développement, c'est bien ainsi que peut se poser le rapport de causalité. On peut aisément admettre que l'enfant acquiert à travers la langue les représentations ou découpages qui seraient incorporés en celle-ci.

Des justifications de la thèse « humboldtienne » ont été cherchées par l'analyse et la comparaison de langues : WHORF a fourni maints exemples, qui ont fortement contribué à étayer la thèse et expliquent l'importance qui lui est accordée aujourd'hui. Ces exemples sont empruntés principalement aux langues indiennes de l'Amérique du Nord, mises en comparaison avec l'anglais. L'anglais est pour WHORF le représentant d'une entité plus générale : *le Standard Average European ou S.A.E.*. Les langues européennes ne se différencient pas, pour des raisons historiques, d'une façon fondamentale dans les représentations qu'elles sous-tendent d'où l'intérêt de recourir à des langues n'appartenant pas aux mêmes cercles, comme c'est justement le cas des langues considérées par WHORF.

Les analyses auxquelles a procédé WHORF montrent, par ex., à travers les formes verbales du HOPI des formes spécifiques d'expression qui obéissent à des règles différentes de celles qui procèdent de la logique à laquelle nous sommes habitués. Ainsi (1956, 51 sq.) il y a neuf aspects dans cette langue (ponctuel, duratif, segmentatif, inceptif, progressif, spatial, projectif, continuatif). Voici l'idée qu'on peut se faire de l'aspect segmentatif. Dans les verbes de la 1ère conjugaison — il y en a 7 en HOPI — l'aspect segmentatif est formé du redoublement de la partie finale de la racine avec adjonction du suffice de durée -ta. Le sens est modifié, passant du caractère ponctuel du phénomène dénoté par la racine à une série de segments reliés d'un phénomène plus large. Ainsi *ho'ʿci* : forme un angle aigu devient *hoci'cita* : c'est un zigzag.

Au-delà des expressions, ou à travers elles, d'autres représentations interviennent. On peut déjà le concevoir pour les aspects dont on vient de citer un exemple. Une autre analyse souvent citée est celle que WHORF fait du temps dans cette même langue. Selon lui, elle ne comporte pas de référence au temps qui nous est familier, mathématisable et susceptible d'une mise en correspondance avec l'espace. Le HOPI peut être considéré comme une langue sans temps *(timeless)*. Il reconnaît le temps psychologique qui est très semblable à la « durée » bergsonienne, mais ce temps est tout à fait différent du temps mathématique, T, utilisé par nos physiciens... Une des particularités propres au temps HOPI est qu'il varie avec chaque observateur, ne permet pas la simultanéité et a zéro dimension; c'est-à-dire qu'on ne peut lui donner une valeur plus grande que 1. Le HOPI ne dit pas : « Je suis resté 5 jours » mais : « Je suis parti le 5ᵉ jour » (1956, 216).

Une autre contribution, plus classique, en ce sens qu'elle a été mentionnée par nombre d'auteurs pour des langues diverses, concerne l'inégale richesse du vocabulaire destiné à désigner ce qui peut être considéré comme une « même » réalité. Ceci revient à dire que les langues divisent ou classent les éléments de l'expérience de manières différentes et inégalement fines. Les HOPIS n'ont qu'un seul mot pour désigner tout être qui vole (sauf les oiseaux), c'est-à-dire l'avion, l'insecte et même l'aviateur... Par contre ils disposent de deux mots pour désigner l'eau, un pour l'eau à l'état libre et un pour l'eau enfermée dans un récipient, tandis que les Esquimaux ont des mots distincts, au lieu de mot unique du S.A.E., pour la neige selon qu'elle tombe, qu'elle est molle, qu'elle est tassée (WHORF, 1956; cf. OLÉRON, 1963, 98-9).

Déjà RENAN avait relevé la richesse de certaines langues lorsqu'il s'agit de mots importants pour les populations qui les parlent. Ainsi écrit RIBOT (1897, 88) qui le cite : « En hébreu pour l'observance de la loi, 25 synonymes; pour la confiance en Dieu, 14; pour la pluie, 11, etc. En arabe le lion a 500 noms, le serpent 200, le miel plus de 80, le chameau 5.744, l'épée 1.000 comme il convient à une race guerrière. Le Lapon, dont la langue est si pauvre, a plus de 30 mots pour désigner le renne, animal indispensable à sa vie ». En Swahili (une des langues africaines), il y a, dit OMBRE-DANE (1951), 80 mots pour désigner 80 espèces d'antilopes (et aucun pour nommer le triangle). (Cf. aussi LEVI-STRAUSS, 1962, ch. 1.)

LES FAIBLESSES DE LA THÉORIE

A ces observations bien d'autres pourraient être ajoutées également intéressantes et suggestives par les aperçus qu'elles ouvrent sur la variété et les possibilités d'expression des langues. Le point important est de délimiter exactement ce qu'elles apportent pour notre problème. Il apparaît bien que cette diversité doit fournir l'occasion aux activités cognitives de se développer différemment. Mais dans quelle mesure ces possibilités sont-elles des réalités ? Ici, comme sur d'autres points que nous avons rencontrés, le problème n'est pas d'accumuler des vraisemblances, mais d'établir des données solides, fussent-elles beaucoup plus modestes.

Il convient de ne pas mettre sur le même plan ce qui est comportement ou attitude cognitive effective observable chez des sujets concrets et ce qui est élaboration d'intellectuels. Bien des observations sur la dépendance de la philosophie développée dans une langue et l'organisation de cette langue paraissent fondées (et par ex. la dépendance de la philosophie aristotélicienne, qui a fortement marqué la pensée occidentale, par rapport à la langue grecque). C'est que la philosophie est, ou soyons optimiste, a été longtemps ou pour une large part, une réflexion sur les mots.

Un point qu'il faut d'abord relever, et qui a été souligné avec vigueur par certains, est que nombre d'analyses présentées dans la perspective humboldtienne sont contestables dans leur principe. Elles tirent en effet de la seule analyse de la langue des conséquences sur les représentations ou découpages du monde qu'elles n'impliquent pas aussi nécessairement que le raisonnement le présuppose.

Des générations de lycéens et d'étudiants français ont été persuadés que certaines peuplades primitives n'avaient pas accès à des concepts généraux parce qu'on leur avait fait lire ou qu'on leur avait cité l'ouvrage de LÉVY-BRUHL (*La mentalité primitive*, p. 22) induisant effectivement de l'absence de termes généraux l'absence du concept général correspondant. Ainsi les Indiens Bororos ont bien des noms pour désigner diverses espèces de perroquets, mais aucun pour le perroquet : ils n'auraient donc pas le concept « général » de perroquet (cf. GREENBERG, 1954).

Cette influence suppose que les sujets ne peuvent pas atteindre des concepts qui ne soient pas exprimés par des mots, ce qui est possible mais devrait d'abord être établi.

Divers auteurs l'ont relevé, dans les langues beaucoup de traits qui peuvent être dégagés par une analyse grammaticale, ou par le rapprochement dans l'histoire du sens des mots, échappent aux sujets qui les utilisent et par conséquent ne déterminent probablement pas des assimilations, discriminations ou catégorisations que ceux-ci mettraient en jeu dans leur appréhension du monde.

Il en est ainsi pour le genre grammatical qui, dans les civilisations rationnelles au moins, et si l'on exclut quelques divagations littéraires ou psychanalytiques, ne correspond à aucune classification sentie en mâle et femelle.

GREENBERG (1954), un des auteurs ayant discuté avec le plus de finesse les thèses de WHORF, remarque par exemple le caractère arbitraire des inférences que celui-ci tire de l'usage des nombres par les HOPIS, avec les implications pour leur représentation de la « durée » opposée au temps. Constatant la présence de deux types de nombres chez les HOPIS, comme il y a en anglais et dans les autres langues européennes des nombres cardinaux et ordinaux il fait correspondre un type au nombre cardinal et l'autre au nombre ordinal. Dans les cas où les HOPIS utilisent le type de nombre qui a été assimilé aux nombres ordinaux, il en infère qu'ils envisagent la situation d'une manière ordinale. Comme les jours sont comptés ainsi (cf. ci-dessus) ils paraissent ne pas être assimilables à une collection d'hommes par ex., mais à l'apparition successive disons d'un même homme. Mais dit GREENBERG, les Français dénomment leurs rois avec des cardinaux (Henri IV, Louis XIII) et l'anglais avec des ordinaux *(George the Fifth, Charles the Second)*. Un Français raisonnant selon le schème de WHORF va-t-il conclure que les Anglais considèrent leurs rois successifs portant le même nom comme le même homme réapparaissant plusieurs fois ? Et de même va-t-il inférer des conceptions différentes du temps alors que lui parle du 14 juillet et les Anglais de *July the fourteenth* ?

C'est d'une manière semblablement contestable que LURIA (in LURIA et YUDOVICH, 1959, 13) s'est laissé emporter par sa thèse selon laquelle les mots, enrichis par l'expérience

collective, apportent à l'enfant des éléments de systématisation et d'organisation de l'expérience. Il prend l'exemple
du mot *chernilnitsa* (encrier). Il lui permettrait de rattacher
l'encrier aux objets qui ont des rapports aux couleurs
(*chern* — noir), aux instruments (le suffixe *nil* intervient dans
la plupart des mots russes désignant des instruments), aux
contenants (le suffixe *nits* caractérise de tels objets).

Il est clair qu'une analyse linguistique effectuée, par ex.,
systématiquement en classe peut conduire à mettre en évidence de telles relations et à faire saisir les parentés exprimées
par des catégories verbales. Mais pense-t-on que spontanément les enfants vont découvrir de telles significations et
les utiliser pour organiser leur expérience ? Et combien de
mots, même en russe et a fortiori dans des langues où le jeu
des compositions est moins poussé présentent une organisation aussi facile à mettre en évidence ? Pour le mot *encrier*
en français y a-t-il, pour l'enfant qui l'utilise spontanément,
autre chose qu'une association avec l'encre, ce qui sans doute
n'est pas négligeable, mais ne prépare pas une catégorisation
bien systématique de la réalité perçue.

Un argument de HARRIS (cité d'après MOUNIN, 1963,
56-57) mérite d'être introduit ici. Il relève « qu'un même
individu dont l'expérience du monde s'accroît et change
au cours des années garde sensiblement le même langage ».
« Le petit enfant de six ans, écrit MOUNIN, qui disait : il
tonne, il éclaire, il va faire un orage, devenu savant météréologiste, exprimera par les mêmes mots, dans la vie quotidienne, les mêmes phénomènes dont il a maintenant une
connaissance objective infiniment plus étendue ». Le fait
est encore plus sensible, dit MOUNIN, quand on examine
l'expérience et le langage au niveau d'une collectivité :
« Tous les Allemands savent aujourd'hui, que la baleine
n'est pas un poisson, mais ils continuent de la dénommer

Walfisch. Tous les Français savent que les chéiroptères de nos régions n'ont rien de commun, zoologiquement, avec nos petits rongeurs, mais ils continuent à les nommer *chauves-souris* ».

Cette argumentation était destinée à justifier chez HARRIS, la thèse humboldtienne, en montrant le décalage entre la langue et l'expérience ou la connaissance du monde. On peut le contester de ce point de vue, car on peut lui faire signifier le contraire. Mais il faut plutôt lui opposer deux remarques.

En premier lieu il n'est pas sûr que la persistance dans l'emploi d'une dénomination ne contribue pas à maintenir une certaine interprétation des faits. Il peut ne pas en être ainsi chez l'homme de science. Mais combien de Français interrogés sur la parenté des chauves-souris et des souris, pour reprendre l'exemple de MOUNIN nieraient effectivement celles-ci ? Combien oublieraient les connaissances qu'on a pu leur proposer à l'école au profit de l'association créée par les mots ?

Et par ailleurs si nous incluons dans la représentation du monde les réactions affectives — peut-on vraiment les exclure ? — l'enrichissement des connaissances ne conduit pas nécessairement à modifier celles-ci. Le météréologiste élevé, enfant, dans la phobie de la foudre et de ses effets (mort d'homme, incendie...) pourra garder une inquiétude incoercible devant la menace et l'éclatement d'un orage, quoi qu'il sache sur sa formation, sa prévision, sa nature physique. Beaucoup de science acquise sur la physiologie et la systématique des araignées ou des serpents ne changera pas nécessairement les réactions d'angoisse si elles ont été solidement fixées dans l'enfance et n'ont pas été soumises à un déconditionnement.

En second lieu ce qu'indique la persistance d'expressions familières, leur coexistence avec un savoir qui les contredit, le fait, selon l'exemple classique et peu discutable celui-là, de parler du lever et du coucher du soleil, en sachant bien que ce n'est pas lui qui se déplace par rapport à la terre, souligne le caractère métaphorique qui est souvent celui des mots. Il souligne une nouvelle fois les dangers que suscite toute tentative de prendre littéralement de telles expressions. Un linguiste whorfien ne devrait-il pas conclure au géocentrisme des Français sur la base de ses expressions verbales ?

Sur un autre plan, peut-être moins important pour notre discussion mais qui peut conduire à réévaluer l'intérêt des comparaisons interlinguistiques, on peut relever que à l'intérieur d'une langue de grandes diversités existent dans la finesse et la richesse de dénomination d'une « même » réalité. Ceci a été fort bien exprimé par MOUNIN (1963, 193) : A l'intérieur d'une langue il existe « des *niveaux* de l'expérience du monde différents pour les locuteurs différents... Toutes les fois que l'expérience du monde n'est pas la même pour deux groupes de locuteurs en une même langue, on pourrait collecter des faits aussi étonnants que ceux qu'on va chercher dans un autre hémisphère. Là où les petits citadins ne connaissent que les *petits oiseaux*, les paysans chasseurs différencient et nomment trente passereaux. Là où le Français moyen ne connaît que la neige, le skieur français distingue et nomme, aussi bien que le Lapon ou les Eskimaux les plus polaires, la poudreuse, la folle »... (suit une liste de 20 mots que nous ne reproduirons pas ici). De même, peut-on ajouter, quand il s'agit des termes scientifiques qui découpent finement une réalité appréhendée d'abord globalement.

●

LES ESSAIS DE VÉRIFICATION

La ligne directrice pour le psychologue dans ces débats est qu'on ne peut valablement raisonner sur les rapports entre deux termes que si l'on peut atteindre indépendamment chacun d'eux. Si l'on parle de représentations ou de catégorisations, il faut des moyens pour atteindre celles-ci et juger comment elles fonctionnent effectivement. Les induire des expressions recueillies dans le langage est cohérent avec la thèse soutenue par les auteurs qui lient langage et représentation du monde (quel que soit le sens de la correspondance), mais elle n'est pas valable pour le psychologue qui s'interroge, justement, sur l'existence et la portée de cette relation.

Il ne fait pas de doute que la notion de représentation du monde correspond à des réalités psychologiques qui peuvent être mises en évidence par l'interrogation, l'entretien, et surtout l'observation des conduites et des réactions. PIAGET a donné des exemples de telles investigations dans ses premiers ouvrages *(La représentation du monde chez l'enfant, la causalité physique chez l'enfant)*. De même les ethnologues qui ont décrit les mythes, cosmogonies, systèmes de parenté, etc. dans de multiples cultures.

Ce qui rend douteux la liaison entre représentation et langage, c'est la variété des représentations qui peuvent intervenir dans des groupes parlant une même langue, mais appartenant à des classes différentes, ayant des conceptions politiques, religieuses, morales et des systèmes de valeur hétérogènes. Bien que tous usent d'un même vocabulaire et d'une même grammaire, le sens des mots peut être pour une large part hétérogène comme les mots « bourgeoisie », « capital » ou « révolution » pour un financier, un manœuvre ou un étudiant « gauchiste ».

Si l'on réfléchit sur la manière dont une langue peut contribuer à modeler les représentations, les catégorisations, les découpages de la réalité on ne se trouve pas en face d'autres mécanismes que ceux qui ont été invoqués dans les expériences de laboratoire. Les mots peuvent intervenir comme source d'informations, moyens d'étiquetage pour fixer discrimination et assimilation, fournir des dénominations pour les catégories... Aussi les analyses des expérimentateurs peuvent être extrapolées, les mêmes types de recherches peuvent être réalisés sur des populations linguistiquement hétérogènes, dont on testera les réponses dans les tâches convenables. Réciproquement les observations ainsi recueillies peuvent fournir un appoint aux données recueillies sur des sujets appartenant à un cercle linguistique défini.

Malheureusement les ressources de l'expérimentation sont singulièrement limitées, voire dérisoires, compte tenu de l'ampleur des faits.

On a vu revenir dans les analyses des auteurs de tendance humboldtienne les notions de découpage, d'organisation de la réalité. Il est possible de tester certaines formes de découpages et d'organisation et de les comparer dans des groupes linguistiquement différents. Celles qui viennent le plus spontanément à l'esprit de l'expérimentateur concernent le niveau perceptif.

Les couleurs fournissent un terrain relativement séduisant. Les termes de couleur sont inégalement riches selon les langues et on peut se demander si les frontières entre couleurs perceptivement proches ne peuvent être découpées en fonction du vocabulaire et différer par conséquent d'une langue à l'autre.

Diverses observations ont été rapportées par les ethnologues concernant la dénomination des couleurs qui montrent qu'un même terme peut être appliqué à des couleurs distin-

guées par des Européens. Les Ashantis (Africains) d'après
WALLIS ont des noms de couleurs pour le noir , le rouge et
blanc. Le terme noir est utilisé pour toute couleur foncée,
telle que bleu, pourpre, brun, et le terme rouge sert pour le
rose, l'orangé et le jaune (cité d'après KLINEBERG, 1957, 231).
De même, selon M. MEAD les Manus, indigènes de la
Nouvelle-Guinée, considéraient comme une seule couleur
le jaune, le vert olive, le bleu vert et le bleu lavande (également d'après KLINEBERG).

Mais la pauvreté du vocabulaire ne signifie pas une modification dans l'appréhension des couleurs. Si des observateurs
ont relevé des classements de couleurs en rapport avec la
dénomination, d'autres ont trouvé des discordances et des
groupements analogues à ceux que peuvent donner des
occidentaux malgré la différence des vocabulaires.

LENNEBERG et ROBERTS (1953, cités par RICHARD, 1966)
ont comparé des indiens Zunis dont la langue ne comporte
qu'un mot pour désigner le rouge et l'orange et des sujets
de langue anglaise où ces termes sont distingués. La tâche
consistait à retrouver les échantillons de couleur observés
dans un premier temps lorsqu'ils étaient à nouveau présentés,
mélangés à d'autres. Les Zunis ont confondu plus souvent
les échantillons jaune et orange que les sujets de langue
anglaise.

On remarquera qu'il s'agit d'une épreuve de *mémorisation*
et non d'une épreuve de discrimination perceptive. On peut
professer les plus grands doutes sur l'influence que la dénomination peut jouer sur la perception proprement dite.
La discrimination est ce qu'elle est, sur des bases physiologiques et l'intervention du langage ne peut modifier celle-ci.
Mais il faut tenir compte que toute discrimination comme
toute assimilation implique une prise d'attitude concernant
la diversité des qualités perçues (cf. chap. 3) et la décision

de considérer comme négligeable certaines différences cependant au-dessus du seuil. Ainsi est-il concevable que le langage intervienne pour orienter l'attitude au même titre que tout facteur culturel, non nécessairement lié à un vocabulaire de dénomination spécifique.

La diversité et la répartition des couleurs, avec toute la finesse que comporte la multiplicité des nuances et des teintes intermédiaires, paraissent se prêter à un découpage arbitraire pour lequel les mots seraient susceptibles de jouer un rôle déterminant. Une réaction contre ce point de vue est apparue avec des travaux comme ceux de BERLIN et KAY (1969). Ceux-ci ont constaté que des sujets pratiquant des langues différentes désignaient les mêmes zones quand ils étaient interrogés sur les couleurs les plus représentatives d'un nom donné. Dans le domaine des couleurs centrales ou focales il n'existerait pas d'indétermination relative qui intervient dans les teintes intermédiaires pour laquelle la variabilité linguistique pourrait jouer un rôle. E. HEIDER (1971) a obtenu des données de même type sur les jeunes enfants.

Des observations analogues pourraient être présentées à propos des différences dans le domaine des impressions de température. Le contraste chaud - froid peut être nuancé par divers termes (torride, brûlant, bouillant, tiède, doux, frais, glacé). Mais l'usage courant se tient à des grandes catégories. Le fait qu'il y en ait 3 en allemand ou en anglais (heiss - hot, warm, kalt - cold) contre les deux termes français entraîne certaines difficultés de correspondance : par exemple un Français dans un pays de langue allemande, qui traduit « chaud » par « warm » peut obtenir un café tiède au lieu du breuvage vraiment chaud qu'il croyait avoir commandé. Mais ces découpages ne changent pas fondamentalement l'échelle perçue des températures, tant que le milieu climatique ne conduit pas à modifier sérieusement celle-ci.

Du point de vue différences ou ressemblances certaines sont recherchées activement. Il en est ainsi par ex. des enfants à qui l'on cherche des ressemblances à leur père, leur mère, tel frère ou parent plus ou moins proche. Ici un stéréotype culturel joue, il aide avec les informations communiquées verbalement (« il a le menton de son père », « c'est le portrait de sa mère ») à percevoir les ressemblances qui ne sont pas toujours évidentes. Mais dans d'autres cultures certaines ressemblances sont posées d'office ou niées. Par exemple la ressemblance avec le père est toujours affirmée et par contre il ne peut y avoir de ressemblance entre frères chez les Trobriandais observés par MALINOWSKI. On peut raisonnablement admettre que la perception soit influencée, compte tenu des incertitudes en ces matières par le stéréotype (cf. KLINEBERG, 1957, 229-30). Il en est de même, quoique dans un domaine très différent, lorsqu'on présente à des sujets des phonèmes d'une langue étrangère qui ne correspondent pas à un phonème de leur langue. Ils tendent à l'assimiler, sachant que c'est un phonème, à l'un ou l'autre de ceux de leur langue.

La moindre prégnance des éléments perçus laisse plus de chance à l'action des mots de se manifester. CARROLL et CASAGRANDE (1958) ont comparé des sujets de langue anglaise qui disposent de deux verbes *pour* et *spill* pour désigner le fait de répandre, verser, renverser, soit intentionnellement *(pour)* soit par mégarde *(spill)* à des sujets HOPIS qui ne disposent que d'un seul verbe pour ces deux actions. Devant des gravures où sur l'une un homme vide une caisse d'oranges, sur une autre laisse tomber une pièce de monnaie de sa poche, sur une dernière verse de l'eau à côté de son verre qu'il ne regarde pas, le groupement des deux gravures qui ont la plus grande ressemblance se fait chez la majorité des anglophones conformément à la communauté de désignation verbale (groupement de la 2ᵉ et de la 3ᵉ gravure, qu'on n'observe pratiquement pas chez les HOPIS).

Peut-on penser que l'obligation d'employer des formes linguistiques différentes en fonction de telle ou telle caractéristique des objets, actions, positions, etc., peut préparer les sujets non seulement à mieux appréhender ces différences mais aussi à considérer la dimension elle-même de préférence à d'autres dimensions? C'est l'hypothèse qu'ont cherché à tester également CARROLL et CASAGRANDE en s'adressant à des enfants Navahos. Dans la langue navaho le choix du verbe correspondant à l'action de prendre dépend de la forme de l'objet de l'action. CARROLL et CASAGRANDE ont proposé un test de groupement qui permet aux sujets d'exprimer leur préférence pour un choix dans le sens de la forme ou dans le sens de la couleur; des enfants Navahos y ont marqué une préférence pour la forme tandis que d'autres du même groupe mais parlant anglais appariaient selon la couleur. Cependant les auteurs ont constaté que des enfants blancs marquaient aussi une préférence pour la forme.

Les résultats obtenus dans de telles recherches sont décevants comme le souligne MARKEL (1969, 295-297), du fait que la relation entre le linguistique et le non-linguistique (le comportement du sujet) n'est pas une relation simple et univoque.

Dans le cas spécifique des classements on peut ajouter que l'hypothèse a peu de chance au départ d'être vérifiée. Peut-on, en effet, s'attendre à ce que l'utilisation de termes différents pour des membres d'une catégorie sensibilise à la catégorie elle-même? La distinction d'objets selon qu'ils sont longs et flexibles, longs et rigides, plats et flexibles (ce sont les distinctions dont doivent tenir compte les Navahos) peut être exercée par l'obligation d'employer des verbes différents pour les désigner. Elle ne signifie pas que la forme soit dégagée pour elle-même, permettant de l'opposer à une autre catégorie. Il faudrait pour cela qu'au lieu de termes divers pour des sous-classes de la catégorie se trouve *un terme désignant la catégorie elle-même*. On peut considérer que la multiplication des termes désignant les sous-classes et leur concentration dans un terme unique pour la catégorie vont en sens inverse.

L'intervention du terme catégorie a été mentionnée comme hypothèse pour interpréter la plus grande aisance de sujets entendants dans une épreuve de classement multiple et la difficulté observée chez les sourds qui ne disposent pas de ces termes (cf. chap. 3). On trouve dans une observation rapportée par BRUNER et al. (1966) une indication comparable. Des enfants sénégalais, dans la langue desquels (le Wolof) les mots désignant les catégories « couleur », « forme » ne figurent pas, acquièrent ces termes par emprunt au français. Dans une épreuve où plusieurs groupements successifs peuvent être donnés avec les mêmes stimuli (selon la forme, la couleur, l'usage) les enfants qui disposent des termes catégoriels sont davantage capables que les autres d'utiliser plusieurs groupements. La dénomination des catégories contribue à assurer leur maîtrise, à un niveau qu'on peut considérer comme abstrait. (Mais que tout s'explique par la dénomination n'est pas démontré pour autant; l'acquisition des termes catégoriels, ne va pas, selon la thèse défendue plus haut, sans un effet d'exercice encouragé par l'école qui aide à prendre une distance par rapport au perçu et atteindre le niveau abstrait.)

L'importance des termes catégoriels est, du point de vue

du développement vers l'abstraction, un facteur important. La substitution de termes génériques indéterminés à des termes spécifiques également et, par analogie, le jugement sur les peuplades qui n'usent que de termes spécifiques (comme les « primitifs » de LÉVY-BRUHL) reçoit sa justification. Nous ne prétendons pas que l'enfant russe rencontre des difficultés à fournir des concepts abstraits du fait que sa langue introduit des spécifications, dont une langue comme le français se passe, par ex. entre « *stoiat* » et « *lejat* » pour « être », « se trouver » selon que l'objet est debout (une lampe) ou couché (un livre) « *idti* » et « *ekhat* » pour « aller » (à pied ou en voiture), car il faut considérer le contexte culturel dans son ensemble. Mais on conçoit bien qu'une langue aide à dépasser les suggestions du perçu et du vécu dans la mesure où elle ne s'attache pas aux particularités de celui-ci.

Une langue qui permet de dénommer les fines distinctions que certaines peuplades peuvent établir entre des espèces botaniques (cf. LÉVI-STRAUSS, 1962) prépare les enfants qui l'apprennent à opérer ces distinctions. Il n'est pas sûr qu'elle les empêche d'acquérir des concepts généraux par ailleurs ; mais la maîtrise de ceux-ci implique une autre attitude que celle qui correspond à la collecte et à l'utilisation d'objets diversifiés au départ sur le plan linguistique.

La langue qui propose une reconstruction de la réalité en s'écartant des particularités concrètes de celle-ci joue d'autant mieux son rôle de modèle. De même, c'est dans le sens du développement de l'aspect combinatoire que se situe le remplacement d'un terme unique attaché à un déterminant de la situation (être debout, couché, aller à pied ou autrement) par des expressions composées qui introduisent une spécification à partir du caractère général de la position et de l'action.

L'importation de termes provenant d'une langue plus

évoluée aide l'introduction ou la délimitation de notions qui ne peuvent être exprimées dans une langue moins évoluée. OMBREDANE (1951, 544) a signalé l'intérêt pour l'apprentissage professionnel d'un enseignement précoce du français aux enfants indigènes du Katanga. Le Swahili, langue véhiculaire la plus évoluée, ne contient pas de mots pour désigner une surface équivalente sauf le terme *sawa-sawa*, équivalent du *kif-kif* des arabes. Il cite NORTHCOTT qui indique la difficulté des Africains du Kenya, dans cette même langue, à exprimer une notion comme sept trente-deuxièmes. « Le mot indien *sootar* est utilisé pour un huitième, et la fraction sept trente-deuxièmes est exprimée par un sootar, un demi-sootar et un petit peu ».

Naturellement toute langue peut arriver, ou par combinaisons verbales plus ou moins complexes, ou par fabrication ou emprunts de termes, à exprimer toutes les notions nécessaires au développement d'une culture. C'est bien ce que font les langues évoluées pour suivre le progrès des connaissances ou ce que réalisent les auteurs qui tiennent le latin à jour pour lui permettre d'exprimer les réalités du monde moderne, comme, à une moindre échelle, les créations dans le domaine du « franglais ». Mais il s'agit le plus souvent d'une procédure moins économique et que justifient des raisons extralinguistiques souvent bien puissantes et peut-être justifiées.

En conclusion il apparaît hautement plausible qu'une langue prédispose l'enfant qui va l'apprendre et l'utiliser à atteindre un certain type de développement intellectuel. Les différences n'apparaissent guère quand les langues comparées ont un niveau semblable d'évolution et les analyses sur la diversité des représentations du monde dans des langues voisines ne peuvent porter que sur des nuances et des modes de réactions qui sont plutôt de type littéraire ou affectif. Il n'en est pas de même quand le niveau de langues comparées est très différent.

L'absence de vérifications convaincantes tient le plus souvent à ce que, d'une part, des expériences n'ont guère été menées systématiquement dans le contexte de langues et de culture très hétérogènes (les Indiens d'Amérique du Nord ne sont pas vraiment isolés de la culture « européenne ») et d'autre part à ce que les situations expérimentales restent dominées par la perspective stimulus-réponse et utilisent des situations ou les infrastructures (cf. chap. 3) prédominent. C'est dans les domaines des élaborations que ne guident pas étroitement les caractéristiques perceptives et pratiques que les langues peuvent introduire des diversités. Elles n'interviennent pas comme stimuli se situant à côté d'autres auxquelles elles s'associeraient simplement, mais en contribuant à déterminer des attitudes, des modes d'appréhension et de réactions à l'égard des objets, à donner des moyens pour exprimer certains de leurs aspects et de leurs relations et de construire les systèmes qui les intègrent ou les dépassent.

2. Langage articulé et langage gestuel

Les gestes dont on parlera ici ne sont pas ceux qui accompagnent les communications orales et qui fournissent une aide pour comprendre ce que celle-ci livre ou dissimule (cf. SEBEOK et al. 1964, BIRDWHISTELL, 1970). Il s'agit des gestes qui se substituent à la parole et peuvent en tenir lieu.

Le recours au langage gestuel intervient lorsque quelque obstacle empêche l'usage du langage oral. Il en est ainsi lorsque les interlocuteurs connaissent chacun une langue différente et ne peuvent s'exprimer dans la langue de l'autre. L'appel au geste est courant quand, en voyage à l'étranger, nous ne connaissons pas les mots pour nous faire comprendre. Dans certains cas le langage gestuel a pu devenir une sorte d'espéranto ou une langue de communication. L'exemple typique est le langage gestuel utilisé jadis par les Indiens d'Amérique du Nord qui permettait à des tribus voisines parlant chacune une langue différente de communiquer entre elles. Ce langage a été étudié par MALLERY dont les observations publiées en 1880 et 1881 ont été abondamment citées par la suite.

Une autre raison d'utiliser le langage gestuel provient de l'impossibilité de pratiquer le langage oral, que cette impossibilité soit d'ordre physique ou social. C'est ainsi que des communications dans le bruit, à une distance dépassant la portée de la voix, sous l'eau se font par gestes (des études ont été consacrées à ce genre de communication soit pour la décrire, soit pour proposer des codes systématiques). Des ethnologues ont rapporté la condamnation au silence que les femmes de certaines tribus africaines devaient respecter pendant leur veuvage : elles recouraient alors aux gestes. Les monastères où était imposée la règle du silence ont développé un langage gestuel auquel les moines recouraient. Ce langage a fait l'objet de diverses études et divers relevés des gestes utilisés ont été publiés.

Une dernière raison tient à la difficulté ou à l'impossibilité d'utiliser le langage oral, par incapacité de le percevoir ou de le produire. C'est le cas des sourds. Le langage qu'utilisent ceux-ci est le plus typique et celui qui mérite le plus d'attention. En premier lieu, il est utilisé par des populations relativement importantes, et cela actuellement, ce qui permet d'en faire une étude directe. Surtout, les sourds présentent certaines particularités dans leurs comportements et leurs performances (on en a mentionné plusieurs dans les analyses du chap. 3). On peut s'interroger — et on s'est effectivement interrogé — sur le rôle que dans l'apparition ou le maintien de certains déficits le langage gestuel pouvait jouer. Dans les cas cités plus haut l'usage des gestes est occasionnel et peut être considéré comme un mode de traduction limité et partiel de la langue orale qui ne risque guère de retentir sérieusement sur celui qui l'utilise. Il n'en est pas de même pour les sourds, puisque dans une large mesure, au moins pour une grande partie d'entre eux, les gestes apparaissent comme une langue première, susceptible d'influencer par conséquent sur le développement.

Une remarque terminologique. Il peut paraître prétentieux d'employer le mot « articulé » pour désigner le langage qui correspond aux langues parlées (ou orales). Si on le fait, c'est qu'en toute rigueur, ce qui est dit oralement peut aussi être écrit. Le trait commun à l'oral et à l'écrit est d'être articulé, non pas au sens de : prononcé, mais au sens de : constitué à partir de combinaison d'éléments [1]. L'ambiguïté étant écartée, on emploiera souvent le terme plus simple de langue orale dans ce qui suit.

LE LANGAGE GESTUEL DES SOURDS

La description ou seulement la caractérisation du langage gestuel des sourds est un travail malaisé et qui n'a été que fragmentairement réalisé. Ce qui est typique — et ce qui

---

[1] Pour MARTINET (1960) le langage se caractérise par une double articulation : au niveau des éléments dotés de signification et au niveau phonétique.

conduit au fond du problème — est que la matière de ce langage est empruntée à la réalité physique, telle qu'elle est perçue et agie. Certains gestes sont *l'imitation* plus ou moins schématisée, de l'objet [1] qu'il s'agit d'évoquer. Ainsi pour les actions de l'homme ou ses qualités. *Danser* est exprimé par un mouvement qui évoque l'attitude du danseur et *fort* par celle d'un homme qui se pose en serrant et avançant les poings d'une manière décidée. Des animaux sont semblablement évoqués, l'âne par ses oreilles, le bœuf par ses cornes, l'oiseau par son bec, dont les mains évoquent les formes. D'autres gestes sont *accommodatifs* c'est-à-dire qu'ils imitent l'action ou la réaction que provoque l'objet qu'il s'agit d'évoquer, ou la qualité. La soupe est ce que l'on mange avec une cuillère, le bébé ce qu'on tient dans les bras. Est mou ou tendre ce qui se palpe facilement, lourd ce qu'on soutient avec peine, etc.

Le langage gestuel est essentiellement *figuratif*. Il utilise divers procédés grâce auxquels les objets qui ne sont pas pourvus de forme ou de matérialité, ou ne le sont que partiellement, les reçoivent dans le geste. Ainsi il est recouru à *l'analogie*, par la symbolisation ou à *l'association*, le geste représentant l'objet par un trait visible qui lui est associé (comme effet, manifestation, expression, attribut...). Le geste *oublier*, effectué en portant la main au front et en l'ouvrant comme pour prendre ou laisser tomber ce qu'elle contenait est un exemple caractéristique de symbolisation. La pauvreté évoquée par un trou au coude et la richesse par des poches pleines sont un exemple de procédé fondé sur l'association (cf. OLÉRON, 1952).

La différence entre le langage gestuel et le langage articulé est considérable. Quand on se réfère aux analyses qui ont

---

[1] Objet est pris dans le sens général, ce qui correspond au signe, même s'il s'agit d'action, de qualité, etc.

cherché à déterminer les caractéristiques propres de ce qui mérite d'être nommé langage, en particulier dans les discussions sur le « langage » animal on peut se demander si ces caractéristiques se retrouvent bien dans ce langage.

Un premier point concerne le caractère conventionnel ou non du langage gestuel. Comme la convention est liée à la liberté de celui qui invente et utilise le code, le point est important pour notre problème. L'abbé de l'Épée a vigoureusement affirmé que les gestes qu'il apprenait à ses élèves (les « signes méthodiques)» étaient naturels, c'est-à-dire qu'ils avaient un rapport direct avec les objets désignés, étant pris, disait-il, « dans la nature de l'objet ». Il tenait beaucoup à ce caractère, source selon lui de grands avantages, sur le plan de la communication (international il renversait les barrières élevées autour des langues orales) et sur celui de l'instruction. De ce point de vue il permettait, toujours selon lui, d'enseigner en même temps que la langue, la nature des choses désignées.

L'examen superficiel de certaines communications gestuelles paraît donner raison à l'abbé de l'Épée. Mais un examen plus approfondi révèle que finalement celui-ci a cédé au mythe de la nature comme la plupart des penseurs et écrivains de son siècle. Le langage gestuel est, dans l'ensemble moins arbitraire que le langage oral, car les gestes gardent des rapports d'imitation ou d'allusion à l'égard des objets désignés, comme le montre l'analyse des procédés d'expression (OLÉRON, 1952). Mais il faut une convention pour fixer les aspects retenus pour le signe, car ceux-ci sont, sinon illimités du moins fort nombreux. Pourquoi désigner le chat par ses moustaches plutôt que par le mouvement de le caresser ? Il n'y a pas de raison prise dans la nature de cet animal et, en effet, les deux désignations coexistent. D'ailleurs le langage des sourds utilise abondamment des figurations empruntées, soit vestimentaires (galons pour l'officier et, par extension, le chef) soit cérémoniales, comme l'anneau pour le mariage, soit de la représentation courante des langues orales, comme la balance pour la justice, l'âne ou le cochon pour la bêtise ou la saleté...

Il faut rappeler aussi que le langage gestuel n'est pas affranchi des frontières. Anglais, nordiques, français n'ont pas tous les mêmes signes. Si certaine communauté existe, par ex. entre français et américain, c'est pour des raisons historiques (le langage de l'abbé de l'Épée a été importé aux États-Unis par les fondateurs des premières écoles dans ce pays). Il existe d'ailleurs des variantes à l'intérieur d'un même pays, par ex. entre élèves sortant d'écoles différentes.

En ce qui concerne l'articulation, il n'y a pas dans le langage gestuel une double articulation : l'équivalent de l'articulation au niveau phonétique manque. Chaque geste forme une unité originale. La matière en est directement liée à la signification et varie selon celle-ci. Elle ne procède pas d'une combinaison d'éléments simples qui se retrouveraient en d'autres gestes. Ainsi, alors que « aider » et « aimer » ne diffèrent, dans la langue orale que d'un élément au niveau de la première articulation, les gestes correspondants sont entièrement différents : dans le premier la main droite soutient le bras gauche symbolisant l'aide qu'une personne apporte à une autre; dans le second la main droite s'appuie sur le cœur, qui passe pour le siège de ce sentiment.

Les gestes se déroulent il est vrai dans l'espace, comportant une certaine configuration donnée aux mains ou au corps entier et se caractérisent par des mouvements définis. On peut tenter une analyse à partir de ces composantes. C'est une tentative de ce genre qu'a réalisée STOKOE et al. (1965). Celui-ci analyse les gestes en *dez* (abrégé de *désignator*) :

configuration de la main ou des mains : *sig* (abrégé de *signation*) : mouvement ou changement de configuration du *dez*; *tab* (abrégé de *tabula*); ensemble des indices de position. Chacun de ces aspects des gestes se présente en nombre limité. Ils peuvent être décrits et désignés par des symboles (19 pour les *dez*, 24 pour les *sig* et 12 pour les *tab*). Ainsi tout geste peut être caractérisé comme une combinaison des formes des trois éléments.

Quelle que soit l'ingéniosité de la tentative, elle va dans un sens totalement opposé à l'esprit du langage gestuel, qui implique une correspondance plus ou moins transparente avec la réalité signifiée. Les mots sont effectivement composés de phonèmes; ils ne sont pas autre chose matériellement que des combinaisons de ces éléments. Les analyses en composantes de hauteur tonale, présence d'harmoniques, durée, etc. sont fondées sur le plan physique (c'est même un moyen pour arriver à une interprétation et une production de la parole par des machines). Mais c'est une étude qui se situe à un autre niveau que l'approche proprement linguistique. L'analyse proposée par STOKOE est analogue et elle échappe au niveau de l'étude « linguistique » du geste. Elle est l'exemple d'une transposition mécanique qui exclut le trait fondamental de la langue étudiée. On n'oubliera pas que dans les langues orales la phonétique, avec les caractéristiques physiques ou physiologiques, est en un sens moins significative que la phonologie qui détermine les oppositions mises en œuvre effectivement par le sujet qui parle...

Si le langage gestuel ne possède pas la double articulation, il dispose de la seconde puisqu'il permet de combiner des éléments significatifs en énoncés qu'on peut assimiler à la phrase et au discours. Ces éléments, comme les mots des langues orales sont en nombre limité, et sur leur base un nombre théoriquement illimité d'énoncés peut être construit.

FAIBLESSES ET LACUNES DU LANGAGE GESTUEL

ROMANES (1891), dans le cadre de sa thèse selon laquelle l'évolution psychologique de l'homme avait été rendue possible par le langage articulé, citait comme argument le cas des sourds-muets non éduqués. Leur incapacité à atteindre l'abstraction était pour lui établie et il en donnait comme preuve des exemples où le langage gestuel avait échoué à enseigner les idées relatives à la religion. Un de ces exemples a été fréquemment repris par la suite. C'est celui d'un enfant à qui ses parents avaient essayé d'inculquer que la Bible contenait la révélation d'un Dieu tout-puissant qui régnait au ciel. Des gestes utilisés pour transmettre cette information, l'enfant avait seulement compris que le livre qu'on lui montrait avait été imprimé au ciel par des ouvriers d'une force considérable !

Un tel exemple — on pourrait en trouver d'autres — est plus spectaculaire que vraiment démonstratif. Il ne permet pas de tirer de conclusion valable, ni quant à l'incapacité d'un enfant sourd non éduqué d'atteindre certaines notions abstraites, ni quant à l'incapacité du langage gestuel d'enseigner de telles notions.

Il montre bien plutôt l'incapacité des pédagogues d'occasion qui ne parviennent pas à expliciter efficacement ce qu'ils veulent enseigner et probablement n'ayant eux-mêmes à ce sujet que des idées assez floues, comme c'est le cas de bien des gens, même de bonne volonté, en matière religieuse... La confusion du « ciel » métaphysique et du ciel géographique est constante dans ces enseignements (comme elle est possible dans l'usage du mot de la langue orale). La puissance de Dieu est indiquée par référence à l'homme. Comment l'enfant ne le concevrait-il pas simplement comme un homme plus fort ou plus grand? Un sourd interrogé au 19ᵉ siècle par PEET (1855) aux États-Unis s'était imaginé que Dieu était en fer parce que sa mère, en essayant de lui en donner l'idée, lui avait montré, un matin d'hiver, le fourneau allumé (sans doute pour évoquer l'idée de causalité ou de bienfaisance).

Ce qui est en jeu dans de tels cas est un problème de communication. Le message reçu par l'enfant ne contient qu'une faible part de ce que les parents pensaient y avoir mis. Mais il n'est pas établi que le mode de communication en soit la cause. Tel qu'il était employé dans ces cas il s'est avéré insuffisant, mais c'est parce que les parents étaient des habitués du langage oral et se trouvaient incapables de développer un système de gestes assez subtils.

Il est facile de monter des expériences où des notions exprimées gestuellement ne sont pas saisies par les personnes qui n'ont pas développé une habileté ou une compétence spéciale. WITTE (1930) en a donné des exemples auxquels on pourrait en ajouter bien d'autres. Il y a un mauvais langage gestuel ou un usage maladroit des gestes. Cela ne prouve rien, pas plus que les exemples d'incompréhension par les élèves des exposés un peu abstraits du maître — combien peut-on en citer! — ne prouvent rien contre le langage oral.

Cependant des observations mieux fondées tendent à montrer d'une manière plus convaincante les points faibles du langage gestuel.

PELLET (1938) a fourni de nombreux exemples dans ce sens. Il met en opposition la précision de l'expression orale et l'imprécision de l'expression gestuelle qui, ou bien ne dispose pas de termes correspondants, ou bien laisse à ceux-ci une signification mal analysée. Il utilise pour cela des observations faites sur des élèves sourds, tant dans l'emploi des gestes que dans les tournures de leur langue écrite dont les incorrections révèlent l'influence de ceux-ci.

Un type d'erreur qui apparaît dans les productions de l'enfant sourd concerne les confusions entre l'objet et l'action. Voici des exemples de PELLET (147). « Une fillette de 10 ans... nous dit : « *Je prends assis* », voulant exprimer : « Je prends la chaise ». Un petit sourd de 8 ans 10 mois remplace : « Je prends les ciseaux » par « *Je prends coupe* » et « Je coupe » par « *Je couteau* ». Ces confusions s'expliquent très simplement par le fait que le geste ne distingue pas nettement l'action et l'objet, l'un pouvant servir à désigner l'autre. Ainsi la chaise est désignée en esquissant le geste de s'asseoir et le geste qui désigne le couteau implique celui de couper dont il se dissocie mal.

Semblablement un geste unique peut désigner des termes qui sont différenciés dans la langue orale et ainsi prendre, du point de vue de la signification, des extensions tout à fait inhabituelles. PELLET a donné des exemples de l'emploi du geste qui est habituellement traduit par « menteur » (passer l'index horizontalement sous le nez ou devant les lèvres closes). « Ce geste s'applique au menteur, à l'acte de mentir, à celui qui porte une accusation vraie ou fausse, qui insinue quelque chose... en un mot à tout ce qui semble à l'enfant une déformation de la vérité, qui doit se tourner contre lui, qui lèse ses intérêts. Dans ce sens le signe correspond à peu près à l'adjectif « menteur ». Mais il s'applique également à l'erreur... Nous en citerons quelques exemples relevés chez des sourds de 8 à 12 ans.

« G. demande à V. combien font 7×9. 56 répond V. La maîtresse intervient et rectifie : 63. G. traite V. de « menteur »...

« La maîtresse a indiqué jusqu'à quelle ligne il faut apprendre. R. n'a pas vu l'explication : il demande à D. qui, par erreur, lui indique une autre ligne, R., lorsqu'il s'en aperçoit, qualifie D. de « menteur ».

« Une troisième interprétation du mot « menteur » est l'application à un changement d'idées, à une modification apportée à un travail en cours. Par exemple :

« Le maître pose la multiplication suivante : 256×25 puis, réfléchissant, efface 25 et lui substitue 29. Une enfant obligée de rectifier sur son ardoise, fait le signe « *menteur* »... Un enfant (14 ans) croyant prendre un crayon très dur pour faire du dessin industriel se trompe, et prend un crayon tendre de même apparence. Obtenant un trait épais, il traite le crayon de « *menteur* ».

« On applique également le terme « menteur » à un objet qui procure une réaction inattendue au lieu de la réaction escomptée :

« Apportant un jour à l'école un poids de plomb pesant dix kilogrammes, plié en un paquet de faible volume, nous le donnons à porter à un enfant. Surpris par cette pesanteur excessive autant qu'inattendue, il trouve que le paquet est « *menteur* » (1938, 157-159).

La grammaire du langage gestuel est très simplifiée par rapport à celle des langues orales. Voici ce qu'en dit l'abbé LAMBERT, aumônier des sourds, qui a publié un dictionnaire de signes au 19ᵉ siècle. « Le langage des signes n'a ni article, ni pronom, ni participe, ni conjonction, ni verbe substantif, ni voix passive... Dans ce langage il n'y a ni cas, ni distinction des genres... On exprime rarement une préposition par un signe spécial, elle est ordinairement comprise dans le verbe lui-même... L'adverbe ne s'exprime que par l'adjectif qualificatif » (57-58). La traduction de propos tenus gestuellement donne une impression de style télégraphique ou de petit nègre (cf. exemples d'OMBREDANE ci-dessous).

Les régularités qu'on peut mentionner apparaissent, en

une large mesure, comme d'ordre sémantique ou rhétorique plus que proprement syntaxique. L'abbé LAMBERT, dans une langue imagée, dit : « La phrase mimique n'est qu'une suite de tableaux vivants, les procédés du sourd-muet qui parle sa langue et ceux du peintre sont les mêmes; ainsi le peintre présente d'abord la scène où le drame se passe... puis il dispose les personnages chacun à la place qu'il doit occuper, donne à chacun l'allure qui lui est propre et enfin il les met en action... dans la succession naturelle des faits » (loc. cit. 62).

L'abbé LAMBERT a présenté un certain nombre de principes pour ceux qui veulent se faire comprendre gestuellement. On peut y trouver les règles syntaxiques relatives à l'ordre des éléments. Les adjectifs qualificatifs et possessifs et le geste indicateur s'énoncent après le substantif à qui ils se rapportent. Le verbe s'énonce après le sujet et les compléments, la préposition après les deux termes qu'elle met en rapport, etc... Une autre règle d'ordre, mettre à la fin ce qui est important, ce sur quoi on veut attirer l'attention est, elle, d'ordre rhétorique et non proprement syntaxique.

L'observation montre que ces règles sont loin d'être rigoureusement respectées, soit par interférence avec les règles de la langue orale pratiquée simultanément, soit sous l'influence du contexte ou des intentions de celui qui s'exprime (cf. I SCHELSINGER, 1971).

PELLET a insisté sur les conséquences de la suppression des termes relationnels dans le langage gestuel. Le rapprochement des termes unis dans la langue orale par « à » ou « de » est censé suggérer la relation (« chapeau-père » évoque qu'il s'agit du chapeau du père, que le chapeau appartient *au* père) mais il n'aide pas à la dégager comme le fait la langue orale qui l'exprime d'une manière spécifique. PELLET a cité plusieurs exemples qui montrent que les termes relationnels de la langue sont employés par l'enfant, dans le cadre d'exercices scolaires, en perdant la fonction de mise en rapport au profit d'une expression globale. Un enfant par exemple dit : « *Homme à coté* ». PELLET lui demande de préciser « A côté de quoi ? » « *A coté* » répète-t-il. Enfin nous comprenons qu'il a voulu dire que l'homme n'est pas isolé : il est près de quelque chose ou de quelqu'un. Le mot « à côté » est employé dans un sens absolu, le petit sourd négligeait l'autre terme de la relation sans valeur pour l'idée qu'il s'agit d'exprimer. Seul *cet* homme l'intéresse ».

Un exemple semblable est donné par l'expression « le *garçon derrière* ». Aux demandes d'explication l'enfant répond par un dessin « indiquant que ce garçon était derrière un arbre, qu'il était caché derrière quelque chose, un masque matériel, dont l'existence en tant que chose reliée au sujet importait peu » (1938, 190-191).

OMBREDANE a opposé les possibilités offertes par les deux types de langage dans un texte très suggestif. « On admirera la simplicité expressive du geste de la main portée à la bouche pour exprimer l'acte de manger, du geste de tenir les rênes pour désigner un maître, du geste de jouer de la mandoline pour désigner un individu de teint olivâtre... Mais le sourd-muet gesticulant éprouve de grandes difficultés à exprimer l'abstrait et même il n'arrivera jamais à exprimer certaines abstractions... Pour le sourd-muet l'expression de contenus positifs est facile, mais celle de contenus négatifs l'est moins et des formules comme : « il n'est pas impossible qu'il se décide à ne plus parler de lui » sont intraduisibles dans le langage mimique. Le sourd-muet fera : « Un tel — attitude vaniteuse — fini — peut-être ». Il répugnera à l'expression de la concession, de la restriction, du condi-tionnel. Alors que le langage oral lui permettrait de dire : « Si c'était vendredi aujourd'hui je mangerais du poisson au lieu de viande », il dira, qu'aujourd'hui c'est jeudi et qu'il mangera de la viande. Et si on insiste pour qu'il réponde à la question : « Mais si c'était aujourd'hui vendredi, mangerais-tu du poisson ? » il finira par répondre « menteur ! » (1951, 274).

A partir de ces brèves indications, on peut comprendre que l'on puisse attribuer au langage gestuel un rôle moins favorable dans le développement que celui qui sera attribué aux langues orales. PELLET s'est exprimé en des termes discutables mais frappants qui méritent d'être rapportés.

« Le signe gestif est... un collaborateur très actif du syncrétisme. Représentant confusément un tout, il est un obstacle au développement du plein caractère de la généralité, basée sur une analyse effectuée par l'enfant, des notions acquises. Il se contente d'un sens approximatif : il évoque, conjointement au lien de la notion avec l'objet, des liens avec d'autres idées isolées, suscitées par cet objet. De plus il est une entrave au développement psychologique, car il fixe dans l'esprit une structure qui n'est pas le but de l'enseignement et qu'il faudra ultérieurement ruiner » (1938, 212).

« Le mot gestif et plus tard le mot verbal empreint des mêmes caractères, désigne une situation complexe adhérant d'autant plus à la chose signifiée que le mot est plus évocateur... La perception syncrétique initiale du sourd, déterminatrice du geste, empreint fortement la notion pure de la présence de l'objet désigné... Pour qu'un raisonnement logique soit possible il faut posséder des concepts déterminés rigoureusement et dont la signification soit univoque. De par le geste le concept du sourd est surdéterminé puisqu'il peut évoquer des interprétations diverses » (id. 215-216).

Et PELLET défend la valeur de la langue orale. Dans son apprentissage, « pour le sourd en même temps qu'un apprentissage, il y a découverte de nouveaux horizons intellectuels.

On assiste en effet à la dissolution du syncrétisme par l'étude des mots relationnels... : le langage gestif est un élément de pensée limité dans un concret restreint inorganisé. Seul le langage verbal permet à la pensée une formulation rationnelle » (id. 218-219).

DISCUSSION

Ces éléments d'appréciation sont importants. Il convient cependant de les évaluer, comme on l'a fait plus haut à propos de l'argument de ROMANES. En effet de ce que certains sujets utilisent d'une manière concrète, globale, imprécise un langage peut-on conclure à son infériorité intrinsèque ?

En premier lieu il faut noter que le langage gestuel, tel qu'on peut l'observer dans nos sociétés, reste un langage mineur, de seconde zone. Il ne bénéficie pas de la longue histoire des langues orales qui, pendant des millénaires, ont été élaborées et perfectionnées et où se marque l'influence de tous ceux qui, avec le progrès dans le besoin d'une expression de plus en plus subtile et de plus en plus rigoureuse, ont développé vocabulaire, jeu des significations, ressource d'articulation rationnelle et permis la constitution d'un système de plus en plus capable de se détacher des pressions affectives, pratiques, perceptives.

Le langage gestuel actuellement pratiqué par les sourds ne remonte pas au-delà de l'abbé de l'Épée. Celui-ci bénéficiait, en ce qui le concernait, de tous les apports incorporés à la langue française du 18e siècle. Il a essayé d'en faire passer le maximum dans son système de signes méthodiques. Mais le système a rapidement dégénéré, faute de continuation dans ce sens de la part de ceux qui l'utilisaient, et par le discrédit où est tombé ce mode d'enseignement, supplanté par la méthode orale qui vise à faire communiquer les sourds et les entendants dans la seule langue accessible à ces derniers.

Il reste de son élaboration ce qui était le plus accessible à des sujets demeurant plus ou moins en marge de la langue orale, élèves en cours de scolarité, adultes plaçant le souci d'une communication commode au premier plan. Il n'y a pas de grammairiens, de rhétoriciens du langage gestuel. Les sourds, même cultivés lui sont attachés. Ils le défendent volontiers et volontiers expriment le souhait de le voir conservé dans sa pureté et le regret de le voir dégénérer. Mais il manque les bases d'une véritable élaboration de ce langage. Un des obstacles tient d'ailleurs à ce qu'il est fugace, et que pour garder les traces d'une œuvre gestuelle il faut la traduire dans la langue écrite qui la trahit et ne laisse rien subsister de ce qu'elle a d'original. Ainsi les œuvres théâtrales se conservent grâce à l'écriture et se transmettent indépendamment, tandis que le mime, comme en une certaine mesure la danse, ne peut bénéficier que d'une transmission régionale et limitée [1].

Ainsi lorsqu'on confronte langage oral et langage gestuel on compare des moyens de communication qui ne peuvent être considérés comme ayant des chances égales.

Essayons de raisonner en faisant abstraction de ces contingences. Peut-on imaginer que si le langage gestuel s'était développé sans concurrence il aurait pu atteindre un niveau et une qualité comparables à celles qu'on peut

---

[1] Ces observations valables pour la France ne le sont pas forcément pour d'autres pays, comme les États-Unis où les gestes, utilisés dans certaines écoles sont adaptés à une communication pédagogique précise et contrôlée.

observer de nos jours dans les langues orales ? C'est ce que certains auteurs ont admis comme KLEINPAUL cité par RIBOT (1897, 62) : « C'est presque un hasard que le langage phonétique ait pris une importance si extraordinaire et il n'est pas douteux que le langage mimique, s'il avait été façonné pendant des temps séculaires par les rapports sociaux, serait à peine inférieur à la parole en force, facilité, variété ». Une idée analogue a été exprimée par le psychologue DREVER à propos de la comparaison du niveau intellectuel des sourds et des entendants. Le développement note-t-il s'est fait en faveur des langues orales. Si tous les hommes avaient été sourds, ils auraient pu développer un langage qui eût été aussi perfectionné que ces langues.

Des auteurs qui se sont interrogés sur les origines du langage oral et les raisons de son développement privilégié chez l'homme, certains ont estimé que les facteurs en jeu étaient de nature contingente ou pratique. Dans la perspective d'une compétition originelle entre la parole et le geste, le triomphe de la parole serait un phénomène de survivance du plus apte (« La parole a vaincu parce qu'elle valait mieux », RIBOT, 1897, 63). Le langage gestuel ne permet pas la communication pendant le travail, il exige des conditions favorables pour être perçu : orientation du récepteur vers l'émetteur, absence d'obstacle, lumière suffisante; il demande plus d'effort, la parole ne mettant en jeu qu'une musculature très fine. RIBOT qui a mentionné ces facteurs a également invoqué la plus grande variété des productions, ce qui serait sans doute à discuter. On pourrait aussi considérer la quantité d'information transmise par unité de temps. Il paraît vraisemblable que l'avantage soit à la langue orale, encore qu'il faille être précis sur le niveau auquel l'information sera définie.

En faveur d'une équivalence de base entre langage gestuel

et langues orales on peut relever que le langage gestuel est capable de traduire les subtilités d'une langue orale évoluée. On trouve des éléments d'une telle traduction dans l'œuvre de l'abbé de l'Épée. Celui-ci avait constitué son système des signes méthodiques de telle façon que les discours exprimés par gestes pouvaient être retranscrits par écrit par ses élèves. Pour atteindre ce but l'abbé de l'Épée avait introduit dans la langue gestuelle des signes exprimant tous les mots y compris les plus abstraits, grâce à une sorte d'analyse étymologique ou rationnelle et d'autres fournissant des indices sur les formes grammaticales, les mots de relation, les flexions, etc. Ainsi pouvait-il réaliser les « exercices » publics qui ont grandement contribué à faire connaître son action en faveur des sourds : un entendant disait un texte, un professeur le traduisait en gestes et les élèves le retranscrivaient par écrit.

Mais il faut relever que l'abbé de l'Épée n'a pu concevoir son entreprise que dans la mesure où il disposait d'une langue orale ayant atteint un haut niveau de complexité. Il a importé dans la langue gestuelle des éléments qu'on peut considérer comme extérieurs, ce qui explique que, comme on l'a indiqué plus haut, ils aient disparu par la suite. Ainsi les temps des verbes n'étaient-ils exprimés que par référence à une classification parfaitement arbitraire : pour l'imparfait on jette une fois la main par dessus l'épaule (vers l'arrière, désignation générale du passé), pour le passé défini deux fois, pour le plus-que-parfait trois fois...

Il est vrai que plus souvent l'abbé de l'Épée a recouru à des procédés analogiques ou métaphoriques qui sont dans l'esprit des procédés typiques du langage gestuel que celui-ci continue à manifester. Ainsi *l'article* était désigné par une évocation de *l'articulation* ou jonction des parties du doigt (présentation du doigt en forme de crochet) et la *conjonction* qui joint deux éléments dans la phrase par la *jonction* ou accrochage des deux index, comme l'impératif par le geste de commander. Ne peut-on concevoir que des procédés symboliques aient pu se développer spontanément à l'intérieur de la langue gestuelle? Si la chose paraît peu probable ou si le développement n'en eût été qu'imparfait on peut prétendre que ce n'aurait pas été la marque d'une infériorité réelle. Après tout, bien des subtilités que l'on relève dans les langues orales n'apparaissent-elles pas comme gratuites, sans relation directe avec une communication ou une expression efficaces? Une langue dont la grammaire est simplifiée comme l'anglais, est-elle moins valable que d'autres comme celles que WHORF a étudiées chez les Indiens d'Amérique du Nord ou simplement le russe avec ses déclinaisons compliquées?

Ces arguments ne vont pas à l'essentiel. L'essentiel c'est bien que le langage gestuel conserve des traits qui gênent le plein développement de la liberté du code. Le caractère figuratif du geste entraîne le maintien d'une certaine adhérence du signe à l'objet signifié.

Il est vrai que les langues orales révèlent de nombreuses étymologies qui montrent le départ de mots abstraits ou généraux dans des expressions très concrètes. VENDRYES (1950, 241) a cité plusieurs exemples empruntés à diverses langues (latin, gothique, irlandais, gallois, bas allemand) où l'idée de « fois » est exprimée par un terme qui signifiait au départ « voyage ». De même, écrit-il « l'idée du dehors et du dedans s'exprime dans la plupart des langues indo-européennes par l'opposition de la maison et du champ. Dehors, c'est ce qui se passe au-delà de la porte... c'est ce qui est au champ » (246). Le superlatif allemand *sehr* (très, beaucoup) provient du vieil adjectif *séro* (douloureux, pénible) (242). On connaît les étymologies proposées pour les termes tels que penser (de peser), comprendre (de prendre avec).

Ces faits sont affectivement instructifs. Mais l'enseignement qu'ils apportent concerne finalement moins le fait que les mots sont partis de références concrètes que le fait qu'ils se sont détachés de celles-ci et que l'étymologie en est oubliée et ne peut être rapportée que grâce à des travaux d'érudits, qui échappent à l'utilisateur.

Ce qui caractérise les langues orales, c'est que pour une large part la signification se définit à l'intérieur d'un système de relations entre les mots. L'idée que la signification des mots repose sur une correspondance avec l'objet désigné, et que le mot pourrait être assimilé à une sorte d'étiquette attachée à un objet, n'est valable que par une très petite partie du vocabulaire. Il est frappant que les auteurs du Français Élémentaire relevant des échantillons de conversations pour déterminer les mots les plus fréquents n'ont pu y relever nombre de mots désignant les objets les plus usuels. Même lorsqu'un mot peut être mis en correspondance avec un objet défini, cette correspondance est très loin d'épuiser cette signification, puisque le mot apporte les multiples nuances qui naissent de son utilisation dans des contextes verbaux variés. Les contacts, dans ces contextes, avec les objets sont largement ponctuels et allusifs.

C'est la tendance inverse qu'on observe dans le langage gestuel. Celui-ci séduit par les références qu'il comporte, y compris par la mimique, qui, chez certains orateurs ou interprètes, introduit une dimension vivante et esthétique. On est amusé de voir que la liberté s'exprime par le geste des deux mains enchaînées (qui signifie prison) qui soudain s'ouvrent et s'écartent, comme devant le prisonnier s'ouvre la porte après que ses chaînes ont été retirées, ou que enseigner est présenté dans un geste qui évoque le fait de prendre quelque chose dans sa tête et de le répandre devant soi. Certes Tervoort (1961) a insisté sur le fait que ces « étymologies » étaient souvent ignorées de ceux qui emploient les gestes et il a, à juste titre, parlé de la formalisation vers laquelle tend le langage gestuel. Néanmoins ces références pèsent, surtout dans la mesure où le système relationnel à l'intérieur de la langue reste rudimentaire.

Le langage oral tend à s'affranchir de la réalité telle qu'elle est vécue et perçue et il la reconstruit à sa façon. Par exemple il peut en décrivant les événements inverser l'ordre dans lequel ceux-ci se sont déroulés; « avant d'aller vous voir j'écrirai cette lettre » est aussi naturel que « j'écrirai cette lettre, puis j'irai vous voir ». Le langage gestuel, on l'a déjà noté, tend à suivre l'ordre des événements qu'il décrit comme ils se présentent ou doivent se présenter effectivement, faute en particulier des termes grammaticaux qui permettent une inversion naturelle. Il en est de même pour la reconstruction sur un plan logique ou causal.

Il faut aussi relever que, du côté de celui qui l'utilise, le langage gestuel implique une participation physique beaucoup plus grande que le langage oral. Certes il ne faut pas concevoir le langage gestuel des sourds comme assimilable à une pantomime. Sur ce point les expressions, citées ci-dessus, de l'abbé Lambert comportent quelques excès. Si certains dramatisent leur expression gestuelle, d'autres s'en servent très sobrement. Mais l'homme est plus engagé dans le geste qu'il ne l'est dans la parole et le geste ne l'aide pas comme la parole à se dégager du vécu et de l'agi et à prendre des distances à son égard, comme peut le faire quelqu'un qui, allongé dans un fauteuil, évoque les incidents d'une chasse ou d'une course automobile. Les paroles prononcées deviennent extérieures au sujet, surtout quand elles sont enregistrées par l'écriture. Même pour les répéter, il n'est pas besoin de revivre ce qu'a dit l'autre. Pour le geste il faut le faire en partie. La distanciation du signe est à considérer aussi de ce point de vue et pas seulement par rapport à l'objet signifié.

Une tendance récente de la pédagogie des tout jeunes sourds est cependant de leur faciliter l'usage des gestes. Au moment où s'instaurent les premières activités de communication verbale avec l'entourage, certaines études suggèrent que le recours est favorable à l'enfant tant pour le développement de la personnalité que pour faciliter l'acquisition ultérieure de langue (H. SCHLESINGER ET MEAPOW, 1971). Ceci ne va pas contre les arguments développés ci-dessus. En effet le caractère grammatical des toutes premières phrases de l'enfant est admis par la majorité des chercheurs actuels (cf. McNEILL 1970, BROWN, 1970). Mais la grammaire en question est des plus simplifiées et ne dépasse pas celle que les gestes peuvent mettre en œuvre à ce moment. D'autre part les communications qui se développent le sont avec des parents qui possèdent la langue orale. Une situation pédagogique développée sur ces bases, avec l'aide d'éducateurs ou conseillers spécialisés pourrait atteindre des résultats excellents. Seulement les gestes ne sont plus ici utilisés comme tels, mais comme traduction de la langue. On retrouve, dans des conditions plus favorables, la situation de l'abbé de l'Épée.

On peut reprocher à la discussion qui précède d'introduire trop d'éléments spéculatifs et de mêler des références hétérogènes. Nous ne le contesterons pas. Elle permet cependant, croyons-nous, de considérer que la liaison entre le développement de l'homme et l'usage du langage articulé n'est probablement pas fortuite. Peut-être, comme il résulte de la position des auteurs auxquels on s'est référé plus haut, est-ce pour des raisons contingentes, presque par accident que l'espèce humaine a disposé de ce langage. De même a-t-on pu prétendre que c'est par suite de l'accès à la marche bipède qui a dégagé les mains que s'est développée son activité fabricatrice. Mais peut-être, plus profondément, le langage oral, s'est-il développé comme un moyen que l'intelligence, conjointement avec l'affectivité, appelait pour son perfectionnement.

Quoi qu'il en soit lorsqu'on discute des rapports entre langage et développement chez l'homme, faut-il se rappeler qu'on ne considère pas n'importe quel langage ou un langage conçu d'une manière générale et que les deux formes étudiées ici ne paraissent pas équivalentes.

CHAPITRE V

LANGAGE ET PENSÉE OPÉRATOIRE

Ce chapitre est consacré à l'exposé et à la discussion des contributions qui se sont inspirées de PIAGET. La place donnée à PIAGET se justifie par l'ampleur de ses investigations, l'originalité de ses conceptions, les répercussions que les unes et les autres ont eues et ne cessent d'avoir lorsqu'il s'agit d'étudier le développement mental. En outre l'examen de travaux effectués dans le cadre de ses théories conduira à préciser quelques points qui n'ont pas été abordés encore.

Ne nous proposant pas de suivre simplement PIAGET, nous ne considérons pas que tous les concepts qu'il a créés ou contribué à faire utiliser soient « bien formés » et peuvent être utilisés sans équivoque. C'est le cas du concept d'opération. Par contre il est indiscutable, et c'est une contribution fondamentale de PIAGET expérimentateur de l'avoir fait apparaître au cours de multiples investigations originales, qu'il existe des *niveaux* de réussite chez les enfants en cours de développement. A un certain moment l'enfant échoue devant les questions de l'expérimentateur, puis, quelques mois ou quelques années après, il réussit, ayant comme franchi un seuil. Ainsi peut-on s'exprimer conformément aux faits et sans prendre position sur le fond en parlant de niveau pré-opératoire et opératoire. C'est ce qu'on fera ici. Les usages plus généraux et plus extensifs de termes « opération », « opératoire » seront à prendre comme des citations.

1. La perspective piagétienne

LES PRISES DE POSITION DE PIAGET

Nous allons considérer dans cette section les principales prises de position de PIAGET à l'égard du rôle joué par le langage dans le développement.

PIAGET a écrit un ouvrage *Le langage et la pensée chez l'enfant* (1924) qui peut paraître, par son titre avoir un rapport avec notre problème. Il n'en est rien car il traite essentiellement de la communication entre enfants et entre enfants et adultes. PIAGET tirait bien des expressions verbales relevées chez les enfants des inférences quant aux modalités de leur pensée et de leur raisonnement. Mais c'était en vertu d'un postulat d'une connexion étroite entre le langage et la pensée, celle-ci n'étant pas traitée indépendamment du langage et réduite à la pensée verbale. PIAGET a pris de la distance à l'égard de cette partie de son œuvre, en particulier dans la mesure où il pense qu'il existe des racines de la pensée qui se trouvent en deçà de ce qu'exprime une activité verbale (cf. 1963, 51).

Dans une étude publiée en 1954, et reprise dans le texte de 1964 que nous utiliserons, le sujet est abordé pour lui-même.

On trouve dans les dernières pages de cette étude une position qui est exprimée sous une forme verbalement très nette et que pour l'essentiel on retrouvera ailleurs : « le langage est... une condition nécessaire mais non suffisante de la construction des opérations logiques » (113). La justification de cette affirmation se trouve dans l'analyse des opérations intellectuelles qui montre que leur origine est à chercher dans l'action : « les structures qui caractérisent [la pensée] plongent leurs racines dans l'action et dans des mécanismes sensori-moteurs plus profonds que le fait linguistique » (112). D'autre part « plus les structures de la pensée sont raffinées et plus le langage est nécessaire à l'achèvement de leur élaboration ». L'intervention du langage est nécessaire « car sans le système d'expression symbolique que constitue le langage, les opérations demeureraient à l'état d'actions successives sans jamais s'intégrer en des systèmes simultanés... ». Par ailleurs elles « resteraient individuelles et ignoreraient par conséquent ce réglage qui résulte de l'échange inter-individuel et de la coopération » (113).

A ce propos PIAGET réintroduit une notion qui lui est chère, celle d'interaction circulaire. « Entre le langage et la pensée il existe ainsi un cercle génétique tel que l'un des deux termes s'appuie nécessairement sur l'autre en une formation solidaire et en une perpétuelle action réciproque » (id). Mais il tient à marquer dans ses dernières lignes le primat de l'intelligence sur le langage. Langage et pensée « dépendent, en fin de compte, de l'intelligence elle-même qui, elle, est antérieure au langage et indépendante de lui » (id).

Il convient d'examiner les arguments qui sont donnés en faveur de ces affirmations, à la fois nuancées et catégoriques.

Un de ceux-ci invoque la dépendance du langage par rapport à une fonction intellectuelle plus fondamentale, la « fonction symbolique ». Ainsi, commentant le progrès que marque l'enfant de 2-3 ans par rapport à celui de 8-10 mois, PIAGET dit qu'il peut sembler évident que la supériorité du plus âgé puisse être attribuée au langage. Mais l'analyse montre que, en même temps que le langage s'acquiert, deux nouveautés apparaissent : le début de la représentation, le début de la « schématisation représentative » (c'est-à-dire l'insertion des objets et événements dans un cadre conceptuel). Or ces dernières peuvent avoir d'autres sources que le langage qui n'est qu'une forme de symbolisme (interindividuel) à côté d'autres formes qui, elles, sont de nature individuelle, telles que : le jeu symbolique (« faire semblant de »), l'imitation différée (c'est-à-dire exécutée en l'absence du modèle), l'image mentale.

Ainsi, dit PIAGET, nous devons admettre une fonction symbolique plus large que le langage et englobant en plus des signes collectifs de celui-ci les symboles individuels. « Comme le langage n'est qu'une forme particulière de la fonction symbolique et comme le symbole individuel est... plus simple que le signe collectif, il est permis de conclure que la pensée précède le langage » (105)...

Un second argument consiste à montrer la dépendance des opérations intellectuelles par rapport à l'*action*. Il conduit à considérer les « opérations concrètes » qui apparaissent vers 7-8 ans et qui interviennent dans les classifications, sériations, mises en correspondance... Ces opérations, par ex. celle de réunir ou de dissocier (qui intervient dans les classifications, où les objets sont groupés ensemble ou constitués en groupes distincts) sont d'abord « des actions proprement dites avant d'être des opérations de la pensée » (105). L'enfant les exécute au niveau perceptif et par la manipulation avant de les formuler sur le plan verbal. Le langage ne peut être, par conséquent, la cause de leur formation.

Un troisième argument considère les opérations formelles, qui apparaissent vers 11-12 ans. Celles-ci, au lieu de porter directement sur les objets, comme les opérations concrètes, portent sur des propositions verbales, ce qui les met en rapport très direct avec le langage. Mais PIAGET nie que le langage puisse faire surgir ces opérations.

Ce qui caractérise les opérations logiques, du point de vue psychologique, c'est qu'elles se réunissent en système ou structure d'ensemble et ne sont pas constituées d'éléments isolés. Or cette structure d'ensemble se trouve déjà au niveau des opérations concrètes. Celles-ci sont plus simples, mais le passage des unes aux autres dépend de l'introduction d'une combinatoire. Cette dernière apparaît sur le plan non verbal aussi bien que sur le plan verbal et on ne peut soutenir qu'elle dépend du langage; au contraire c'est « l'achèvement des opérations combinatoires qui permet au sujet de compléter ses classifications verbales » (111).

PIAGET a repris le même thème dans une section de l'ouvrage collectif *Problèmes de psycholinguistique* (1963).

Il y utilise à nouveau l'expression « condition nécessaire mais non suffisante ». Il y redonne les mêmes arguments que nous avons déjà vus, mais en fournissant quelques autres qui peuvent être cités.

Pour montrer que le langage n'est pas une condition suffisante il reprend les arguments tirés de l'existence au niveau sensori-moteur d'une « sorte de logique de coordination des actions » et de la fonction symbolique.

Un argument nouveau porte sur l'insuffisance du langage à transmettre des structures opératoires toutes faites. C'est ainsi que, bien que les classifications soient « inscrites dans le langage », l'enfant ne manie les définitions inclusives (par le genre et l'espèce) que lorsqu'il a atteint le niveau des opérations concrètes. De même « les expressions verbales connotant l'inclusion d'une sous-classe dans une classe, telles que « quelques-unes de mes fleurs sont jaunes » ne sont dominées qu'au niveau où l'inclusion elle-même est assurée grâce au jeu des opérations additives et multiplicatives des classes » (58).

En ce qui concerne le langage comme condition nécessaire, considérant les opérations formelles (portant, rappelons-le, sur des propositions) PIAGET introduit des restrictions qui sont également nouvelles.

Tout d'abord, ces opérations ne prennent pas seulement leurs racines dans l'action, ce qui les situe « en deçà » du langage, elles le dépassent et se trouvent « au-delà ». Les opérations propositionnelles sont des systèmes complexes où interviennent la combinatoire (déjà citée) et le groupe des quatre transformations qui coordonne les inversions et les réciprocités. Or ces « structures d'ensemble dépassent le langage du sujet et ne sauraient même pas être formulées à l'aide du seul langage courant » (59) (on sait qu'elles requièrent le langage de la logique formelle).

D'autre part, l'action du langage se traduirait moins par « la transmission de structures toutes faites » (on retrouve le même argument que pour les structures opératoires concrètes) que par « une sorte d'éducation de la pensée et du raisonnement » (id). PIAGET évoque à ce propos des idées issues de la théorie de l'information concernant les conditions générales de la communication et auxquelles la logique elle-même pourrait s'intégrer sous forme de système de précorrection des erreurs (proposé par APOSTEL). Elles renvoient de toute façon à des conditions qui sont communes au langage et à la logique et excluent par conséquent la dépendance de la seconde par rapport à la première.

PIAGET avait entre temps publié avec INHELDER (1959) un ouvrage consacré aux structures logiques élémentaires où il avait abordé, dans quelques pages d'introduction, le même problème limité cependant aux opérations de classification et de sériation. Y figurait en particulier déjà l'argument repris en 1963 et que nous avons cité, sur l'inclusion verbale (l'usage de « tous » et du « quelques-uns »). D'une façon plus générale PIAGET y mentionnait le fait que le langage est assimilé aux structures du sujet. Ainsi le fait d'utiliser un terme qui correspond à une classe (par ex. le mot « chat ») ne signifie pas que l'enfant l'étende correctement à la classe avec ce que cette dernière implique du point de vue inclusion ou coordination...

Le développement au cours des récentes années, des travaux consacrés à l'acquisition du langage a eu ses retentissements dans l'École de Genève qui y a apporté sa contribution (cf. SINCLAIR de ZWART, 1967, FERREIRO, 1971). Il a contribué à suggérer à PIAGET quelques vues plus nuancées. Ainsi, dans la préface au livre de FERREIRO (XII-XIII), il discute sur les deux interprétations possibles des relations entre le développement des opérations et celui des formes verbales. Toutes deux ont en commun de mettre les secondes en position de dépendance à l'égard des premières. Mais selon l'une les opérations se développant « de façon autonome » se généraliseraient ensuite à des contenus nouveaux. « En ce cas, les opérations constitueraient le moteur des progrès du langage, mais un moteur en quelque sorte externe... les transformations proprement linguistiques n'étant que le reflet des structurations logiques qui les produisaient ». Selon l'autre, qui paraît à PIAGET plus probable, mais dont la formulation reste allusive, il ne faudrait pas accepter une séparation aussi marquée. Le développement se poursuit selon un jeu de régulations et d'équilibrations qui concerneraient aussi bien l'action que le langage. Par là les opérations naîtraient de régulations qui englobent également le domaine verbal. Corrélativement le langage ne serait pas dirigé « du dehors, selon une action à sens unique » mais ses progrès dépendraient de ces mécanismes régulateurs communs qui déterminent ainsi l'évolution vers les opérations.

On peut voir dans cette dernière interprétation une sorte de concession à l'égard du langage qui se trouve réintroduit en quelque sorte à l'intérieur des processus qui constituent d'une façon générale l'évolution cognitive. Ainsi il participe à celle-ci mais sans recevoir un rôle «moteur » et en particulier (PIAGET tient à rappeler sa thèse ancienne) sans pouvoir être considéré comme à l'origine des relations logiques qui, au plus, procèdent d'une source commune.

L'analyse des textes de PIAGET révèle assez clairement ses positions pour ne pas appeler de commentaires. On aura cependant noté que les arguments utilisés gardent un caractère général et une forme dialectique articulée assez lâchement avec les données expérimentales. Ceci s'explique par le fait qu'ils n'ont pas été développés à l'occasion d'expériences spécifiques entreprises directement pour éclairer le problème. La généralité même des positions exclut la discussion. Qui est disposé à nier, sauf pour soutenir un paradoxe, que le langage contribue au développement, mais qu'il n'en est pas l'origine et le déterminant unique ?

Sur le plan de la formulation on peut s'interroger sur la pertinence de l'expression « condition nécessaire mais non suffisante ».

En premier lieu il s'agit d'une formule passe-partout qui peut s'appliquer à bien des problèmes sans contribuer à les éclairer. Dans aucun domaine de la vie psychologique, aucun élément ou facteur envisagé seul ne suffit à rendre compte de l'ensemble des faits considérés. Ce qui est dit du langage peut l'être de l'hérédité, de la maturation, du milieu, de l'exercice. Si au lieu du langage on se réfère à la mémoire, la perception, la motivation, etc., de chacune prise à part on peut affirmer qu'elle est une condition nécessaire mais non suffisante. Que seraient la pensée, l'intelligence sans mémoire, sans perception, sans motivation, qui pourtant ne déterminent pas évidemment ce qu'elles sont?

Et ceci est valable en dehors de la psychologie... Aucune des grandes fonctions, respiration, circulation, digestion, élimination... n'est la condition suffisante pour le maintien de la vie, alors que chacune en est une condition nécessaire. La supériorité de la biologie est sans doute qu'aucun auteur ayant à discuter de telle ou telle de ces fonctions et de ses rapports avec telle autre n'emploiera pour s'exprimer une formule de ce style...

En second lieu, du point de vue de la conception de PIAGET on peut douter que cette formulation en suggère une idée fidèle. Le fond de la pensée pour PIAGET est que ce qui compte avant tout, c'est l'action. C'est de l'action que l'intelligence, la pensée, la logique dérivent et c'est même elles qui en constituent la substance, puisque l'opération, activité intellectuelle de base, naît de l'action dont elle est l'intériorisation. Si l'on regarde de près les arguments dont on rapporte l'essentiel ci-dessus, on remarque qu'ils vont pratiquement tous dans une seule direction : montrer que le langage ne détermine pas le développement intellectuel. Bien plus ce qu'a concédé au langage la formulation générale est repris et remis en cause par des arguments qui vont jusqu'à contredire celle-ci. Ainsi l'affirmation : « sans le langage les opérations demeureraient à l'état d'actions successives, sans jamais s'intégrer en des systèmes simultanés » (1964, 113) est contredit par l'argument qui le précède à quelques lignes : c'est la nature même des opérations qui fait qu'elles se réunissent en système ou structure d'ensemble. Ceci se trouve déjà au niveau concret. Le passage aux opérations formelles n'est pas dû au langage, mais à l'introduction de la combinatoire (dont il a lui-même besoin pour s'achever)...

Autrement dit à tout moment de l'argumentation, on voit rejetée l'attribution d'un rôle nécessaire au langage, comme si PIAGET n'avait avancé la formule que pour la prendre comme cible...

MODÈLE « ÉPISTÉMOLOGIQUE » ET ANALYSE FONCTIONNELLE

Les déclarations de PIAGET, malgré les réserves qu'on vient de voir sur certaines formulations, définissent sa position à l'égard des relations entre langage et développement. Mais elles n'explicitent pas tout. PIAGET a, en effet, développé et mis en œuvre un ensemble d'idées qui définissent une théorie générale de la psychologie et une théorie du développement cognitif. De celles-ci découle un éclairage spécifique pour notre problème. On ne peut le passer sous silence. Évoquons-en les grandes lignes pour saisir cette spécificité et par là même la signification d'expériences effectuées sous son inspiration directe ou indirecte et dont on parlera plus loin.

L'originalité de PIAGET est de se placer au double point de vue de l'épistémologie et de la psychologie et de chercher à éclairer l'une par l'autre. Il en résulte une conception de la psychologie qui met l'accent sur la spécificité de la connaissance et du cognitif et, dans ceux-ci, s'intéresse avant tout aux structures. Par là, elle tranche radicalement avec toute perspective qui part de la seule observation des conduites ou comportements objectifs, donc avec les conceptions de type behavioriste et plus spécialement à composante associationniste, dont, par exemple, il a été question au chap. 2. Mais le contact n'est pas perdu pour autant avec les sujets concrets, un des mérites de PIAGET étant d'avoir multiplié les situations expérimentales où ils doivent effectuer des tâches précises. Leurs difficultés, l'évolution d'un niveau de réussite à un autre appellent des interprétations qui, finalement, arrivent à ne pas différer semblablement de celles que tout observateur, quel que soit son arrière-fond théorique (qui, quel qu'il soit, ne permet pas en général d'aller jusqu'au détail des comportements dès qu'ils deviennent un peu complexes) est amené à envisager. Il y a ainsi une dualité des attitudes et des interprétations qui subsiste malgré les efforts de PIAGET pour réduire les secondes aux premières et il est nécessaire d'en tenir compte.

Le modèle « épistémologique »

Ce qu'on peut appeler le « modèle épistémologique » que propose PIAGET s'inspire de l'organisation des créations intellectuelles élaborées, logiques et mathématiques, et essaie d'interpréter les conduites des sujets et leur développement en s'y référant.

La première caractéristique des constructions logiques ou mathématiques est qu'elles sont des *systèmes,* ou si l'on préfère des *structures.* Cela veut dire que les divers éléments ou parties qu'on peut isoler ne sont pas effectivement isolés et ne peuvent être compris d'une manière adéquate si on les considère à part. Ainsi, pour prendre un exemple simple et familier, en arithmétique, les propriétés des nombres, les opérations qu'on peut faire sur eux (addition, soustraction, etc.) sont coordonnées (ou coordonnables) et sont en relations strictement définies (comme cela est clair pour la soustraction et l'addition, l'élévation de puissance et la multiplication, etc.). De même en logique où affirmation, négation, conjonction, disjonction, incompatibilité... découlent du système des relations binaires qu'expriment les « tables de vérité ».

La seconde caractéristique est que ces systèmes mettent en jeu des opérations. L'essentiel de l'idée d'opération est celle de règle. Une opération permet la transformation d'une donnée ou d'une formule en une autre d'une manière qui permet de déduire les unes des autres d'une manière nécessaire. Ainsi les opérations logiques portent sur des propositions auxquelles des valeurs de vérité et de fausseté sont attribuées. Elles permettent d'engendrer de nouvelles propositions également pourvues de valeur.

Structures et opérations sont des notions étroitement liées : les structures se réalisent par un système d'opérations et les opérations ne sont elles-mêmes concevables que comme éléments d'un système où elles sont coordonnées les unes aux autres.

Le modèle « épistémologique » du développement se construit à partir de cette orientation. Il montre, par exemple, comment dans les classifications le niveau opératoire correspond à la manipulation des structures des classes et des sous-classes (ainsi les relations $A = B + C$, $B = A - C$, $B < A$ permettent la quantification de l'inclusion que ne maîtrise pas l'enfant au niveau préopératoire). Dans la conservation des quantités physiques qui a une très grande importance chez PIAGET (cf. PIAGET et INHELDER, 1969) et qui est largement utilisée pour tester l'atteinte du niveau opératoire, il met de même l'accent sur le fait qu'elle se constitue comme système ou structure soumis, comme la logique ou les mathématiques, à l'empire de la nécessité. La conservation est affirmée à partir du moment où les transformations sont considérées comme réversibles. Ce dernier mot a un sens fort. Dans une opération mathématique ou logique la transformation peut être annulée par une opération inverse. Cette propriété est partie de l'intrinsèque de l'opération : l'addition n'est pas concevable sans la soustraction qui l'annule; une addition qui ne serait pas annulable par la soustraction ne serait pas une opération. Ainsi il y a transformation opératoire des quantités physiques lorsque le sujet admet pour toute transformation la transformation inverse qui l'annule et ne conçoit plus qu'il ne puisse y avoir cette transformation inverse.

L'analyse fonctionnelle

L'analyse fonctionnelle considère le sujet aux prises avec un univers auquel il essaie d'imposer les exigences de la raison. Les structures rationnelles en effet ne sont pas données, perçues. PIAGET insiste sur le fait qu'elles sont *construites*. Cette construction trouve un appui dans certaines propriétés directement appréhendées, comme l'identité des objets et des personnes. Mais dans d'autres cas elle doit s'effectuer en allant à contre-courant de ce que la perception suggère. Le monde n'est pas en perpétuel changement comme l'affirmait HÉRACLITE mais un certain nombre de constances sont masquées par le changement des apparences.

Ainsi l'atteinte des conversations implique que l'enfant néglige le changement dans les apparences, qui est pourtant immédiatement donné, pour retenir la permanence et, qui plus est, construit le système qui permet de concilier l'un et l'autre. Comme l'enfant a traversé une longue période où prédominent les impressions perceptives, c'est contre des habitudes constituées que les exigences rationnelles doivent lutter, d'où résistance et conflit, comme l'a indiqué PIAGET (cf. par ex. PIAGET et SZEMINSKA, 1941, 13). De même PIAGET a décrit le « phénoménisme » c'est-à-dire la soumission à l'expérience immédiate comme un des obstacles à l'atteinte des conservations.

En ce qui concerne celles-ci PIAGET a beaucoup insisté sur la *compensation* : (ce qui est gagné dans une dimension de l'objet, par exemple la hauteur, est perdu dans une autre dimension, par exemple la largeur, ce qui permet d'admettre l'invariance de l'ensemble). Le statut de la compensation chez PIAGET est mixte. D'une part elle correspond au modèle épistémologique. C'est la multiplication logique des relations en jeu (plus haut, plus large) dont il parle dans *La Genèse du nombre*. C'est aussi la compensation des parties et des proportions qui amène à la compensation quantitative. Mais d'autre part elle correspond, ce que nous retenons ici, à des actes et des capacités fonctionnelles. Avant le niveau opératoire l'enfant n'est pas capable de tenir compte *simultanément* des diverses dimensions (il s'attache par exemple, à la hauteur et néglige la largeur). Ceci est en rapport avec une *insensibilité à la contradiction*. « Tantôt il [l'enfant préopératoire] croit que le liquide bleu est plus abondant que le rouge, tantôt il croit l'inverse sans pour autant penser qu'il a eu tort auparavant » (PIAGET et SZEMINSKA, 1941, 14). Plus concrètement encore PIAGET s'exprime en termes *d'oubli* : « Quand l'enfant considère les niveaux inégaux il oublie les largeurs et quand il perçoit les largeurs inégales il oublie ce qu'il vient de penser des relations de niveaux » (id, 22).

LANGAGE ET DÉVELOPPEMENT SELON LES DEUX PERSPECTIVES

Les deux perspectives sans lesquelles le développement cognitif est considéré étant explicitées, comment se présentent ses rapports avec le langage ?

Avec le modèle « épistémologique » c'est vers la confrontation des structures linguistiques et des structures cognitives qu'on se trouve orienté. Si le structuralisme classique de la linguistique paraît trop statique, celui de CHOMSKY, qui met l'accent sur les transformations, paraît beaucoup plus proche des vues développées par PIAGET. Jusqu'ici lorsque chacun a parlé de l'autre, c'est plutôt pour marquer les divergences que les convergences. CHOMSKY n'est pas convaincu de l'existence d'une succession de stades qui fait partie des postulats de base de la conception piagétienne (1968, 80). PIAGET reproche à CHOMSKY un innéisme contre lequel il s'est toujours élevé au profit d'un interactionnisme où l'expérience a sa place. CHOMSKY par ailleurs compte sur l'analyse du langage verbal pour atteindre la pensée, alors que PIAGET le récuse et entend procéder, comme on l'a rappelé, à partir d'une analyse des actions éclairée par le symbolisme de la logistique.

La mise en rapport du développement cognitif et du développement verbal se heurte dans le cadre de la conception piagétienne à une difficulté. Le modèle opératoire ne s'applique qu'à un moment (7 ans environ) qui dépasse largement l'âge auquel l'enfant a acquis l'essentiel du langage. Cette difficulté conduit à développer les analyses dans deux directions. La première est d'aller dans le sens des niveaux préopératoires pour y découvrir des organisations qui, sans être encore logiques, n'en seraient pas moins structurées et susceptibles même de se traduire dans des modèles formalisables. La seconde invite à s'attacher à l'étude des acquisitions verbales qui se développent après l'atteinte du niveau opératoire.

La première direction est suivie par exemple par FERREIRO (1971) qui érige en conquête positive le stade préopératoire de la renversabilité dans la conservation des quantités. En allant plus loin on cherchera à s'appuyer sur ce que PIAGET a dit depuis bien longtemps sur l'intelligence sensori-motrice. L'organisation des schèmes d'action, qui permettent l'adaptation au monde des objets et à leurs propriétés pratiques apparaît dès les premiers mois de la vie. PIAGET (PIAGET et al. 1968) s'est préoccupé dans l'étude de la « fonction » de saisir des traits de l'organisation des schèmes qui correspondent à un début de logique, ou une logique incomplète. On pourrait trouver dans ce qu'il a écrit à ce sujet des indications transposables au langage. Ainsi les trois formes d'assimilation (reproductrice, recognitive, généralisatrice) qu'il décrit pour les schèmes d'action peuvent être considérés comme valables à l'égard des mots et des organisations verbales, qu'elles soient perçues ou produites. Les « coordinateurs » des logiciens que PIAGET invoque pour entrer dans une analyse plus formalisable, W ou répétiteur, I ou identificateur, C ou permutateur, B, coordinateur d'association, sont également susceptibles d'une telle extention.

L'utilisation de la notion d'application des mathématiciens à laquelle PIAGET recourt naturellement dans son étude de la fonction, peut de même être envisagée. Il y a application du schème aux objets, et par là mise en correspondance des caractéristiques des objets, ce qui constitue encore une application. Ceci pourrait être dit des schèmes verbaux comme des schèmes pratiques.

L'assimilation réciproque des schèmes dont PIAGET donne des exemples à propos de la coordination de la préhension et de la vision pourrait de même être invoquée entre schèmes pratiques et schèmes verbaux.

On remarquera que des rapprochements de ce genre restent globaux et généraux et n'entrent dans l'intimité ni des structures cognitives ni des structures linguistiques. Les références sont d'ailleurs aussi fonctionnelles que structurales, car ce qu'on dit des schèmes concerne une certaine manière de se comporter du sujet. Bien entendu, de toute façon ce qui peut être dit justifierait la dépendance du langage à l'égard d'organisations manifestement plus précoces et plus fondamentales, sauf l'interaction des schèmes qui, si l'on admet la réalité des schèmes verbaux, permet d'imaginer sur le plan des principes, une modification, sous leur influence de la perception et de l'action.

Il en est tout autrement quand il s'agit de l'analyse fonctionnelle. La description que propose PIAGET du développement de l'enfant est très parallèle à celle qu'on est amené à envisager lorsqu'on essaie de comprendre comment le langage s'insère dans les activités préexistantes et modifie les capacités et les attitudes intérieures. A la dominance, au départ, de l'âgi et du perçu, succèdent la conquête d'une indépendance relative par rapport à ceux-ci, l'accès à des constructions qui se déterminent selon leurs propres règles internes.

Dans l'analyse du développement PIAGET fait appel à l'assimilation ou plus exactement au jeu équilibré de l'assimilation et de l'accommodation. L'assimilation s'exerce sur tout ce qui est donné et pret à l'action. PIAGET considère essentiellement donné et action physiques. Mais il n'est aucune raison qui puisse exclure qu'elle s'exerce sur le langage, lequel constitue pour l'enfant une source d'expériences et d'actions presque aussi permanente que le monde des objets.

Lorsque PIAGET est placé en face des données qui indiquent un décalage chronologique dans l'atteinte du niveau opératoire en fonction du milieu social ou culturel (par ex. 1966) il admet leur réalité et l'intervention des facteurs qui différencient les milieux. Rien ne permet d'exclure les facteurs linguistiques et verbaux. Le faire serait forger un enfant abstrait qui ne serait en rapport qu'avec le milieu physique ou qu'avec un milieu culturel, qui ne serait qu'entité abstraite quand on en retire contenu et structure de la langue, niveau et nature des échanges et communications.

Nous avancerons volontiers l'idée que la formule de PIAGET sur le langage « condition nécessaire » du développement lui a été inspiré pour la considération des aspects fonctionnels du développement, auxquels il fait d'ailleurs référence dans son argumentation. Ceci expliquerait pourquoi il la maintient malgré les contradictions que la perspective « épistémologique » lui oppose.

2. Les apports de l'expérimentation

Les données que l'on va considérer ci-dessous ont été obtenues dans des expériences qui reprennent certaines de celles qu'a imaginées PIAGET. Elles ont été effectuées soit dans le but de fournir des arguments sur les thèses de PIAGET relatives au rapport langage-développement, soit seulement pour contribuer à déterminer le rôle éventuel du langage dans les secteurs auxquels PIAGET a consacré ses travaux et que ses expériences permettent justement d'atteindre.

Une partie de ces expériences portent sur les enfants normaux. Comme toutes celles qui sont effectuées sur ceux-ci elles atteignent essentiellement des corrélations. Une autre partie a été consacrée aux sujets sourds, qui ici également permettent d'introduire une analyse plus approfondie.

DÉVELOPPEMENT DU LANGAGE ET ATTEINTE DU NIVEAU OPÉRATOIRE CHEZ L'ENFANT NORMAL

Nous ne nous étendrons pas sur les expériences effectuées avec les enfants normaux. Elles offrent les limitations de toute étude de corrélation que l'on a rappelées chap. I. Chez SINCLAIR DE ZWART (1967) on en voit clairement le principe : le niveau opératoire est évalué (par une épreuve de conservation) et certaines capacités verbales le sont d'autre part. Il apparaît que le niveau de langage et le niveau de développement cognitif sont liés, les formes verbales les plus élaborées étant maîtrisées par les enfants conservants. Des expériences d'entraînement à la conservation faisant intervenir le langage n'aident pas ou aident peu les sujets de niveau préopératoire à atteindre la conservation. Tout ceci est interprété comme preuve que le langage dépend de la pensée.

De telles études sont précieuses pour préciser les progrès dans le développement de certaines formes verbales (cf. FERREIRO, 1971). Mais leur valeur démonstrative à l'égard des rapports langage et développement cognitif est faible. Elles conduisent seulement à illustrer sur des points particuliers ce qui, du point de vue général, est de l'ordre des évidences. Personne ne doute qu'un certain niveau de maturité est nécessaire pour atteindre un certain niveau de performance. Les épreuves opératoires interviennent ici comme un *indicateur de maturité,* au même titre que n'importe quelle échelle classique, BINET-SIMON ou autre. Personne non plus ne doute qu'un entraînement n'est efficace que si le sujet a atteint le niveau qui lui permet d'en bénéficier, qu'il s'agisse de marcher, grimper un escalier ou répondre à des questions sur les quantités de liquides. Lorsque LEROY-BOUSSION (1971) montre que l'apprentissage de la lecture ne réussit bien que pour tel âge mental ou tel Q. I. personne ne tire de conclusions sur le rôle du Q. I. dans la lecture, si ce n'est à titre métaphorique, parce que le Q. I. n'est qu'un index. L'usage d'une épreuve opératoire ne permet pas, sur ce point précis, d'aller plus loin que s'il était montré comment, en quoi et par quoi l'opératoire détermine la linguistique. Cette relation, comme on l'a dit plus haut reste globale quoique dans le cas de SINCLAIR DE ZWART, les expressions verbales analysées se prêtent au moins à la mise en rapport avec l'indicateur (conservation) utilisé.

L'EXPÉRIMENTATION AVEC LES ENFANTS SOURDS

PIAGET a reconnu à différentes reprises l'intérêt des recherches sur les enfants sourds pour éclairer les rapports langage-pensée (1954, 1963, PIAGET et INHELDER, 1959, 1971). Des résultats cités, il a retenu que les sourds pouvaient atteindre le niveau opératoire, ce qui lui paraît un argument supplémentaire en faveur de l'indépendance du développement cognitif par rapport au langage. S'il accepte que l'atteinte des opérations puisse manifester un retard chez eux, ce qui de toute façon pour lui n'a qu'une signification marginale (cf. ci-dessous) il tend à ne retenir que les données qui indiquent le retard le plus faible.

On présentera ci-dessous des données expérimentales

relatives aux niveaux opératoires concrets puis formels et ensuite on discutera leur signification.

Le niveau opératoire concret

Des épreuves de conservation portant sur la quantité de liquide et le poids ont été appliquées par OLÉRON et HERREN (1961). Elles ont révélé un retard de 6 ans chez les sujets sourds. FURTH (1964, 1966) a observé un retard comparable (5 ans) dans la conservation des liquides mais inférieur (moins de deux ans) dans la conservation du poids.

Les divergences dans cette dernière épreuve tiennent largement sans doute à une différence de méthode. FURTH demandait à ses sujets de soupeser les morceaux de pâte afin de déclarer si elles paraissaient égales ou non, tandis que OLÉRON et HERREN avaient utilisé des schémas représentant une balance auxquels les sujets devaient se référer pour donner leur réponse. Il paraît assez notable que dans la situation adoptée par FURTH où les indications données par les soupèsements sont en faveur d'un constat d'égalité (les masses de pâte sont effectivement de même poids) et tendant donc à contrebalancer l'impression de changement dû à la déformation, un retard substantiel ait persisté.

Les épreuves de sériation demandent aux sujets d'ordonner en série des objets de taille croissante. Dans le cas le plus simple une seule série est utilisée (PIAGET et INHELDER, 1969, 105-140). Dans un cas plus compliqué il faut établir une double correspondance par ex. entre une série de figurines représentant des hommes et une série de cannes ou une série de sacs à dos (PIAGET et SZEMINSKA, 1941, chap. 5). PIAGET a montré, à partir de diverses tâches utilisant ce matériel, que la sériation systématique (sans tâtonnement) n'était pas obtenue par les sujets les plus jeunes mais seulement vers 7-8 ans (pour l'épreuve de sériation simple).

BORELLI (1951) a utilisé ces épreuves pour comparer des sourds et des entendants. Peu de différences sont apparues entre les deux types de sujets, bien que les sourds aient manifesté un retard qui est surtout marqué dans la double sériation.

Dans la sériation des quantités un élément particulière- ment intéressant est la transitivité. Si A > B et B $\overline{>}$ C sont donnés, l'adulte conclut aussitôt que A > C (et de même, ce qui est un autre aspect, de A = B et B = C que A = C). Mais le jeune enfant ne peut tirer cette conclusion. L'âge auquel la sériation est établie fournit matière à contestation et des séries d'expériences ont opposé SMEDSLUND à BRAINE, ce dernier concluait à une date plus précoce.

YOUNISS et FURTH (1965) ont comparé des enfants sourds et des entendants dans d'ingénieuses épreuves faisant inter- venir la transitivité.

Le dispositif qu'ils ont utilisé est constitué par un plan incliné le long duquel roule une boule. En bas se trouve une autre boule et, à l'initiative de l'expérimentateur, la boule qui descend le plan incliné heurte et lance la seconde boule ou ne la heurte pas (elle est déviée et disparaît). Trois boules A, B, C, de couleurs différentes étant choisies, un premier apprentissage est réalisé où les enfants doivent apprendre que :

$$A \rightarrow B \quad (\rightarrow \text{ signifie pousse}$$
$$B \rightarrow {}^\star A \quad \rightarrow {}^\star \text{ signifie ne pousse pas})$$
$$B \rightarrow C$$
$$C \rightarrow {}^\star B$$

Dans une seconde partie sont introduites les relations entre A et C. Pour un groupe (transitif) A → C et C → ⋆A, pour un autre (intransitif) A → ⋆C et C → A et pour un troisième (mixte) A → C et C → A. Les sujets doivent apprendre à prédire, dans la première, comme dans la seconde partie, l'effet du lancer des boules, prédiction immédiatement infirmée ou confirmée.

Les enfants sourds, constituant des groupes dont l'âge moyen était de 8;9, n'ont pas eu de comportements différents de ceux des entendants d'âge voisin (9;2). Ils ont, comme ceux-ci, dans la phase 2, appris plus facilement la situation transitive que la situation intransitive. Comme la situation transitive correspond au schéma logique, c'est pour les auteurs l'indice que les enfants sourds atteignent aussi bien que les entendants le niveau de la transitivité opératoire et que celle-ci est par conséquent indépendante du langage.

Dans une seconde expérience basée sur le même principe et utilisant le même dispositif, YOUNISS et FURTH (1966) ont fait intervenir une donnée perceptive supplémentaire, la taille des boules qui intervient d'une manière *congruente* par rapport à l'expérience quotidienne (une plus grosse pousse une plus petite mais une plus petite ne pousse pas une plus grosse) ou *non congruente* (situation inverse). Lors de l'entraînement initial les sujets sont divisés en deux groupes, les uns placés dans la situation congruente, les autres dans la situation non congruente (de toute façon les indices de couleur sont utilisés comme dans l'expérience précédente et ils y restent dans la seconde partie).

Les résultats paraissent aux auteurs signifier que les enfants sourds ne se distinguent pas des enfants entendants de même âge. En effet les uns comme les autres réussissent mieux dans les situations transitives que dans les non transitives. Cependant l'examen des données indique que les jeunes sourds font davantage d'erreurs que les entendants du même âge et surtout dans les situations transitives (4,3 contre 0,6 dans le cas de la congruence 4,6 contre 2,8 dans le cas de la non-congruence). Les performances des sourds sont plus proches de celles des enfants de 6 ans (5,3 et 5,4 respectivement).

Les sériations dans le temps n'ont pas été étudiées en détail. Signalons cependant une recherche de REYGROBELLET (1963) qui a repris l'épreuve de PIAGET où un récipient se vide dans un autre. Chaque 5 secondes le sujet dessine le niveau des récipients supérieur et inférieur. Ensuite les dessins étant séparés selon les tranches de temps, le sujet doit les remettre en ordre, dans un premier temps, dessins des récipients supérieur et inférieur restant sur le même papier, dans un second cas en étant séparés. REYGROBELLET a constaté un retard de l'ordre de 4 ans sur les normes proposées par PIAGET.

La classification figure dans les opérations décrites par PIAGET (PIAGET et INHELDER, 1959, 1969). Diverses épreuves de classification ont été appliquées à des sujets sourds. On a cité celle de HEIDER (1940) et de OLÉRON (1951) dans le chap. 3. D'autres peuvent être mentionnées qui rentrent directement dans cette catégorie ou indirectement (épreuves de « formation de concept ») : VINCENT-BORELLI (1957), ROSENSTEIN (1960), KATES et al. (1961, 1962), FURTH (1963b). Un point caractéristique est qu'aucune n'a été effectuée directement dans la perspective piagétienne. Seule VINCENT a trouvé un retard notable des sourds.

Les études citées sont relativement pointillistes, comme l'immense majorité des travaux expérimentaux, c'est-à-dire qu'elles portent sur des secteurs particuliers. Signalons un travail plus systématique qui a utilisé neuf épreuves administrées à des enfants de 8 ans (CAOUETTE, 1964) malheureusement non publié. Les résultats sont assez frappants, quoique limités du point de vue évolutif, puisque dans toutes les épreuves, sauf celle de représentation spatiale, les enfants sourds n'atteignent pas le niveau opératoire.

Le niveau opératoire formel

PIAGET a noté (INHELDER et PIAGET, 1955, chap. 16) que la pensée formelle avait des rapports étroits avec le langage. C'est ainsi que des jeux de relations traduits sur le plan verbal ne sont dominés qu'au niveau formel, alors qu'ils le sont au niveau concret quand ils s'expriment dans des objets (exemple : la sériation dans le problème de BURT exprimé verbalement est réussi beaucoup plus tard que la sériation d'objets de tailles différentes). La caractéristique de la pensée formelle est de mettre en œuvre une logique qui porte sur des propositions — ce qui la distingue de la logique des classes et des relations qui intervient au niveau concret et porte directement sur les objets. Ces propositions sont susceptibles de s'exprimer sous une forme verbale. Mais PIAGET souligne que l'essentiel n'est pas là : il est dans la maîtrise du possible, de l'hypothétique, dans la capacité d'insérer le réel dans le réseau des combinaisons possibles. Cette capacité intervient à l'occasion des objets et des situations, dans des problèmes de mécanique, de physique dont l'ouvrage cité donne de multiples exemples. Comme il le dit, la pensée formelle intervient dans les manipulations expérimentales « dès l'organisation de l'expérience et dès la lecture des données de fait » (loc. cit. 222).

Dans cette perspective, l'étude des sujets sourds pourrait être entreprise, comme elle l'a été pour les opérations concrètes. Les tâches relevant du niveau formel, du fait qu'il s'agit de problèmes impliquant perception et manipulation d'objets réels, sont susceptibles de leur être appliquées. Par ailleurs les sujets sourds qu'il y aurait à examiner sont assez âgés pour avoir acquis une connaissance de la langue qui facilite la communication des données et questions devant garder une forme verbale.

Les expériences décrites dans INHELDER et PIAGET (1955) n'ont pas fait l'objet d'applications aux sourds qui soient jusqu'ici publiées. Ross (1966) puis FURTH et YOUNISS (1971) ont employé une épreuve de probabilité et FURTH et YOUNISS des épreuves de combinatoire, les unes et les autres inspirées de celles qu'on décrites PIAGET et INHELDER (1951).

Dans l'épreuve de probabilité ROSS, qui a comparé des sourds et des entendants de 11 à 15 ans, a constaté une évolution analogue de leurs réussites. FURTH qui a examiné une population de sourds de 14 à 20 ans a observé des réussites comparables à celles de sujets entendants de même âge moyen choisis dans un échantillon rural, quelque peu inférieures à celles d'entendants de milieu urbain (dans le meilleur groupe la réussite complète n'est atteinte que par à peine plus de la moitié des sujets, ce qui fait paraître optimistes les normes d'âge proposées par PIAGET).

Dans les épreuves de combinatoire les résultats sont donnés par FURTH à partir d'une analyse des procédures ou stratégies suivies par les sujets. Ils ne font pas apparaître de différences typiques entre sourds et entendants.

Par ailleurs FURTH et ses collaborateurs ont effectué plusieurs expériences comportant l'utilisation de symboles logiques. Le principe général inspiré d'expériences du type « apprentissage de concepts » de la psychologie expérimentale consiste à mettre en rapport des symboles avec des représentations figurées qui les illustrent ou non. C'est la capacité de réaliser cette mise en rapport qui est examinée c'est-à-dire la capacité de donner un sens aux symboles et de les manier correctement.

Dans une première recherche FURTH et YOUNISS (1965) ont employé une tâche *d'utilisation* de symboles (affirmation, négation, conjonction et disjonction exclusive) et une de *découverte*. Dans la première le sens des symboles est expliqué et il s'agit de les appliquer correctement à divers exemples. Dans la seconde, c'est à partir des exemples que les sujets doivent induire le sens des symboles et les appliquer ensuite dans une épreuve de transfert. Les sourds, ont réussi d'une manière comparable aux groupes contrôles dans l'usage des symboles, mais nettement moins bien dans l'épreuve de découverte.

Par la suite les auteurs ont recouru à des entraînements prolongés, pratiqués en classe jusqu'à 5 semaines (FURTH et YOUNISS, 1971). Les résultats ont révélé que les sourds se montraient capables d'apprentissage et peuvent après l'entraînement parvenir à des réussites meilleures qu'au début. Mais comparés à des sujets provenant de milieux ruraux peu favorisés ils progressent nettement moins que ceux-ci et ne parviennent pas dans les mêmes proportions à réussir les items les plus difficiles, correspondant selon FURTH aux opérations formelles. Ainsi 28 % des sourds atteindront ce niveau, contre 53 % entendants (ruraux) et probablement 75 % d'entendants vivant en ville.

La signification des données

Relevons tout de suite que le point à discuter n'est pas de savoir si les sourds atteignent ou non le niveau opératoire. Il n'y a pas lieu de mettre en doute la position de PIAGET à cet égard. Cela non seulement parce qu'elle paraît appuyée par des données de fait, mais aussi parce qu'aucune autre donnée ne peut être interprétée rigoureusement dans le sens contraire. Ni en termes d'opération ni sous une formulation plus générale la possibilité pour les sourds d'atteindre le même niveau que les entendants n'est mise en doute aujourd'hui. Lorsque les premières applications de tests de niveau intellectuel ont été effectuées sur les sourds (à partir de 1915 par PINTNER) les retards importants relevés dans certains ont conduit les auteurs d'alors à s'exprimer comme si l'intelligence était fondamentalement atteinte par la surdité. Cette interprétation reposait sur une attitude dogmatique à l'égard des résultats des tests, une conception également dogmatique de l'intelligence, traitée comme une entité unitaire et absolue, et aussi une extrapolation à partir d'enquêtes sur des marges d'âges insuffisamment étalées vers l'état adulte. Seule une attitude semblablement dogmatique à l'égard des épreuves de type PIAGET et de la notion d'opération conduirait à interpréter semblablement les échecs ou difficultés rencontrées par les sourds dans certaines épreuves. La connaissance des sourds adultes, de leur capacité à s'adapter dans une vie professionnelle et sociale s'élève contre une telle interprétation.

Ce qu'indiquent au maximum les données expérimentales c'est que les sourds manifestent un retard dans certaines épreuves, comme c'est le cas dans beaucoup d'autres conçues en dehors de la perspective piagétienne (cf. chap. 3). Il faut préciser la signification d'un retard. Pour PIAGET, ce qui compte ce n'est pas que le niveau opératoire soit atteint à tel ou tel âge, mais que la succession des stades se trouve constante quelles que soient les variantes. Sur ce point et il est satisfait de ce que, d'une façon générale, aucune donnée n'aille contre cette succession.

On peut dire en effet que, du point de vue « épistémologique », les éléments temporels ont une signification dans la mesure où une succession dans le temps peut révéler un enchaînement logique. Mais que le changement ait lieu à tel moment, que l'évolution prenne place en quelques minutes ou en plusieurs années ne rentre pas dans ce dont il est capable de rendre compte.

Cette manière de voir est incomplète. Lorsque deux organismes ou divers groupes d'organismes, par ailleurs semblables, se développent à des vitesses inégales, il est normal de s'interroger sur les facteurs qui rendent compte de l'écart. Bien plus, ces différences sont un moyen d'analyse pour atteindre ces facteurs, une source de contrôle pour les hypothèses formées à leur égard. Si deux voitures de même type arrivent nettement l'une après l'autre au terme d'une compétition on s'interrogera sur les raisons de ce décalage et, si l'analyse technique est assez avancée, on pourra y voir la preuve des effets favorables de telle modification du carburateur ou de l'allumage. Le modèle qui décrit la structure générale du véhicule ne fournit pas la réponse, mais les écarts servent à construire le modèle complet qui inclut le fonctionnement et peut conduire aux mesures pratiques.

Ajoutons qu'aucun retard observé dans le développement de l'enfant n'est absolu, surtout quand il dépend de conditions externes. Les expériences d'apprentissage ou d'entraînement sont particulièrement significatives : elles révèlent la possibilité de faire apparaître des réussites qu'une coupe pratiquée brutalement à un moment interdit de considérer. L'entraînement peut amener des enfants sourds à acquérir la conservation qui était au départ hors de leur portée (OLÉRON, 1972b). Les conditions sont plus favorables que dans le cas des enfants normaux dont les conditions de vie permettent, d'une manière générale, d'utiliser au mieux leurs potentialités à mesure qu'elles se développent, ce qui laisse peu de marge pour un progrès sensible par l'effet de l'entraînement.

Ceci dit, l'interprétation des données qui ont été résumées ci-dessus ne paraît appeler rien de plus, pour l'essentiel que ce qui a été exposé chap. 3 et qui se trouve un excellent accord avec l'analyse fonctionnelle de PIAGET.

Certaines tâches comportent des composantes perceptives à partir desquelles la solution peut en être obtenue. D'autres impliquent que ces composantes soient dépassées. Les sourds réussissent les premières avec un succès comparable à celui des entendants; ils sont retardés dans les autres.

Prenons le cas de la sériation. PIAGET la rattache à la pensée opératoire dans la mesure où une série constituée est un système, les relations entre éléments voisins s'enchaînant en une série, qui manifeste en particulier la réversibilité (substitution possible du + au —, un élément est à la fois plus grand que le précédent et plus petit que le suivant), etc. Mais la sériation a également un support concret dans la perception puisque les relations sont données et l'ordre même de la série est figuré. La maîtrise complète, et en particulier l'insertion d'un nouvel élément dans une série constituée, dépasse, selon PIAGET, la simple appréhension figurative. Cependant il note aussi qu'il s'agit d'une tâche réussie plus tôt que d'autres (comme l'emboîtement de classes) en partie à cause de support que peut fournir la représentation imagée (PIAGET et INHELDER, 1969, 140).

On comprend, dans ces conditions, que les sourds n'éprouvent pas de difficulté sensible, lorsqu'il s'agit de série des éléments physiquement donnés et surtout lorsqu'il s'agit d'une sériation simple et que par contre des difficultés apparaissent devant une double sériation et surtout une sériation qui implique la représentation d'éléments qui se sont déroulés dans le temps.

Les données de YOUNISS et FURTH vont dans le même sens. Les sourds ont la transitivité à 8 ans (ce qui, surtout si on acceptait les conclusions de BRAINE (1959) qui rejette les normes orthodoxes et situe son acquisition dès 5 ans, n'a rien d'inattendu). Par contre le peu d'aide que la congruence des tailles apporte aux sourds tant dans l'entraînement initial, beaucoup moins bon que celui des enfants entendants d'un groupe d'âge plus jeune (2;7 en moyenne) que dans la seconde épreuve, suggère autre chose : la difficulté d'appliquer des schèmes, en principe acquis, pour l'organisation d'une situation nouvelle présentée par l'expérimentateur. Ceci rejoint le contenu de nombreuses observations et se situe dans un cadre d'analyse qui n'est pas spécifiquement en référence au modèle « épistémologique ».

En ce qui concerne les conservations on a cité plus haut des références à PIAGET lui-même qui montrent que l'atteinte de celles-ci se fait en partie contre les apparences, par l'imposition à celles-ci d'un principe d'invariance qu'elles ne livrent pas directement. La conservation est en ce sens un concept abstrait qui ne diffère pas en nature, sauf dans la mesure où elle se réfère à une notion de base plus fondamentale, celle d'identité, de beaucoup d'autres qui contredisent les intuitions initiales.

Pour les classifications, toutes ne sont pas opératoires. Les actes de groupement et de séparation en fonction de similitudes perçues sont très primitives. PIAGET l'affirme lui-même et il a reconnu que des problèmes apparemment assez complexes, ceux de double ou triple classification (matrice) pouvaient être résolus précocement sur des bases perceptives et non opératoires (PIAGET et INHELDER, 1969, 142-143). Est opératoire par contre selon lui le jeu réglé des rapports réciproques et en particulier des extensions des classes et des sous-classes subordonnées. Mais ceci ne peut être atteint que par des questions faisant intervenir le langage : « y a-t-il plus de perles en bois ou plus de perles jaunes ? » (cf. PIAGET et SZEMINSKA, 1941, chap. 7, PIAGET et INHELDER, 1969). Les épreuves n'ont donc pas été appliquées aux enfants sourds, bien que des transpositions sur des schémas non verbaux ou des actions paraissent possibles.

PIAGET a insisté sur les classements multiples et il a donné une signification opératoire aux conduites des sujets qui passent d'un principe de classement à un autre (PIAGET et INHELDER, 1959, chap. 7). Dans ces conditions il faudrait admettre que les difficultés des sourds dans ces épreuves, tout au moins celles où leurs réponses ne sont pas guidées par les réactions de l'expérimentateur (comme dans le cas d'épreuves inspirées du modèle « formation de concepts »), indiquent un grand retard dans l'atteinte de l'opération.

Nous aimerions bien discuter ici du bien-fondé de l'assimilation à l'opératoire de cette mobilité que les classements multiples permettent de faire apparaître. Relevons au moins que la description qu'en donne PIAGET la situe bien au niveau de l'analyse fonctionnelle : sa mobilité « rétroactive » correspond aux remaniements et changements de critère de classement et sa mobilité « anticipatrice » à des projets de classement et aux choix entre ces projets. Anticiper, projeter, se référer à l'action passée, comme persévérer ou changer, renvoient à des modes d'action du sujet, à ses capacités et à ses attitudes. Ici par conséquent la référence à l'opératoire ne paraît rien apporter de plus que ce que livre une analyse comme celle à laquelle, dans un contexte différent, s'est consacré GOLDSTEIN ou que nous avons développée chap. 3.

Pour le niveau formel on relèvera que les expériences citées sur la probabilité et le combinatoire apportent des informations intéressantes, mais qu'elles sont bien ponctuelles pour permettre de tirer quelques conclusions générales. La part du perçu, de la manipulation de celui-ci, de règles induites de l'observation et de la manipulation reste à déterminer si l'on veut préciser les choses.

En ce qui concerne la suite d'expériences de FURTH et coll. sur la manipulation de symboles, elle pose plusieurs questions. La plus essentielle est celle-ci : la manipulation des symboles de la logistique est-elle un index de pensée opératoire formelle? Nous avons mentionné que INHELDER et PIAGET (1955) avaient étudié celle-ci à partir de situations concernant des objets et qu'ils donnent aux symboles logistiques le rôle d'un instrument d'expression des conduites psychologiques et non d'un matériel sur lequel s'exerce celles-ci.

Quant au résultat des expériences elles-mêmes, deux points au moins sont à retenir. En premier lieu, dans l'épreuve de découverte de symboles, les sujets sourds manifestent un retard qui s'accorde, selon FURTH lui-même, avec les difficultés relevées par divers expérimentateurs lorsqu'il s'agit pour eux de faire preuve d'initiative dans une tâche nouvelle. En second lieu, les apprentissages s'avèrent efficaces avec les sourds, ce qui s'accorde avec les observations qu'on a présentées quelques pages plus haut. Mais il reste que les progrès des sourds sont inférieurs à ceux des sujets-témoins, même ceux auxquels ils sont le plus proches par leurs conditions de milieu où ils se développent. Il est intéressant que FURTH, sensible à ce retard, reconnaisse que l'usage du langage verbal peut avoir un rôle facilitateur dans l'usage des symboles logiques et plus profondément dans le jeu des opérations formelles (FURTH et YOUNISS, 1971).

Dans la perspective qui vient d'être développée il ne paraît pas nécessaire d'entrer dans le détail d'analyses qui viseraient à préciser l'action du langage dans telle ou telle opération.

Quelques mots cependant peuvent être dits en ce qui concerne les conservations, complétant l'assimilation qu'on a fait ci-dessus entre elles et n'importe quel concept de type abstrait. Toute dénomination constitue et contribue à constituer un *invariant*, puisqu'elle fixe dans la diversité des apparences perçues les points qui se retrouvent d'une manière constante. Plus spécifiquement, le vocabulaire dispose de termes se référant à des quantités invariantes

comme « poids », « taille », « volume » et leurs spécifications
« kilogramme », « mètre », « litre ». Il propose par conséquent
une organisation invariante du monde ou des invariants
précis à côté de variables d'action et de changement. De
même en ce qui concerne les nombres qui, à travers les mots
appris, offrent un schéma analogue.

Que l'usage des mots ne conduise pas à l'accès des notions
correspondantes quand les conditions de maturation ne sont
pas acquises, c'est un point sur lequel on ne peut qu'être
d'accord avec PIAGET. Mais le fait que l'enfant normal
entende et soit amené à utiliser très tôt les mots correspondants aux unités de poids, de volume, d'argent ne crée-t-il
pas une condition favorable pour fixer les notions correspondantes, dès qu'il est en mesure d'en saisir les structures ?
Alors que l'usage tardif, artificiel et limité en classe constitue
un facteur défavorable pour le jeune sourd. De même pour
les quantités indifférenciées « autant », « la même chose »,
« la même quantité ». Les enfants sourds comprennent de
bonne heure l'identité, qu'ils peuvent exprimer par un geste,
mais il s'agit d'une identité qui est mise en rapport avec les
similitudes perceptives et ne tend guère à les dépasser.

Au terme des discussions développées dans ce chapitre
on espère avoir jeté quelque lumière sur les points essentiels.
Les conceptions de PIAGET sont parfaitement compatibles
avec l'attribution d'un rôle effectif au langage dans le développement. La complexité de ses prises de position et la
dualité des perspectives auxquelles il se place, avec le primat
des références à la logique et l'épistémologie, créent une
ambiguïté qui apparaît dans ses formulations mêmes, mais
que l'analyse permet de surmonter. S'appuyer sur des
données expérimentales recueillies sur des enfants normaux
et à plus forte raison sur des enfants ou adolescents sourds

pour argumenter une thèse philosophique ou épistémologique est peu pertinent ou non démonstratif. Exclure en,
particulier, l'existence de retards chez les sujets sourds ou
estimer, quand des retards sont constatés, qu'ils ne doivent
pas s'interpréter par référence au langage, mais en invoquant
expérience et milieu (qui l'incluent nécessairement d'ailleurs,
si on ne la ramène pas à un concept abstrait) est réduire
singulièrement la capacité d'interprétation de la conception
piagétienne. Celle-ci fait une trop large place au mouvement
qui conduit, dans le développement, à dépasser le niveau
où prédominent action et perception immédiates pour ne
pas admettre le rôle de tous les facteurs qui contribuent
à ce dépassement.

BIBLIOGRAPHIE

ALBERTS, E., EHRENFREUND, D., Transposition in children as a function of age, *J. exper. Psychol.*, 1951, *41*, 30-38.

BAHRICK, H. P., BOUCHER, B., Retention of visual and verbal codes of the same stimuli, *J. exper. Psychol.*, 1968, *78*, 417-422.

BEAUDICHON, J., avec MELOT, A. M., Nature et fonction instrumentale du soliloque en situation de résolution de problèmes, *Travx Documents Labo. Psychol. Génét.*, 1970, *5*, n° 1, 23 p. ronéo.

BEAUDICHON, J., ROUSSEAU, J., Rôle du langage dans une situation de résolution de problème, *Bull. Psychol.*, 1970-71, *24*, 10-38.

BELLUGI, U., SIPLE, P., Remembering with and without words, in *Problèmes actuels de psycholinguistique*, Colloque C.N.R.S., Paris, 1971.

BORELLI, M., La genèse des opérations logiques chez les sourds-muets, *Enfance*, 1951, 222-238.

BOUTAN, L., *Les deux méthodes de l'enfant*, Bordeaux, Saugnac, 1914.

BERLIN, B., KAY, P., *Basic color terms : Their universality and evolution*, Berkeley, Univ. California Press, 1969.

BINET, A., *L'étude expérimentale de l'intelligence*, Paris, Schleicher, 1903.

BIRDWHISTELL, R. L., *Kinesics and context*, Philadelphia, Univ. Pennsylvania Press, 1970.

BLANK, M., SOLOMON, F., How shall the disadvantaged child be taught? *Child Developmt.*, 1969, *40*, 47-61.

BRAINE, M. D. S., The ontogeny of certain logical operations : Piaget's formulation examined by non verbal methods, *Psychol. Monogr.*, 1959, *73*, n° 5.

BRONCKART, J. P., Le rôle régulateur du langage chez l'enfant : critique expérimentale des travaux d'A. R. LURIA, *Neuropsychologia*, 1970, *8*, 451-463.

BROWN, R., *Psycholinguistics*, New York, Free Press, 1970.

BRUNER, J. S., The course of cognitive growth, *Amer. Psychologist.*, 1964, *19*, 1-15.

BRUNER, J. S., BUSIEK, R. D., MINTURN, A. L., Assimilation in the immediate reproduction of visually perceived figures, *J. exper. Psychol.*, 1952, *44*, 151-155.

BRUNER, J. S., OLVER, R., GREENFIELD, P. M., et al., *Studies in cognitive growth*, New York, Wiley, 1966.

BUSS, A. H., Rigidity as a function of reversal and non reversal shifts in the learning of successive discrimination, *J. exper. Psychol.*, 1953, *45*, 75-81.

CAMPBELL, R., WALES, R., The study of language acquisition, in LYONS, J., ed., *New horizons in linguistics*, Penguin Books, 1970.

CARMICHAEL, L., HOGAN, H. P., WALTER, A. A., An experimental study of the effect of language on the reproduction of visually perceived forms, *J. exper. Psychol.*, 1932, *15*, 73-86.

CARROLL, L., *Language and Thought*, Englewood Clifts, Prentice Hall, 1964.

CARROLL, J. B. CASAGRANDE, J. B., The fonction of language classifications in behavior in NEWCOMB, T. M., HARTLEY, E. L., *Readings in social psychology*, New York, Holt Rinehart, 1958.

CHOMSKY, N., *Language and mind*, New York, Harcourt Brace, 1968.

CHOMSKY, N., *Le langage et la pensée*, Paris, Payot, 1970, trad. du précédent.

CHULLIAT, R., OLÉRON, P., Sur le développement de l'intelligence pratique chez les enfants sourds, *Enfance*, 1955, *8*, 281-306.

COATES, B., HARTUP, W. W. Age and verbalization in observational learning, *Developm. Psychol.*, 1969, *1*, 556-562.

COHEN, R. L., GRANSTRÖM, K., The role of verbalizing in the memorizing of conventional figures, *J. verb. Learn. verb. Behav.*, 1968, *7*, 380-383.

COLIN, D., VURPILLOT, E., Influence de la surdité sur l'organisation perceptive visuelle chez les enfants d'âge préscolaire, *Bull. Psychol.*, 1971-1972, *25*, 882-887.

CONRAD, R., The chronology of the development of covert speech in children, *Developm. Psychol.*, 1971, *5*, 398-405.

DAVIES, G. M., Recognition memory for pictured and named objects, *J. exper. Child Psychol.*, 1969, *7*, 448-458.

DAVIS, K., Extreme social isolation of a child, *Amer. J. Sociol.* 1940, *45*, 554-565.

DAVIS, K., Final note on a case of extreme isolation, *Amer. J. Sociol*, 1947, *52*, 432-437.

DENNIS, W., The significance of feral man, *Amer J. Psychol.*, 1941, *54*, 425-432.

DEUTSCH, M., KATZ, I., JENSEN, A. R., ed., *Social class, race and psychological development*, New York, Holt Rinehart Winston, 1968.

DOLLARD, J., MILLER, N. E., *Personality and psychotherapy. An analysis in terms of learning, thinking, and culture*, New York, McGraw-Hill, 1950.

ELKONINE, D. B., Physiologie de l'activité nerveuse supérieure et psychologie de l'enfant. Quelques problèmes (en russe), *Sovetskaya Pedagogika*, 1951, trad. fr. in *Questions Scientifiques*, *6*, Paris, Éd. Nouvelle Critique, 1955.

EWING, I. R., EWING, A. W. G., *Opportunity and the deaf child*, Londres, Univ. London Press, 1947.

FERREIRO, E., *Les relations temporelles dans le langage de l'enfant* (Préface de J. Piaget), Genève, Paris, Droz, 1971.

FIELDS, P. E., Study in concept formation. I. Development of the concept of triangularity by the rat, *Compar. Psychol. Monogr.*, 1932, *9*, 1-10.

FLAVELL, J. H., BEACH, D. H., CHINSKY, J. M., Spontaneous verbal rehearsal in a memory task as a function of age, *Child Developmt.*, 1966, *37*, 283-299.

FLORES, C., La notion de médiateur et les théories de la médiation, *Psychol. franç.*, 1966, *11*, 3-16.

FRAISSE, P., La verbalisation d'un dessin facilite-t-elle son évocation par l'enfant? *Année Psychol.*, 1970, *70-1*, 109-122.

FRANCÈS, R., *Quelques aspects du développement perceptif*, Paris, Presses Universitaires, 1962.

FURTH, H. G., The influence of language on the development of concept formation in deaf children, *J. abnorm. soc. Psychol.*, 1961a, *63*, 386-389.

FURTH, H. G., Visual paired-associates task with deaf and hearing children, *J. Speech Hear. Research*, 1961b, *4*, 172-177.

FURTH, H. G., Conceptual discovery and control on a pictorial part-whole task as a function of age, intelligence and language, *J. educ. Psychol.*, 1963a, *54*, 191-196.

FURTH, H. G., Classification transfer with disjunctive concept as a function of verbal training and set, *J. Psychol.*, 1963b, *55*, 477-485.

FURTH, H. G., *Thinking without language, Psychological implications of deafness.*, New York, Free Press, 1966.

FURTH, H. G., MILGRAM, N. A., The influence of language on classification. A theorical model applied to normal, retarded, and deaf children, *Genet. Psychol. Monogr.*, 1965, *72*, 317-351.

FURTH, H. G., YOUNISS, J., The influence of language and experience on discovery and use of logical symbols, *Brit. J. Psychol.*, 1965, *56*, 381-390.

FURTH, H. G., YOUNISS, J., Formal operations and language. A comparaison of deaf and hearing adolescent, *J. internat. Psychol.*, 1971, *6*, 49-64.

GARDNER, R. A., GARDNER, T., Teaching sign language to a chimpanzee, *Science*, 1969, *165*, 664-672.

GELLERMAN, L. W., The double alternation problem. II. The behavior of children and human adults in a double alternation temporal maze, *J. genet. Psychol.*, 1931, *39*, 50-72.

GLANZER, M., CLARK, W. H., The verbal loop hypothesis : binary numbers, *J. verb. Learn. verb. Behav.*, 1963, *2*, 301-309.

GOLDSTEIN, K., *Language and language disturbances*, New York, Grune & Stratton, 1948.

GOLDSTEIN, K., SCHEERER, M., Abstract and concrete behavior. An experimental study with special tests, *Psychol. Monogr.*, 1941, *53*, n° 2.

GREENBERG, J. H., in HOIJER, H., ed. *Language in culture*, Chicago, Chicago Univ. Press, 1954.

HABER, R. N., Effects of coding strategy on perceptual memory, *J. exper. Psychol.*, 1964, *68*, 357-362.

HALBWACHS, M., *Les cadres sociaux de la mémoire*, Paris, Alcan, 1925.

HÉCAEN, H., ANGELERGUES, R., *Pathologie du langage*, Paris, Larousse, 1965.

HEIDER, E. R., « Focal » color areas and the development of color names, *Developm. Psychol.*, 1971, *4*, 447-455.

HEIDER, F. K., HEIDER, G. M., A comparison of color sorting behavior of deaf and hearing children, *Psychol. Monogr.*, 1940, *52*, n° 1, 6-22.

HULL, C. L., Knowledge and purpose as habit mechanisms, *Psychol. Rev.*, 1930, *37*, 511-525.

HUMPHREY, G., *Thinking. An introduction to its experimental psychology*, Londres, Methuen, 1951.

HUNTER, W. S., The temporal maze and kinesthesic sensory processes in the rat, *Psychobiology*, 1920, *2*, 1-18.

HUNTER, W. S., BARTLETT, C. S., Double alternation behavior in young children, *J. exper. Psychol.*, 1948, *38*, 358-367.

HYMES, D., Anthropologically oriented research, *in* MARKEL, éd., chap. 14, 1969.

HYMES, D., Competence and performance in linguistic theory, in HUXLEY, R., INGRAM, E., ed. *Language acquisition ; models and methods*, Londres, Academic Press, 1971.

IVANOV-SMOLENSKI, A. G., Les interactions du premier et du second système de signalisation dans quelques conduites physiologiques et pathologiques (en russe), *Physiol. J.*, 1949, *35*, 571-581, Trad. fr., *in La Raison*, 1951, n° 2, 54-57

IVANOV-SMOLENSKI, A. G., Travail en commun et interaction des deux système de signalisation. Recherches appliquées à la médecine (en russe), *Zh. vyssh. nerv. Deyat.*, 1953, *3*, 36-54. Trad. fr. *in Questions scientifiques*, *6*, Paris, Éd. Nouvelle Critique, 1955.

JAMES, W., *Principles of Psychology*, Londres, Mac Millan, 1891.
JAMES, W., Thought before language : a deaf- mute's recollection, *Philos. Rev.*, 1892, *1*, 613-624.
JANET, P., *L'évolution de la mémoire et de la notion de temps*, Paris, Maloine, 1928.

KATES, S. L., KATES, W. W., MICHAEL, J., WALSH, T. M., Categorization and related verbalization in deaf and hearing adolescents, *J. educ. Psychol.*, 1961, *52*, 188-194.
KATES, S. L., YUDIN, L., TIFFANY, R. K., Concept attainment by deaf and hearing children, *J. educ. Psychol.*, 1962, *53*, 119-126.
KATZ, Ph. A., Effects of labels on children's perception and discrimination learning, *J. exper. Psychol.*, 1963, *66*, 423-428.
KELLOGG, W. N., KELLOGG, L. A., *The ape and the child*, New York, Mc Graw Hill, 1933.
KELLOGG, W. N., KELLOGG, L. A., *Le singe et l'enfant*, Paris, Stock, Trad. du précédent.
KENDLER, H. H., Problems in problem-solving research, *in Currents trends in Psychology*, Pittsburgh, Pittsburgh Univ. Press, 1961.
KENDLER, H. H., D'AMATO, M. F., A comparison of reversal shifts and non reversal shifts in human concept formation, *J. exper. Psychol.*, 1955, *49*, 165-174.
KENDLER, T. S., Verbalization and optional shifts among kindergarten children, *J. verb. Learn. verb. Behav.*, 1964, *3*, 428-436.
KENDLER, T. S., KENDLER, H. H., WELLS, D., Reversal and non reversal shifts in nursery school children, *J. compar. physiol. Psychol.*, 1960, *53*, 83-88.
KLINEBERG, O., *Social Psychology*, New York, Holt, 2e édit., 1954.
KLINEBERG, O., *Psychologie Sociale*, Paris, Presses Universitaires, 1957, Trad. fr. du précédent.

KOCHERGUINA, V. S., Sur le développement de l'interaction des systèmes de signalisation chez les enfants normaux de 3 à 8 ans (en russe), *Zh. vyssh. nerv. Deyat.*, 1955, *5*, 363-369.

KOHLBERG, L., YEAGER, J., HJERTHOLM, E., Private speech : four studies and a review of theories, *Child Developmt.*, 1968, *39*, 691-736.

KUENNE, M. R., Experimental investigation of the relation of language to transposition behavior in young children, *J. exper. Psychol.*, 1946, *36*, 471-490.

LAMBERT, Abbé, *Le langage de la physionomie et du geste mis à la portée de tous*, Paris, Lecoffre, s.d.

LENNEBERG, E. M., *Biological foundations of language*, New York, Wiley, 1967.

Le NY, J. F., A propos de la méthode dite « du renforcement verbal » chez l'homme adulte, *Année Psychol.*, 1960, *60-2*, 371-375.

Le NY, J. F., *Le conditionnement*, Paris, Presses Universitaires, 1971.

LEROY-BOUSSION, A., Maturité mentale et apprentissage de la lecture, *Enfance*, 1971, n° 3, 153-208.

LÉVI-STRAUSS, C., *La pensée sauvage*, Paris, Plon, 1962.

LEVY BRUHL, L., *Les fonctions mentales dans les sociétés inférieures*, Paris, Alcan, 1910.

LEVY BRUHL, L., *La mentalité primitive*, Paris, Alcan, 1922.

LINDNER, R., Wiederholung einer Zeichenversuche Kerschensteiner in der Taubstummenschule, *Z. Paedag. Psychol.*, 1912, *13*, 419-421.

LINDNER, R., Vergleichende Intelligenzprüfungen, *Paedag. Psychol. Arbeiten, Inst. Leipziger Lehrerver.*, 1925, *24*, 67-208.

LOCKE, J. H., FEHR, F. S., Young children's use of speech code in a recall task, *J. exper. Child Psychol.*, 1970, *10*, 367-373.

LOVAAS, I. O., Cue properties of words : the control of operant responding by rate and content of verbal operants, *Child Developmt.*, 1964, *35*, 245-256.

LUCHINS, A. S., Social influences on perception of complex drawings, *J. soc. Psychol.*, 1945, *21*, 257-273.

LURIA, A. R., Le rôle du langage dans la formation des connexions temporaires (en russe), *Vop. Psikh.*, 1955, *1*, 73-87. Tr. angl. in SIMON, B., ed., *Psychology in the Soviet Union*, Stanford, Stanford Univ. Press, 1957.

LURIA, A. R., Le rôle du langage dans la formation des processus psychiques, trad. fr. in *la Raison*, 1958, *22*, 3-26.

LURIA, A. R., Verbal regulation of behavior, in BRA7IER, M. A. B., ed. *Central nervous system and behavior, Transactions of the third conference*, New York, J. Macy Foundat., 1960.

LURIA, A. R., *The role of speech in the regulation of normal and abnormal behavior*, Londres, Pergamon, 1961.

LURIA, A. R., YUDOVICH, F. I., *Speech and the development of mental processes in the child*, Londres, Staples Press, 1959.

McANDREW, H., Rigidity and isolation : a study of the deaf and the blind, *J. abn. soc. Psychol.*, 1948, *43*, 476-494.

McGUIGAN, F. J., *Thinking. Studies of covert language processes*, New York, Appleton Century Crofts, 1966.

McNEILL, D., *The acquisition of language. The study of developmental psycholinguistics*, New York, Harper Row, 1970.

MARKEL, N. N., *Psycholinguistics. An introduction to the study of speech and personality*, Homewood, Dorsey Press, 1969.

MARTINET, A., *Éléments de linguistique générale*, Paris, Colin, 1960.

MEHLER, J., Some effects of grammatical transformations on the recall of english sentences, *J. verb. Learn. verb. Behav.*, 1963, *2*, 346-351.

MEICHENBAUM, D., GOODMAN, J., The developmental control of operant motor responding by verbal operant. *J. exper. Child Psychol.*, 1969, *7*, 553-565.

MILLER, G. A., Some psychological studies of grammar, *Amer. Psychologist*, 1962, *17*, 748-762.

MILLER, S. A., SHELTON, J., FLAVELL, J. H., A test of LURIA's hypotheses concerning the development of verbal self regulation, *Child Developmt*, 1970, *41*, 651-665.

MOUNIN, G., *Les problèmes théoriques de la traduction*, Paris, N.R.F., 1963.

MOWRER, O. H., *Learning theory and the symbolic processes*, New Vork, Wiley, 1960.

MYKLEBUST, H. R., BRUTTEN, M. A., Study of visual perception of deaf children, *Acta oto-laryng*. Sup. 105, 1953.

MYKLEBUST, H. R., *The psychology of deafness*, New York, Grune Stratton, 1960.

NOVIKOVA, L. A., Electrophysiological investigation of speech, in O' CONNOR, ed., *Recent soviet Psychology*, Londres, Pergamon, 1961.

O'CONNOR, N., HERMELIN, B., *Speech and thought in severe subnormality. An experimental study*, Oxford, Pergamon Press, 1963.

O'CONNOR, N., HERMELIN, B., *Le langage et la pensée dans la déficience profonde. Étude expérimentale*, Paris, Gauthier-Villars, 1966, trad. du précédent.

OLÉRON, P., Étude sur les capacités intellectuelles des sourds-muets, *Année Psychol.*, 1949, *47-48*, 136-155.

OLÉRON, P., Pensée conceptuelle et langage, Performances comparées de sourds-muets et d'entendants dans une épreuve de classement multiple, *Année Psychol.*, 1951, *51*, 89-120.

OLÉRON, P., Étude sur le langage mimique des sourds-muets. I. Les procédés d'expression, *Année Psychol.*, 1952, *52-1*, 47-81.

OLÉRON, P., *Recherches sur le développement mental des sourds-muets*, Paris, C.N.R.S., 1957.

OLÉRON, P., Qu'est-ce que le développement intellectuel? *Rev. Neuropsychiatr. inf.*, 1961, *9*, 1-12.

OLÉRON, P., Le développement des réponses à la relation identité-dissemblance. Ses rapports avec le langage, *Psychol. franç.*, 1962, *7*, 4-16.

OLÉRON, P., In *Problèmes de psycholinguistique*, Paris, Presses Universitaires, 1963.

OLÉRON, P., Sur les effets assimilateurs et différenciateurs des étiquettes verbales, *J. Psychol. norm. pathol.*, 1967a, 431-450.

OLÉRON, P., Sur la médiation verbale, in *Hommage à André Rey*, Bruxelles, Dessart, 1967b.

OLÉRON, P., Les activités intellectuelles, in FRAISSE, P., PIAGET, J., ed. *Traité de Psychologie Expérimentale*, 7, chap. 22, 2e édit., Paris, Presses Universitaires, 1969a.

OLÉRON, P., *Les sourds-muets*, 2e édit., Paris, Presses Universitaires, 1969b.

OLÉRON, P., *Les activités intellectuelles*, Paris, Presses Universitaires, 2e édit., 1972a.

OLÉRON, P., Acquisition of conservation of weight in deaf children as an effect of two kinds of training, 1972b (à paraître).

OLÉRON, P., Appréhension de différences perceptives en présentation simultanée ou successive par des enfants sourds, 1972c (à paraître).

OLÉRON, P., GUMUSYAN, S., Analyse perceptive et langage. Application d'une épreuve de Poppelreuter à des enfants sourds et entendants, *Psychol. franç.*, 1964, 9, 47-60.

OLÉRON, P., GUMUSYAN, S., MOULINOU, M., Extension des concepts et usage du langage, *Psychol. franç.*, 1966, 11, 149-161.

OLÉRON, P., HERREN, H., L'acquisition des conservations et le langage, *Enfance*, 1961, 201-219.

OMBREDANE, A., *L'aphasie et l'élaboration de la pensée explicite*, Paris, Presses Universitaires, 1941.

OMBREDANE, A., Principes pour une étude psychologique des noirs au Congo Belge, *Année Psychol.*, 1951, 50, 521-547.

OSGOOD, C. E., *Method and theory in experimental psychology*, New York, Oxford Univ. Press, 1953.

PEET, H. P., Notions of the deaf and dumb before instruction especially in regard to religious subjects, *Amer. Annals Deaf.*, 1855, 7, 1-7.

PELLET, R., *Des premières perceptions du concret à la conception de l'abstrait*, Lyon, Bosc, 1938.

PETTIFOR, J. L., The role of language in the development of abstract thinking : a comparison of hard-of-hearing and normal-hearing children on level of conceptual thinking, *Rev. canad. Psychol.*, 1968, 22, 139-156.

PIAGET, J., *Le langage et la pensée chez l'enfant*, Neuchâtel, Delachaux, 1924.

PIAGET, J., *La naissance de l'intelligence chez l'enfant*, Neuchâtel, Delachaux, 1936.

PIAGET, J., Le langage et la pensée du point de vue génétique, in *Thinking and speaking*, Amsterdam, North Holland, 1954, repris dans *Six études de Psychologie*, Genève, Gonthier, 1964, chap. 3.

PIAGET, J., Le langage et les opérations intellectuelles in *Problèmes de Psycholinguistique*, Paris, Presses Universitaires, 1963.

PIAGET, J., Nécessité et signification des recherches comparatives en psychologie génétique, *J. internat. Psychol.*, 1966, 1, 3-13.

PIAGET, J., GRIZE, J. B., SZEMINSKA, A., VINH BANG., *Épisté-mologie et psychologie de la fonction*, Paris, Presses Universitaires, 1968.
PIAGET, J., INHELDER, B., *La genèse des structures logiques élémentaires*, Neuchâtel, Delachaux, 1959.
PIAGET, J., INHELDER, B., *La genèse de l'idée de hasard chez l'enfant*, Paris, Presses Universitaires, 1951.
PIAGET, J., INHELDER, B., *Mémoire et intelligence*, Paris, Presses Universitaires, 1968.
PIAGET, J., INHELDER, B., Les opérations intellectuelles et leur développement, in FRAISSE, P., PIAGET, J., ed., *Traité de Psychologie expérimentale*, 7, chap. 24, 2e édit., 1969, Paris, Presses Universitaires.
PIAGET, J., INHELDER, B., *La psychologie de l'enfant*, Paris, Presses Universitaires, 4e édit., 1971.
PIAGET, J., SZEMINSKA, A., *La genèse du nombre chez l'enfant*, Neuchâtel, Delachaux, 1941.
PREMACK, D., Language in chimpanzee? *Science*, 1971, *172*, 808-822.
PUFAL, P. B., FURTH, H. G., Double alternation behavior as a function of age and language, *Child Developmt.*, 1966, *37*, 653-661.

REESE, H. W., Verbal mediation as a function of age level, *Psychol. Bull.*, 1962, *59*, 502-509.
REY, A., *L'intelligence pratique chez l'enfant*, Paris, Alcan, 1935.
REYGROBELLET, C., *Expériences sur la succession et la simultanéité. Étude comparative des sourds et des entendants*, Inst. Nat. Jeunes Sourds, Paris, mem. dactyl., 1963.
RIBOT, T., *L'évolution des idées générales*, Paris, Alcan, 1897.
RICHARD, J. F., Le rôle médiateur du langage, *Bull. Psychol.*, 1966, *19*, 550-566.
RICHELLE, M., *L'acquisition du langage*, Bruxelles, Dessart, 1971.
ROMANES, J., *Mental evolution in man*, Londres, 1888, Rééd. Londres, Gregg, 1970.
ROMANES, J., *L'évolution mentale chez l'homme*, trad. fr., Paris, Alcan, 1891.
ROSENSTEIN, J., Cognitive abilities of deaf children, *J. Speech. Hear. Research.*, 1960, *3*, 108-119.

Ross, B. M., Probability concepts in deaf and hearing children, *Child Development*, 1966, *37*, 917-928.

Schlesinger, I. M., The grammar of sign language and the problem of language universals, in Morton, J., ed., *Biological and social factors in psycholinguistics*, Londres, Logos Press, 1971.

Schlesinger, H. S., Meadow, K. P., *Deafness and mental health : a developmental approach*, Final Report, University of California, San Francisco, 1971.

Sebeok, T. A., Hayes, A. S., Bateson, M. C., ed., *Approches to semiotics. Transactions Indiana University Conference on Paralinguistics and Kinesics*, La Haye, Mouton, 1964.

Sokolov, A. N., La parole intérieure dans la pensée concrète, *in recherches psychologiques en U.R.S.S.*, Moscou, Éd. du Progrès, 1966.

Sokolov, A. N., Studies of the speech mechanisms of thinking, in Cole, M., Maltzman, I., ed., *A Handbook of contemporary soviet psychology*, New York, Basic Books, 1969.

Sokolov, A. N., Internal speech and though, *J. intern. Psychol.*, 1971, *6*, 79-92.

Stokoe, W. C. Jr., Casterline, D. C., Croneberg, C. G., *A dictionary of american sign language on linguistic principles*, Washington, Gallaudet Coll. Press, 1965.

Strokina, T. V., Les rapports entre premier et second système de signalisation lors de la formation d'une différenciation chez les enfants névrosés (en russe), *Zh. vyssh. nerv. Deyat.*, 1953, *3*, 215-237. Trad. fr. in *Questions scientifiques, 6*, Éd. nouvelle critique, Paris, 1955.

Tervoort, B. T., Esoteric symbolism in the communication behavior of young deaf children, *Amer. Annals Deaf*, 1961, *106*, 436-480.

Thomas, D. R., Bistey, G., Stimulus generalization as a function of number and range of generalization test stimuli, *J. exper. Psychol.*, 1964, *68*, 599-602.

Thomas, D. R., Mitchell, K., The role on instructions and stimulus categorizing in a measure of stimulus generalization *J. exp. Anal. Behav.*, 1962, *5*, 375-381.

VENDRYES, J., *Le langage*, Paris, A. Michel, 1950.
VINCENT (BORELLI), M., Sur le rôle du langage à un niveau élémentaire de pensée abstraite, *Enfance*, 1957, *10*, 443-464.
VYGOTSKI, L. S., *Pensée et langage* (en russe), Moscou, Soc.-econom. Izd., 1934. Tr. angl. : *Thought and language*, Cambridge, M.I.T. Press, 1962.
VYKHODOV, G. F., Action antagoniste du Ier et du 2e système de signalisation (en russe), *Zh. vyssk. nerv. Deyat*, 1959, *9*, 532-537.

WATSON, J. B., *Behaviorism*, New York, Norton, 1924, Éd. révisée, Chicago, Univ. Chicago Press, 1958.
WHORF, B. L., *Language, thought and reality*, Cambridge, M.I.T., 1956.
WHORF, B. L., *Linguistique et anthropologie*, Paris, Denoël, 1969. (Traduction partielle du précédent.)
WILLIAMS, F., ed., *Language and poverty*, Chicago, Markham, 1970.
WITTE, O., Untersuchung über die Gebardensprache, *Z. Psychol.*, 1930, *116*, 225-308.
WOZNIAK, R. H., Verbal regulation of motor behavior. Soviet research and non-soviet replications, *Human Develop.*, 1972, *15*, 13-57.

YOUNISS, J., Concept transfer as a function of shifts, age and deafness, *Child Developmt.*, 1964, *35*, 695-700.
YOUNISS, J., FURTH, H. G., The influence of transitivity on learning in hearing and deaf children, *Child Developmt.*, 1965, *36*, 533-38.
YOUNISS, J., FURTH, H. G., Prediction of causal events as a function of transitivity and perceptual congruency in hearing and deaf children, *Child Developmt.*, 1966, *37*, 73-81.
YOUNISS, J., FURTH, H. G., ROSS, B. M., Logical symbol use in deaf and hearing children and adolescents, *Developmental Psychol.*, 1971, *5*, 511-17.

ZANGWILL, O. L., Intelligence in aphasia, *in* DE REUCK, A.V.S., O'CONNOR, M., ed., *Disorders of language*, 261-274, Londres, Churchill, 1964.

INDEX DES CONCEPTS

INDEX DES AUTEURS

TABLE DES MATIÈRES

PSYCHOLOGIE ET SCIENCES HUMAINES
collection publiée sous la direction de MARC RICHELLE

.